Arena – Taschenbuch
Band 51205

Zum Wort „Indianer": Bei dem Begriff handelt es sich um eine koloniale Fremdbezeichnung. Die etwa fünfhundert indigenen Gruppen, die in den USA leben, haben sich nie als Einheit verstanden und daher keine Selbstbezeichnung entwickelt. Während das Wort von jüngeren Zugehörigen oft kritisch gesehen wird, verbindet die ältere Generation damit den Stolz auf die eigene Geschichte. In den USA ist es außerdem üblich, „Native American", „Indigenous People" oder „American Indian" zu sagen. Die meisten möchten nach dem Namen ihrer Gruppe bezeichnet werden, z. B. Sioux, Dakota usw. Im Roman wird dennoch bewusst der Begriff „Indianer" verwendet. Bei ihren intensiven Recherchen wurde der Autorin von Seiten der Zugehörigen versichert, dass sie selbst sich so bezeichnen und es bei der Bedeutung des Wortes auf den Kontext und die Art ankommt, wie es benutzt wird.

Antje Babendererde,
geboren 1963, wuchs in Thüringen auf und arbeitete
nach dem Abi als Hortnerin, Arbeitstherapeutin und Töpferin,
bevor sie sich ganz dem Schreiben widmete. Viele Jahre lang
galt ihr besonderes Interesse der Kultur, Geschichte und heutigen
Situation der Indianer. Ihre einfühlsamen Romane zu diesem Thema
für Erwachsene wie für Jugendliche fußen auf intensiven Recherchen
während ihrer USA-Reisen und werden von der Kritik hoch gelobt.
Mit ihren Romanen »Isegrim« und »Der Kuss des Raben« kehrt
die Autorin zu ihren Thüringer Wurzeln zurück.
www.antje-babendererde.de

Antje Babendererde

DER GESANG DER ORCAS

Roman

Arena

Ein Verlag in der *westermann* GRUPPE

Für Sophie und Friedrich

3. Auflage im Arena-Taschenbuch 2021
© 2003 Arena Verlag GmbH
Rottendorfer Straße 16, 97074 Würzburg
Alle Rechte vorbehalten
Umschlaggestaltung: Frauke Schneider
Umschlagtypografie: Sibylle Bader
Gesamtherstellung: Westermann Druck Zwickau GmbH
ISSN 0518-4002
ISBN 978-3-401-51205-1

Besuche den Arena Verlag im Netz
www.arena-verlag.de

»Worte können das Unheimliche des
Walgesangs nicht beschreiben;
über Jahrmillionen zu einer
unübertrefflichen Reinheit gestimmt,
ein Klang, den die Menschen jeden Morgen
hören sollten, damit er sie an den Morgen der
Schöpfung erinnert.«

Peter Matthiessen,
Blue Meridian, Random House 1971

 1. Kapitel

Die Knie ans Kinn gezogen und meine Arme fest darum geschlungen, hockte ich auf der blauen Holzbank, meinem Lieblingsplatz. Hier, auf dem jüdischen Friedhof in Berlin Weißensee, hatte die Stille einen ganz eigenen Klang. Die vielen Geräusche der Stadt und der Straßenlärm blieben ausgesperrt hinter dicken, hohen Mauern. Sie umgaben den alten Friedhof wie ein Festungswall. Es waren dunkle Mauern aus Sandstein, bewachsen mit Efeu, Farnen und Moosen in den verschiedensten Grüntönen. Die Luft unter den dicken Kronen der hohen Bäume war kühl und schwer und über allem lag der Atem längst vergangener Zeiten.

Ich war jeden Tag hier. Eigentlich hätte ich auf einem ganz anderen Friedhof sein müssen als diesem, aber auch fünf Monate nach dem Tod meiner Mutter fiel es mir immer noch schwer, ihr Grab zu besuchen. Sie war nur 35 Jahre alt geworden. Die letzten vier davon hatte sie gegen den Krebs gekämpft, der ihren Körper durchwucherte und immer mehr zerstörte, ohne dass Operationen oder Chemotherapien ihn aufhalten konnten. Sie hatte gekämpft und verloren. Ich konnte immer noch nicht begreifen, dass sie nicht mehr da war.

Wenn Mama mir ganz besonders fehlte, ging ich hierher, an diesen stillen Ort mitten in der Stadt. Ich hatte den alten Friedhof vor zwei Jahren gefunden, gleich nachdem wir aus unserem kleinen Dorf in Brandenburg nach Berlin gezogen waren. Damals wollte ich nicht weg von dort, wo meine Großmutter lebte und ich Freunde hatte, die ich schon aus dem Kindergarten kannte. Aber ich sah ein, dass der Umzug notwendig war. Meine Mutter musste immer häufiger ins Krankenhaus und Papa und ich, wir wollten in ihrer Nähe sein, um sie jeden Tag besuchen zu können.

Wenn ich jetzt in ihrer Nähe sein wollte, kam ich hierher, auch wenn auf keinem der vielen verwitterten Grabsteine mit den hebräischen Schriftzeichen der Name Sabine Tanner stand. Meine Mutter hatte diesen Ort geliebt und ich tat das auch, denn hier spürte ich ihre Gegenwart mehr als anderswo.

Als ihr das Laufen bereits schwer fiel, waren wir auf diesen Wegen zusammen spazieren gegangen. Ganz langsam. Mama eingehüllt in ihren dicken Mantel. Wir hatten Gespräche geführt über Dinge, die sie mir eigentlich erst erzählen wollte, wenn ich älter sein würde und alles besser verstehen konnte. »Die Zeit läuft mir davon«, höre ich sie noch mit müder Stimme sagen. »Du sollst alles über mich wissen, Sofie, damit du weißt, wer deine Mutter war, und du deinen Kindern von mir erzählen kannst. Es tröstet mich, in dir weiterzuleben.«

Wir hatten über den Abschied geredet. Mama hatte versucht mich darauf vorzubereiten und ich war ungeheuer tapfer gewesen. Aber als es dann passierte, war ich überhaupt nicht vorbereitet. Ich glaube, das ist man nie, wenn jemand stirbt, den man sehr liebt.

Nun fand ich nur unter den riesigen alten Ahornbäumen und den Buchen mit ihren mächtigen Kronen ein wenig Trost. Die efeuumrankten Grabsteine erzählten traurige Geschichten, die mich von meinem eigenen Schmerz ablenkten. Jedenfalls für eine Weile. Ich hatte immer meinen Malkasten und einen Zeichenblock dabei, um die verschiedenen Stimmungen aufs Papier zu bannen und meiner Trauer eine Farbe zu geben. Zeichnen und malen waren meine Leidenschaft. Mit meinen grün-dunklen Bildern vom jüdischen Friedhof hätte ich ein ganzes Zimmer tapezieren können.

Es war Abend geworden. Als ich durch das schmiedeeiserne Friedhofstor trat, um nach Hause zu gehen, hatte ich das Gefühl, von meinen Problemen fast erdrückt zu werden. Ich konnte sie nicht loswerden. Tag für Tag trug ich sie mit mir herum wie eine nasse Pelzjacke.

Mein größtes Problem war meine Traurigkeit. Das zweitgrößte war ich selbst: Sofie Tanner, fünfzehn Jahre alt, rothaarig und sommersprossig, von den meisten in meiner Klasse für merkwürdig und eigenbrötlerisch gehalten. Und das nur, weil ich mich nicht nach der neusten Mode kleidete und gerne klassische Musik hörte. Außerdem war ich wissbegierig und das Lernen fiel mir leicht, was mir zu allem anderen noch den Ruf einer Streberin eingebracht hatte.

Zugegeben, in den letzten fünf Monaten war mein Verhalten wahrscheinlich immer merkwürdiger geworden. Mama war nicht mehr da. Die Stelle in mir, wo meine Liebe zu ihr gewohnt hatte, war jetzt leer. Als hätte man etwas aus mir herausgerissen. Ich hatte mich mehr und mehr in mich selbst zurückgezogen und war immer einsilbiger geworden.

Aber war das nicht verständlich? Konnte denn niemand nachvollziehen, wie mir zu Mute war? Meine Mutter und ich, wir waren wie verwachsen gewesen. Ich wurzelte in ihr. Und nun war sie nicht mehr da.

Mein Vater, der noch weniger mit ihrem Tod zurechtkam als ich, hatte sich wie ein Verrückter in seine Arbeit gestürzt und nahm nur noch am Rand wahr, dass es mich überhaupt gab. Ich war einsam. So einsam, dass es weh tat und ich mich immer wieder wunderte, warum ich nicht schrie vor Schmerz und Verzweiflung und Wut.

Aber das tat ich natürlich nicht. Ich machte weiter wie bisher: ging jeden Tag zur Schule, montags zum Flötenunterricht und mittwochs in einen Malzirkel. Ich war nicht bei der Sache, aber zumindest waren die Erwachsenen so höflich mir das nachzusehen. Sie waren ganz furchtbar verständnisvoll, denn schließlich hatte ich einen schweren Verlust erlitten.

Meine Klassenkameraden dagegen veränderten ihr Verhalten mir gegenüber nur für ein paar Tage. Die meisten sprachen mir zwar ihr Beileid aus, aber gleich darauf taten sie so, als ob ich gar nicht mehr vorhanden wäre. Eine Woche nach der Beerdigung meiner Mutter schien die Sache für sie abgeschlossen zu sein und sie setzten ihre Spötteleien fort. Ich nahm es ihnen nicht übel, weil ich wusste, dass ihnen einfach die Vorstellungskraft fehlte. Jeder von ihnen hatte noch beide Eltern, auch wenn drei oder vier Ehen geschieden waren und Vater oder Mutter nicht mehr zu Hause wohnten.

Es war nicht dasselbe.

Wahrscheinlich würden auch sie noch irgendwann lernen, was wirklicher Schmerz ist, dachte ich mir. Mich hatte es eben nur früher erwischt und ich hatte keine andere Wahl, als damit zurechtzukommen. Auch wenn es Tage gab, an denen mir das unmöglich erschien. Ich hatte Angst, dass meine Einsamkeit mich nie mehr verlassen würde.

Doch jetzt waren Sommerferien und für ein paar Wochen brauchte ich mich wenigstens nicht der Großspurigkeit und dem Gespött meiner Mitschüler auszusetzen. Es war zwar nicht so, dass sie mich wirklich hassten oder quälten. Niemand war mein Feind. Aber ein paar hatten Freude daran, kleine, spitze Bemerkungen über mich fallen zu lassen. Besonders unter den Mädchen gab es einige, die es offensichtlich witzig fanden, mich zu ärgern. Ich weiß nicht, warum, denn ich hatte ihnen nie etwas getan. Ich glaube einfach, meine Welt war anders als ihre. Keine Ahnung, woran das lag, aber es wurde mir irgendwann klar und von da an kam ich besser damit zurecht.

Auf jeden Fall war ich froh, dass ich sie allesamt erst einmal für sechs lange Wochen nicht sehen musste. Fehlen würden sie mir bestimmt nicht. Ich hatte nämlich Pläne. In 14 Tagen wollte ich zu Tante Elisabeth nach Brandenburg fahren. Sie war die Schwester meines Vaters und lebte jetzt mit ihrem Mann und ihren beiden Söhnen in dem großen, alten Bauernhaus, in dem ich aufgewachsen war. Tante Elisabeth pflegte meine inzwischen bettlägerige Großmutter Lene und machte meinem Vater ab und zu Vorwürfe, dass er sich so wenig um seine kranke Mutter kümmerte. Als ich sie jetzt fragte, ob ich in den Ferien für ein paar Tage kommen könnte, hatte sie mir das gerne erlaubt.

Tante Elisabeth war ein bisschen hektisch und manchmal sehr laut. Trotzdem mochte ich sie. Vor allem aber mochte ich die Zwillinge Fabian und Sven, meine beiden gleichaltrigen Cousins, mit denen ich früher die verrücktesten Sachen erlebt hatte. Ich freute mich sehr darauf, sie wieder zu sehen. Ihre Späße würden mich vielleicht ein wenig ablenken.

Nach einem zehnminütigen Fußmarsch stand ich vor dem schmalen Mietshaus aus roten Backsteinen, in dem ich wohnte. Papa hatte es vor zwei Jahren gekauft. Unten, im Erdgeschoss, hatte mein Vater sein Fotoatelier und die Dunkelkammer, darüber befanden sich unsere Zimmer. Als Mama noch da war, hatten wir zwei Etagen bewohnt. Seit drei Monaten vermietete mein Vater die oberste Etage an einen Studenten, weil wir nicht so viel Platz, dafür aber das Geld brauchten. Papa verdiente zwar gut in seinem Beruf, aber in den letzten beiden Jahren hatte er nicht mehr so viele Aufträge angenommen und Mamas Krankheit hatte eine Menge Geld verschlungen.

»Bin wieder da«, rief ich in den dunklen Flur.

»Ich bin in der Dunkelkammer«, kam es hinter einer der Türen hervor. »Hab gleich alles fertig, dann komme ich.«

Mein Vater war Fotograf. Nicht irgendein Fotograf, der Passbilder oder langweilige gestellte Hochzeitsfotos machte, obwohl auch er einmal so angefangen hatte. Nein, Papa war ein richtig guter Fotograf, der ganz tolle Reportagen machte. Er hatte schon mehrere Preise gewonnen und seine Fotos wurden auf Ausstellungen gezeigt und in großen Magazinen abgedruckt. Der Name Frank Tanner stand für Qualität und Originalität. Seit Jahren war mein Vater in seinem Beruf viel unterwegs gewesen, oft auch in anderen Ländern und auf anderen Kontinenten. »Wenn du mal größer bist, Sofie«, hatte er immer gesagt, »dann nehme ich dich mit nach Afrika zu den Massai oder wir schauen uns die Pyramiden in Ägypten an. Du wirst meine Assistentin und begleitest mich überall hin.« Jedes Mal, wenn er wieder fortging, manchmal für einige Wochen, hoffte ich, dass ich bei seiner nächsten Reise groß genug sein würde, um ihn begleiten zu können. Aber es passierte nie.

Er fuhr alleine los und ließ Mama und mich zurück. Als sich sein Versprechen abgenutzt hatte, gab ich auch meine Hoffnung auf. Ich beschränkte mich darauf, mir seine wunderschönen Fotos in den glanzbeschichteten Magazinen und Bildbänden anzusehen und ungeheuer stolz auf ihn zu sein.

Einmal im Jahr machten wir zusammen Familienurlaub. Aber dann stand meinem Vater plötzlich nicht mehr der Sinn nach Abenteuern. Er wollte irgendwo in einem netten Hotel am Pool liegen und sich erholen. In den letzten beiden Jahren war meine Mutter ohnehin viel zu schwach gewesen, um solche Reisen zu machen. Unser Leben konzentrierte sich jetzt ganz auf sie und mein Vater begann Aufträge abzulehnen. Allerdings nicht ohne Folgen: Schnell musste er sich selbst wieder um Arbeit bemühen und sagte, in seiner Branche würde man sofort vergessen werden, wenn man nicht ununterbrochen präsent war.

Vor einem halben Jahr hatte er den Auftrag einer großen Gartenzeitschrift angenommen, Steinmauern zu fotografieren. Wir brauchten das Geld dringend. Mein Vater war in Irland unterwegs gewesen, als meine Mutter starb. Das kann er sich bis heute nicht verzeihen. Mama war gestorben und hatte ihn mit mir und seinen Schuldgefühlen allein gelassen.

Familie Tanner, das waren jetzt nur noch er und ich. Wir redeten nicht viel miteinander, über Mama schon gar nicht. Irgendwie funktionierte alles überhaupt nicht mehr.

Die Küche war unaufgeräumt. Ich warf einen Blick in den Kühlschrank und stellte fest, dass sich mal wieder keiner von uns beiden für den Einkauf zuständig gefühlt hatte. In den beleuchteten Fächern herrschte gähnende Leere. Nur zwei Flaschen Bier, eine Schachtel Margarine und eine Flasche Ketschup standen da. Im Gemüsefach schrumpelte eine welke Paprikaschote vor sich hin.

Irgendwie war uns beiden in den vergangenen Monaten der Appetit abhanden gekommen und manchmal vergaßen wir einfach zu essen. Papa würde mir keine Vorwürfe machen, das tat er nie. Aber natürlich mussten wir irgendetwas zu uns nehmen. Ich fand noch eine Pizza im Tiefkühlfach und steckte sie in die Röhre.

So viele Pizzaabendessen in den letzten Wochen.

Noch vor einem Jahr hätte Mama um diese Zeit in der Küche gestanden und einen herrlich duftenden Gemüseauflauf aus der Röhre gezaubert. Unsere gesunde Ernährung, auf die sie immer so geachtet hatte, war vollkommen im Eimer. So konnte es nicht weitergehen. Wir liefen herum, als wären wir nur noch Schatten unserer selbst. Ich wollte das nicht mehr. Ich wollte endlich wieder glücklich sein.

Papa kam wenig später nach oben und schnupperte in die Küche. »Hmm, Pizza«, sagte er, als hätte ich was besonders Ausgefallenes gekocht. Blass und müde sah er aus und die grauen Haare, die sich in seine blonden mischten, waren auffällig viele geworden. Er holte sich ein Bier aus dem Kühlschrank, setzte sich zu mir an den Tisch und fragte: »Na, wie war dein Tag heute?«

Müde hob ich die Schultern. »Ganz okay. Ich war auf dem Friedhof und habe gemalt.« Wie jeden Tag.

»Gut«, sagte er zerstreut, mit seinen Gedanken schon wieder ganz woanders. Es kam nur selten vor, dass er mich darum bat, ihm meine Bilder zu zeigen. Vielleicht waren sie ihm nicht gut genug, vielleicht war er auch einfach nur zu sehr mit sich selbst und seiner Arbeit beschäftigt.

Mama hatte sich meine Bilder immer angesehen und mir manchmal etwas dazu gesagt. Wenn sie nichts sagte, gefiel ihr, was ich gemalt hatte. Dann umarmte sie mich und ich fühlte mich gut.

Wir aßen schweigend unsere Pizza und danach räumte ich das schmutzige Geschirr in den Spüler. Ich sah noch ein bisschen fern, aber es kam nichts, das mich wirklich interessiert hätte. Da griff ich doch lieber zu meinem Walkman, legte eine Kassette mit Musik von Edvard Grieg ein und verschwand in einer Welt, die angenehmer war als die wirkliche. Ganz in dieser Welt zu bleiben, nicht mehr zurückzukehren, war eine verlockende Vorstellung. Wem würde ich schon fehlen?

Als ich meinem Vater später eine gute Nacht wünschte, saß er an seinem Schreibtisch über dem Lichtkasten und sortierte Negative. Er hob den Kopf und sah mich an, aber ich hatte das Gefühl, er würde durch mich hindurchsehen, als wäre auch ich nur ein Lichtbild.

Papa wollte auch wieder glücklich sein, das wurde mir in diesem Augenblick klar. Doch obwohl er mein Vater war und viel mehr Lebenserfahrung hatte, wusste er anscheinend auch nicht, wie er es anfangen sollte. Er fühlte sich genauso einsam und verloren wie ich.

Später, im Bett, lag ich wach und dachte, dass es vielleicht einfacher für mich sein würde, wenn ich eine richtige Freundin oder einen Freund hätte. Jemanden, der mich mochte – so, wie ich nun mal war – und mit dem ich über alles reden konnte. Aber eine richtige Freundin hatte ich hier in Berlin noch nicht gefunden und bisher hatte sich auch kein Junge für mich interessiert. Woran Letzteres liegen könnte, darüber machte ich mir keine Illusionen. Die Jungs am Gymnasium hatten ziemlich klare Vorstellungen davon, wie ihre »Bräute«, wie sie ihre Freundinnen nannten, auszusehen hatten. Das Wichtigste schien der Brustumfang zu sein und davon besaß ich nur kläglich wenig. Da war zwar was, aber es wollte nicht wachsen. Jedenfalls nicht so schnell wie bei den anderen Mädchen in meiner Klasse.

Wenn ich mit solchen Sorgen zu meiner Mutter gekommen war, hatte sie immer einen netten Spruch auf

Lager gehabt, der mich darüber hinwegtröstete und zum Lachen brachte. Doch nun tröstete mich niemand mehr. Mamas Lachen fehlte mir so. Sie hatte immer alles in Ordnung bringen können.

Seit sie nicht mehr da war, fühlte ich mich unwohl in meiner Haut. Meinen eckigen Körper versteckte ich am liebsten unter weiten Kleidern und Hosen, sodass meine Figur überhaupt nicht mehr zu sehen war. Unauffällig wollte ich sein – oder wenigstens wie alle anderen. Aber etwas in meinem Inneren machte das immer unmöglich.

Das Einzige, was ich wirklich an mir mochte, war mein Haar. Es war dick und glänzte kupferrot. Meistens trug ich es offen bis auf die Schultern und trotzdem behandelten mich Jungs und Mädchen wie ein Neutrum. Wie etwas, das keinen zweiten Blick wert war. Graue Maus, nannten sie mich – obwohl mein Kopf leuchtete wie eine Tomate.

Schon halb im Schlaf hörte ich ein Klopfen an meiner Tür und der Kopf meines Vaters erschien im Lichtspalt. »Bist du noch wach, Sofie?«

»Ja, was ist?«, fragte ich müde, aufgeschreckt aus einem Halbtraum, in dem Mama noch da war.

Papa kam herein, ohne das Licht anzumachen, und setzte sich zu mir aufs Bett. Ich spürte, wie die Matratze einsank. »Ich habe heute einen Anruf vom Cheflektor des VARGAS-Verlages bekommen«, sagte er. »Ich soll für einen Bildband Aufnahmen von der Olympic-Halbinsel im Bundesstaat Washington machen.«

Geografie war mein Lieblingsfach und in meinem Kopf tauchte eine imaginäre Landkarte auf. »Nordamerika?«, fragte ich und war plötzlich wieder hellwach. Ich setzte mich auf.

Papa nickte. »Ja«, sagte er. »Gletscherberge, Regenwald, Pazifikküste und Fischindianer.«

Das klang nach Abenteuer. »Wirst du den Auftrag annehmen?«

»Kommt darauf an«, sagte er leise und ich konnte seine Augen im Flurlicht glitzern sehen.

»Worauf?«, fragte ich. Mein Herz klopfte wild. Er hatte es schon eine ganze Weile gewusst und mir nichts davon gesagt.

»Ob du Lust hast, mich zu begleiten. Ich soll auch vom Stammesfest der Makah-Indianer in Neah Bay Aufnahmen machen. Mitte August haben sie dort ein Kanutreffen mit kanadischen Stämmen. Für die übrigen Fotos bräuchte ich mindestens drei Wochen. Wir müssten also in einer Woche los und du würdest Schule versäumen.« Er sah mich an, mit einem Blick, der seine Hilflosigkeit offenbarte. »Ich möchte dich nicht so lange allein lassen, Sofie.«

Papa sagte nicht: »Es wäre schön, wenn du mitkommen würdest, Sofie.« Ihn plagte bloß das schlechte Gewissen. Jetzt, wo er sein Versprechen endlich einlösen wollte, hatte es für mich keine Bedeutung mehr.

»Aber ich will doch zu Tante Elisabeth fahren«, erinnerte ich ihn. Falls er das wie so vieles andere auch vergessen haben sollte. »Ich habe mich schon so darauf gefreut.«

»Ich weiß«, sagte er. »Aber die kannst du doch auch in den Herbstferien besuchen. So eine Gelegenheit kommt nicht so schnell wieder. Bist du gar kein bisschen neugierig auf Amerika? Da wolltest du doch immer hin.« Er wirkte beinahe enttäuscht.

Ich hob die Schultern. »Ich denke darüber nach, okay?«, sagte ich lahm. Wie der Appetit war mir auch die Neugier abhanden gekommen, seit Mama nicht mehr da war. Meine Abenteuerlust und mein Wissensdurst waren in einem seltsamen Nebel aus Hoffnungslosigkeit verschwunden.

Papa strich mir zärtlich übers Haar. »Ja, denk drüber nach. Aber morgen muss ich dem Verlag Bescheid geben. Sie haben die Tickets für uns schon gebucht. Es ist ein interessanter Auftrag, Sofie, der gut bezahlt wird.«

»Hm«, brummte ich, ärgerlich darüber, dass er mich auf diese Weise unter Druck setzte. Seine Entscheidung war also schon gefallen.

»Schlaf gut«, sagte er, ging aber nicht.

»Was ist, Papa?«

»Vielleicht tut es uns gut, wenn wir mal eine Weile zusammen unterwegs sind. Meinst du nicht?«

»Ja«, sagte ich. »Das wäre bestimmt gut.«

Mein Vater würde diesen Auftrag annehmen, da machte ich mir nichts vor. Am Ende würde er auch ohne mich fliegen, wie er es all die Jahre getan hatte. Wenn ich ihn begleitete, brauchte er kein schlechtes Gewissen zu haben, dass er mich mal wieder allein zurückließ. Je mehr ich über sein Angebot nachdachte, umso mehr ärgerte ich mich darüber.

Natürlich hatte er Recht. Meine Cousins Fabian und Sven konnte ich wirklich in den Herbstferien besuchen, aber darum ging es auch gar nicht. Es ging um Papa und mich. Wie es in Zukunft mit uns beiden weitergehen würde. Vielleicht war diese Reise tatsächlich eine Chance für uns und wir konnten einander wieder näher kommen. Vielleicht. Wenn ich ablehnte, würde ich es jedenfalls nie herausfinden.

 2. Kapitel

Es war Ende Juli, als der Flieger auf dem Sea-Tac-Flughafen von Seattle landete. Unter uns eine dichte Schicht grauer Wolken, aus der nur der Mount Rainier ragte, ein schneebedeckter Vulkankegel südöstlich der Stadt. Dann war auf einmal alles grau. Mein Magen zitterte und hopste, und ehe ich mich versah, setzte der Flieger auf der Landebahn auf und die Passagiere klatschten. Ich war schon mal geflogen, aber das war lange her. Nach den vielen Stunden in den engen Sitzen war die Landung eine Erleichterung für mich. Ich wollte nur noch raus aus der Blechkiste.

Dicke Tropfen klatschten gegen die kleinen Scheiben des Flugzeugs. »Regenwetter«, sagte mein Vater. »Wie kann es anders sein. In dieser Ecke Amerikas gibt es nur wenige Tage im Jahr, an denen der Himmel wolkenlos ist und die Sonne scheint.«

Na prima, dachte ich. »Warum sagst du mir das eigentlich erst jetzt?« Ich machte ein mürrisches Gesicht.

Papa lächelte müde. »Weil du sonst nicht mitgekommen wärst.«

Tatsächlich hatte ich nichts gegen Regen und die grauen Wolken passten zu meiner Stimmung. Für mich hatte die Farbe Grau den gleichen Wert wie alle anderen Farben. Es gab ein schwarz glänzendes Grau, ein milchiges, Schiefergrau und Muschelgrau. Und das war noch längst nicht alles. Wenn ich hinaussah in den Himmel, wurde mir klar, dass zur Palette meiner Grautöne hier noch einige Nuancen hinzukommen würden.

Endlich konnten wir die Sitzgurte lösen und langsam leerte sich das Flugzeug. Mein Vater holte seine Kameratasche aus dem Gepäckfach und wir bewegten uns in einer ungeduldigen Menschenschlange nach draußen. Da wir in Cincinnati zwischengelandet waren und dort auch schon die Einreiseformalitäten erledigt hatten, ging für uns jetzt alles ziemlich schnell. Wir holten unser Gepäck vom Laufband und mein Vater mietete einen Leihwagen.

Es war ein Chevrolet, sehr rot und sehr neu, aber Papa versicherte mir, dass wir uns schnell daran gewöhnen würden. Nachdem wir unser Gepäck in den Kofferraum verladen hatten, verließen wir das Flughafengelände und befanden uns wenig später auf der großen Hauptstraße, die direkt nach Seattle führte.

Ich hatte nicht viel übrig für große Städte, weil ich auf einem kleinen Dorf aufgewachsen war, in dem nur knapp vierhundert Menschen lebten. Berlin war nie mein Zuhause geworden. Draußen in der Natur fühlte ich mich am wohlsten und am sichersten. Doch trotz der Wolkenkratzer im Zentrum entpuppte sich Seattle als gemütliche Stadt mit viel Grün und bunten, freundlichen Menschen. Das Regenwetter schien ihnen überhaupt nichts auszumachen.

Auf der Suche nach etwas zu essen landeten wir schließlich in einem Schnellimbiss. Danach mieteten wir uns in ein billiges Motel ein und fielen todmüde in unsere Betten.

Am nächsten Morgen regnete es nicht mehr, aber der Himmel war immer noch grau. Betongrau. Die Wolken hingen tief, es schien, als würden sie wie eine Decke über der Stadt liegen.

Papa hatte noch ein paar Einkäufe zu erledigen, deshalb fuhren wir ins Zentrum am Pioneer Place. Vor allem mussten wir uns Regenkleidung besorgen. Dazu waren wir in Deutschland bei unserer hektischen Abreise nicht mehr gekommen.

Als wir alles Wichtige gekauft hatten, unter anderem auch zwei knallrote Regenjacken – viel zu rot für meinen Geschmack! –, entschieden wir die Stadt zu verlassen und uns auf den Weg an die Pazifikküste zu machen. Vielleicht zeigte sich die Metropole ja auf der Rückfahrt von einer sonnigeren Seite.

Die Autobahn führte uns durch Städte wie Tacoma und Olympia, Centralia und Cehalis, die zwar wunderschöne, viel versprechende Namen hatten, sich in ihrem einfallslosen Aussehen aber kaum voneinander unterschieden. Tankstellen von Shell und Texaco, verschiedene Fastfoodketten und riesige Supermärkte säumten das Asphaltband der Straße. Monströse Einkaufszentren mit betonierten Parkplätzen – so groß wie Fußballfelder – wechselten einander ab. Amerika eben. Ich hatte mir Vorstellungen gemacht und fand sie noch übertroffen. Was ich sah, erstaunte mich zwar, aber es gefiel mir nicht besonders. Ich sehnte mich nach den endlosen Wäldern und dem Ozean, mit dessen Schilderung mein Vater mich schließlich hierher gelockt hatte.

Im Pazifischen Ozean gab es Wale. Eine Zeit lang war ich ganz vernarrt gewesen in Wale. Die Wände meines Kinderzimmers hatte ich mit selbst gemalten Walbildern tapeziert und zu meinem ersten Schulfasching war ich als Orca verkleidet gegangen. Das Kostüm aus einem Drahtgestell, bespannt mit schwarz-weißem Stoff, hatte meine Mutter selbst genäht.

Als wir nach Berlin zogen, waren meine Walbilder in einer Mappe verschwunden. Stattdessen hatte ich nun Bäume gemalt. Von meiner Leidenschaft für die großen Meeressäuger war nur ein Bildband übrig geblieben, den Tante Elisabeth mir zu meinem zehnten Geburtstag geschenkt hatte.

Am frühen Abend erreichten wir den kleinen Ort Raymond, wo wir uns ein Motelzimmer nahmen. Hinter den Häusern am Rande der Straße erstreckten sich riesige dunkelgrüne Wälder und hier war der Ozean nicht mehr weit. Die Luft roch salzig, nach Tang und nach Fisch. In dem kleinen Restaurant, das wir aufsuchten, nachdem wir unser Zimmer bezogen hatten, standen Meeresfrüchte aller Art auf der Speisekarte. Mein Vater mochte Muscheln, Krabben und

Langusten. Er war auf seinen vielen Reisen zum Feinschmecker geworden und nach den ewigen Pizzamahlzeiten der letzten Wochen hatte er offensichtlich Nachholbedarf.

Er bestellte sich Muscheln mit Knoblauchsoße und ich hatte mir gegrillten Lachs und Folienkartoffeln ausgesucht. Ich verspürte zwar Hunger, hatte aber keinen Appetit und aß nur aus Vernunftgründen. In den letzten Wochen war ich furchtbar mager geworden, was mir sehr zu schaffen machte. Ich wünschte, meine Brüste würden ein bisschen wachsen, aber dafür musste ich natürlich auch was tun. Genug Essen eben, selbst wenn es keine Freude machte.

Während der Fahrt hatten Papa und ich nicht viel gesprochen. Ab und zu ein paar organisatorische Dinge und hin und wieder hatten wir uns über die Eigenheiten des Landes ausgetauscht. Die meiste Zeit herrschte jedoch Schweigen. Ich hatte das Reden irgendwie verlernt, und dass mein Vater so wenig sprach, lag ja vielleicht auch daran, dass er es überhaupt nicht gewohnt war, auf seinen Reisen von jemandem begleitet zu werden.

Nun saßen wir uns am Tisch gegenüber, und wenn er meine Mutter gewesen wäre, hätten wir endlos zu erzählen gehabt. Aber er war mein Vater und es fiel mir schwer, ein Gespräch mit ihm anzufangen. In diesem Augenblick war er wie ein Fremder für mich. Keine Ahnung, wie ich die kommenden vier Wochen mit ihm aushalten sollte.

»Bist du müde?«, fragte er mich schließlich.

»Ja, ein bisschen. So lange im Auto zu sitzen strengt an.«

»Das längste Stück haben wir geschafft«, tröstete er mich. »Wenn wir in Neah Bay sind, bekommst du ein eigenes Zimmer. Aber für die zwei oder drei Male, die wir unterwegs übernachten müssen, werden wir schon miteinander auskommen, oder?«

»Klar«, sagte ich achselzuckend. »Kein Problem.«

Unser Essen wurde gebracht und ich sah gleich, dass es lecker sein würde. Der Lachs sah frisch aus und das zartrosa Fleisch duftete gut.

»Lass es dir schmecken!«, sagte mein Vater.

»Ja, du auch.«

Während wir aßen, erzählte Papa, dass er sich in seiner Kindheit sehr für die Indianer der Nordwestküste interessiert hatte und deshalb neugierig darauf war, was ihn im Reservat der Makah erwartete. »Meine Freunde bauten damals Tipis aus Wäschestangen und Bettlaken und jagten die Kühe auf der Wiese herum, als wären sie wilde Büffel. Und ich habe versucht ein Kanu zu bauen. Richtig besessen war ich davon und kriegte es sogar hin.« Er lächelte kopfschüttelnd in der Erinnerung. »Aber als ich es ausprobieren wollte, kippte es jedes Mal um und füllte sich mit Wasser. Irgendetwas hatte ich falsch gemacht. Ich war eben doch kein richtiger Indianer.«

Ich musste lächeln und erinnerte mich an das vermoderte alte Holzstück am See hinter dem Haus meiner Großmutter. Was übrig geblieben war, hatte tatsächlich die Form eines Kanus. Oft hatte ich dort gesessen und gemalt. Ich hatte geträumt, ohne etwas von den Träumen meines Vaters gewusst zu haben.

»Ich weiß nicht viel über Indianer«, sagte ich. »Nur das, was wir im Englischunterricht besprochen haben.«

»Vielleicht ist das gar kein Nachteil«, meinte er. »Dann bist du unvoreingenommen.« Er schwang die Gabel. »An diesen Indianervölkern ist so vieles faszinierend: ihre Kanus, mit denen sie auf Walfang gingen, ihre riesigen Totempfähle, die sie aus einem einzigen, uralten Zedernstamm herstellen konnten . . . und die Tatsache, dass sie Sklaven hatten.«

»Sklaven?« Ich runzelte die Stirn und schluckte einen Bissen Lachs hinunter.

»Ja, sie erbeuteten sie auf ihren Kriegszügen und ließen sie die schweren Arbeiten machen. Gerade die Makah waren ein sehr kriegerisches Volk.«

»Jetzt bin ich nicht mehr unvoreingenommen«, sagte ich trocken.

Mein Vater lachte über mein brüskiertes Gesicht. »Natürlich gibt es heute keine Sklaven mehr«, sagte er. »Jedenfalls nehme ich das mal an. Dafür haben die Makah vor drei Jahren wieder angefangen Grauwale zu jagen.«

»Stehen die nicht auf der Liste der bedrohten Tierarten?«, fragte ich.

»Seit 1996 nicht mehr. Es gibt wieder mehr als 20 000

Grauwale im Pazifik und damit hat sich die Population erholt. Sie sind von der Liste gestrichen worden.«

Ich schüttelte mit verständnisloser Miene den Kopf. »Wozu müssen sie heute wieder Wale jagen? Gibt es in Neah Bay keinen Supermarkt?«

»Ich hoffe, dass es einen gibt. Sonst müssen wir beide vielleicht auch auf die Jagd gehen.«

Zum Glück hatte es aufgehört, zu regnen. Wir frühstückten in einem Schnellimbiss und fuhren an der Willapa Bay entlang, bis wir den Ozean erreichten.

Ich war nicht zum ersten Mal am Meer. Aber als ich an der Shoalwater Bay den Pazifik sah, wusste ich, dass hier alles anders sein würde als in meinen Vorstellungen. Es war wie eine unerwartete Verheißung, ein Versprechen, das mein Herz schneller schlagen ließ. Da war es plötzlich wieder, dieses unbändige Gefühl von Neugier und Erwartung, das mich vor Monaten verlassen hatte.

Es herrschte Ebbe und der Sandstreifen am Ufer war breit und glatt wie grauer Samt. In der Ferne schimmerte quecksilbern der Ozean. Meterdicke Stämme mit riesigen Wurzeln säumten den Strand, ausgeblichen wie alte, sauber abgenagte Knochen. Einzelne Nadelbäume aus dem angrenzenden Wald neigten sich tief dem Meer zu, als würden sie von einer unsichtbaren Hand herabgezogen. Einige Häuser, die man offensichtlich zu nah am Strand gebaut hatte, waren von ihren Bewohnern bereits verlassen worden.

»Das ist unglaublich.« Papa war ganz hingerissen. Schon hatte er die Kameratasche und sein Stativ in der Hand. Ich hatte nichts dagegen, dass er hier fotografieren wollte. Das war ein verrückter Ort und ich spürte große Lust, länger zu bleiben und ihn zu erkunden.

Wir verbrachten mehrere Stunden an der Shoalwater Bay. Mein Vater fotografierte und ich versuchte mit dieser magischen Welt des Meeres und den abgestorbenen Baumriesen Bekanntschaft zu schließen. Das war ein guter Platz, um zu vergessen.

Noch einmal übernachteten wir in einem Motel an der Straße, diesmal am Rand des Regenwaldes, der am Fuße der Rocky Mountains wuchs. In unserem Reiseführer las ich, wie er entstanden war: durch den warmen pazifischen Strom, der Nässe vom Meer heranbrachte. Sie stieg auf und regnete vor den Rocky Mountains ab. Dieser Steigungsregen, von Winden landeinwärts getrieben, ließ riesige Rotzedern, Sitkafichten und Douglasien wachsen. Meterdicke Stämme, die hunderte von Jahren alt waren. Ihre Äste und Zweige waren flaschengrün gefärbt von Farnen, Moosen und Flechten. Sogar Algen wuchsen in diesem Regenwald.

Abends lag ich auf meinem Bett und studierte die Karte. Ein Stück weiter östlich, wo die Finsternis des Regenwaldes endete, erhoben sich die Olympic Mountains mit ihren schneebedeckten Gipfeln.

»Die Berge sind ganz nah«, sagte ich und blickte zu

meinem Vater auf. »Aber wir haben sie noch kein einziges Mal gesehen.«

»Das Wetter ist schuld. Wenn die Sonne scheint, kann man sie sehen.«

»Aber sie scheint nicht«, stellte ich trocken fest.

»Es kann ja nicht vier Wochen lang ununterbrochen regnen«, versuchte mein Vater mich aufzumuntern. »Aber in den nächsten Tagen soll das Wetter so bleiben. Ich schlage vor, wir fahren erst einmal nach Neah Bay und quartieren uns dort ein. Wenn die Sonne scheint, können wir immer noch in den Regenwald fahren.«

Schon wieder Versprechungen, dachte ich traurig, ließ es aber dabei bewenden.

Am späten Nachmittag des nächsten Tages erreichten wir Neah Bay, die Heimat der Makah-Indianer am nördlichen Ende der Olympic-Halbinsel. Am Ortseingang passierten wir zunächst die Station der US-Küstenwache, einen Komplex aus gelben Backsteingebäuden, und gleich darauf sahen wir auf der linken Seite das Museum mit einem Kulturzentrum. Auf der schnurgeraden Hauptstraße fuhren wir vorbei an Wohnhäusern und Trailern, Lagerhallen und einem großen Supermarkt. Rechts in der Bucht lag der geschützte Hafen mit seinen vielen kleinen Booten. Es gab Bootsrampen, eine Tankstelle und zwei Restaurants. Auf der Suche nach einer Unterkunft drehten wir eine Ehrenrunde durch den Ort, bis wir gefunden hatten, wonach wir suchten.

 3. Kapitel

In Neah Bay gab es nur zwei Motels und wir entschieden uns für das kleinere mit einem bunten Totempfahl davor. Seine einst kräftigen Farben waren verblichen, trotzdem machte er Eindruck auf mich. Die riesigen schwarzen Augen und vor allem das breite Maul des seltsamen Wesens, das er darstellen sollte, sahen Furcht erregend aus. Große weiße Zähne, wie die Tasten eines Klaviers. Eine lang heraushängende rote Zunge. Ein Wolf vielleicht, dachte ich, oder ein Bär.

Das Motel stand direkt an der Hauptstraße, aber die Zimmer gingen nach hinten auf eine umzäunte Wiese hinaus. Ein paar Nadelbäume standen dort und eine überdimensionale schwarze Satellitenschüssel. Das einstöckige, mit wetterverblichenen Holzschindeln verkleidete Gebäude hatte die Form eines Winkels und sah einladend aus, was man von vielen anderen Gebäuden in Neah Bay nicht behaupten konnte. Den meisten Häusern hätten ein bisschen frische Farbe und ein paar Reparaturen gut getan. Vielleicht gab es hier niemanden, der handwerklich geschickt war, dachte ich. Aber die Trostlosigkeit des Ortes störte mich kaum. Im Gegenteil, genauso wie das Wetter passte dieses graue Indianerdorf zu meinen Gefühlen.

Schon hatte ich Sorge, dass mir in den nächsten Tagen die dunklen Farben in meinem Farbkasten ausgehen könnten.

Die Motelbesitzerin hieß Freda Ahdunko. Ich schätzte sie auf Mitte dreißig und fand sie ausgesprochen hübsch. Dunkle Haut, schwarz glänzende lange Haare, schräge dunkle Augen. Als wir nach den Zimmerpreisen fragten, machte sie uns ein Angebot: Wir konnten zwei frisch renovierte Zimmer im Erdgeschoss haben, mit holzverkleideten hellen Wänden, bedruckten Vorhängen, einem Fernseher und neuem Mobiliar. Diese Zimmer waren allerdings erheblich teurer als die anderen im ersten Stock, die sie uns danach zeigte: Sie waren abgewohnt, das Holz an den Wänden war stark gedunkelt und es roch nach abgestandener Luft. Dafür waren sie bezahlbar und der Ausblick war besser. Vom breiten Treppenaufgang aus, der sich wie eine Veranda um die obere Etage zog, hatte man einen Blick auf die Wälder hinter dem Ort und konnte gleichzeitig den Hafen sehen.

Die Indianerin erklärte uns, dass sie das Motel erst vor anderthalb Jahren gekauft hatte und es nun nach und nach renovieren ließ. »In Ordnung sind die oberen Zimmer trotzdem«, sagte sie ein wenig brüskiert, als sie Papas Zögern bemerkte.

Mein Vater nickte. »Wir nehmen diese beiden«, sagte er. »Für drei Wochen.«

Freda Ahdunko riss überrascht die schwarzen Augen auf. »Das ist ziemlich lange für einen Ort wie

Neah Bay!«, sagte sie. Ich merkte, dass sie gerne gewusst hätte, was wir vorhatten, aber sie hütete sich davor, neugierige Fragen zu stellen.

Mein Vater war guter Laune und beantwortete ihr die unausgesprochene Frage. »Ich bin Fotograf und soll für einen Bildband. Aufnahmen vom Makah-Stammesfest machen.«

»So, so.« Ein kurzes Zögern. »Und da kommen Sie schon jetzt?«

»Warum nicht?« Papa schien dieses Gespräch irgendwie zu amüsieren. »Es wird in diesem Buch auch Bilder vom Regenwald und von der Küste geben. Meine Tochter und ich werden unsere Ausflüge eben von hier aus machen. Ich wollte nur sichergehen, dass wir auch eine ordentliche Unterkunft finden. Zu den Festtagen soll hier ja alles ausgebucht sein.« Er schmunzelte in sich hinein.

Freda sah ihn schräg von der Seite an, und als sie merkte, dass er scherzte, sagte sie: »Na, die ordentliche Unterkunft ist Ihnen auf jeden Fall sicher.« Sie lächelte versöhnlich und ich sah, dass sie nicht nur hübsch, sondern schön war. Das warme Leuchten in ihren dunklen Augen erinnerte mich an meine Mutter.

»Aber Sonnenschein kann ich nicht garantieren«, meinte sie spöttisch. »Ich hoffe, Sie wissen, worauf Sie sich da eingelassen haben. Man nennt diesen Landstrich auch ›die Regenküste‹.«

»Hab schon davon gehört«, sagte mein Vater. »Wir werden versuchen damit zurechtzukommen.«

Papa und Freda gingen in das kleine Büro des Motels zurück, um die Formalitäten zu erledigen, und ich bezog mein Zimmer. Es war klein und die Holzvertäfelung war so dunkel, dass ich auch am Tag Licht anmachen musste, um etwas zu sehen. Das waren keine guten Voraussetzungen zum Malen, aber ich musste damit zufrieden sein. Wenn es nicht regnete, konnte ich mich auch unten auf die Wiese oder vor mein Zimmer setzen. Der Aufgang aus Zedernplanken war breit genug und es sah so aus, als ob im Augenblick außer uns niemand weiter im Motel wohnte.

Ich packte meine Sachen in den Kleiderschrank, dessen Türen beim Öffnen unangenehm quietschten. Im Inneren des Schrankes roch es überraschend gut und ich entdeckte, dass ein kleines Stoffbeutelchen darin lag. Ich nahm es in die Hand, fühlte und roch daran. Was ich ertastete, waren aromatische Holzspäne – ausgelegt wie ein kleiner Willkommensgruß!

Die übrige Einrichtung des Zimmers war einfach, aber gemütlich. An der einen Wand stand ein kleiner Schreibtisch, davor ein gepolsterter Stuhl, dessen Stoffbezug fadenscheinig und an einigen Stellen geflickt war. Aber die Matratze des breiten Bettes war in Ordnung und die Bettwäsche roch frisch nach Waschpulver.

Das kleine Bad mit Waschbecken, Toilette und Duschkabine hätte dringend neue Fliesen gebraucht und einen Spiegel, in dem man sich auch sehen konnte, aber es war sauber und frische Handtücher lagen auch bereit. Ich war nicht verwöhnt und hatte keine Schwierigkeiten, mich anderen Gegebenheiten anzupassen, wenn ich irgendwo Gast war. Hauptsache, ich hatte meine Ruhe.

Mit einigem Kraftaufwand öffnete ich das große Fenster, das mit einem Fliegengitter gesichert war. Die Tür stand noch offen und gleich durchzog warmfeuchte Luft mein Zimmer. Ich ging nach draußen und betrachtete die Umgebung des Motels. Auf dem angrenzenden Grundstück hinter der Wiese türmten sich ausrangierte Boote übereinander. Es war ein rostiger bunter Blechhaufen und ich dachte daran, ihn irgendwann zu malen.

Ganz in Gedanken versunken, hörte ich plötzlich eine Tür zuschlagen und zuckte erschrocken zusammen. Ein Junge mit einem langen, geflochtenen Zopf war aus dem Haus gekommen und leerte seinen überquellenden Abfalleimer in eine der Mülltonnen. Er trug Jeans und ein dunkelrotes T-Shirt mit einem Aufdruck, den ich nicht erkennen konnte. Ich schätzte, dass er ein oder zwei Jahre älter war als ich. Und obwohl ich mich nicht rührte, bemerkte er mich sofort und sah zu mir hoch. Er musterte mich kurz, mit einem seltsamen, intensiven Ausdruck in den Augen. Dann grüßte er mich mit einem leichten Kopfnicken.

Reflexartig trat ich vom Geländer zurück, weil ich nicht erwartet hatte, dass es jemanden wie ihn in diesem Motel gab. Der schwarze Blick des fremden Jungen hatte mich getroffen wie ein Blitz – ich wusste selbst nicht, warum ich darüber so erschrocken war.

Verwirrt ging ich ins Zimmer zurück und setzte mich auf mein Bett, wo mich kurze Zeit später mein Vater fand.

»Was ist denn los?«, fragte er. »Geht es dir nicht gut?«

»Doch«, log ich. »Alles okay, ich habe nur gerade das Bett getestet.«

Mein Vater nickte. »Die Zimmer sind ganz in Ordnung und Freda ist nett.«

»Ja, sehr nett«, bemerkte ich. »Und sie ist schön.«

»Stimmt«, sagte Papa, als würde ihm das jetzt erst bewusst werden. »Vielleicht frage ich sie irgendwann, ob ich sie fotografieren darf.« Er nahm sein Gepäck auf, das noch in meinem Zimmer stand. »Ich packe jetzt auch aus und ziehe mich um. Dann sehen wir mal, ob wir irgendwo etwas zum Abendbrot bekommen. Freda hat mir einen Tipp gegeben. In einem der beiden Restaurants im Ort soll das Essen sehr gut schmecken.«

Gerade wollten wir losgehen, da fing es wieder an zu regnen. Deshalb stiegen wir in unseren roten Chevy und fuhren das kleine Stück bis zum »The Cedars« mit dem Auto. Besonders gemütlich war das kleine Restaurant nicht. Mit Kunstleder bezogene Polsterbänke und Resopaltische in abgegrenzten Nischen – wie in einem Zugabteil. Es gab keine Tischdecken, dafür aber indianische Kunst an den Wänden: bunte Bilder und Schnitzereien. Außer einem indianischen Paar und zwei weißen Männern mit Baseballkappen auf den Köpfen waren wir die einzigen Gäste.

Obwohl mein Magen knurrte – wir hatten mal wieder auf das Mittagessen verzichtet – hatte ich keinen Appetit. Dieser Junge ging mir nicht aus dem Kopf. Der Gedanke, dass ich ihm irgendwann gegenüberstehen würde, schnürte mir die Kehle zu. Ich glaubte nicht an Liebe auf den ersten Blick und doch flatterte es merkwürdig in meinem Magen, wenn ich an seinen Blick dachte.

»Neah Bay ist ein seltsamer Ort, um seinen Urlaub zu verbringen, nicht wahr?«, fragte mein Vater.

Ich zuckte die Achseln. Mit meinen Gedanken war ich ganz woanders.

Als wir später zum Motel zurückkamen, brannte Licht in Fredas kleinem Büro und wir gingen hinein, um ihr eine gute Nacht zu wünschen. Sie trug eine goldene, runde Brille auf der Nase, die ihrem hübschen Gesicht einen schönen Rahmen verlieh. Freda schrieb etwas in ein großes Buch, und als sie über den Rand ihrer Brille zu uns aufsah, huschte ein Lächeln über ihr Gesicht.

»Gut, dass Sie noch einmal hereinschauen«, sagte sie mit ihrer herzlichen, warmen Stimme. »Vorhin hat sich ein älteres Ehepaar aus Arizona bei mir eingemietet, das morgen gerne eine Walbeobachtungstour machen würde. Zurzeit hält sich eine kleine Gruppe Orcas draußen vor unserer Küste auf. Mein Bruder Henry fährt solche Touren, aber nur wenn mindestens vier Leute mitkommen. Hätten Sie vielleicht Lust?«

Hatte sie eben Orcas gesagt? Mein Herz klopfte auf einmal bis zum Hals.

Papa dagegen runzelte die Stirn. »Bei dem Wetter?« Er zeigte vorwurfsvoll nach draußen, wo es immer noch schwarze Bindfäden regnete.

Freda zuckte die Achseln. »Den Walen ist das Wetter egal, sie sind sowieso immer nass.«

»Morgen regnet es nicht«, kam plötzlich eine Stimme aus dem Hintergrund. Der rot-schwarz gemusterte Vorhang in dem Durchgang, der das Büro mit dem übrigen Gebäude verband, teilte sich und der Junge mit dem Zopf tauchte auf. Ich hatte nicht damit gerechnet, ihn so schnell wieder zu sehen, und mir blieb beinahe die Luft weg. Lässig gegen die Holzverkleidung des Durchganges gelehnt, stand er da und sah überhaupt nicht aus wie ein Wetterfrosch, eher wie ein richtiger Prinz. Sesam öffne dich, wünschte ich inständig, um durch einen Zauber in der Wand verschwinden zu können, aber es funktionierte nicht. Ich war immer noch da.

»Mein Sohn Javid«, sagte Freda, mit einem deutlichen Anflug von Stolz in der Stimme.

Auch das noch, dachte ich. Aber meine Starre löste sich langsam und ich konnte auch wieder atmen. Javid hatte beeindruckend schwarze Augen und dunkle

Haut wie seine Mutter. Sein Zopf, der ihm schwarz und glänzend auf der Brust lag, war unglaublich lang. Er musterte mich erneut mit diesem rätselhaften Blick, sehr viel länger, als die Höflichkeit es zuließ. Ich wurde rot, hoffte aber, dass man das bei der miserablen Beleuchtung nicht sah.

»Hi, Javid«, sagte mein Vater. »Du bist wohl der Wetterexperte von Neah Bay?«

Der Junge zuckte die Achseln. »Hab eben im Radio den Wetterbericht gehört.«

»Was kostet denn so eine Tour?«, wandte sich mein Vater an Freda.

»Bei vier Leuten macht es 50 Dollar pro Person«, antwortete Javid an ihrer Stelle. »Manchmal lohnt es sich nicht, aber zurzeit sind fünf Orcas draußen.«

»Wie groß ist denn die Wahrscheinlichkeit, dass wir sie auch sehen?«, wollte Papa wissen.

Javid verschränkte die Arme vor der Brust. »Mein Onkel versteht sein Geschäft. Aber eine Garantie gibt es natürlich nicht. Die Orcas jagen dort, wo sie die meiste Beute finden, und *wir* müssen *sie* dabei finden.«

Ich wusste genau, was mein Vater jetzt dachte. Fünfzig Dollar war eine Menge Geld für einen Bootsausflug ohne die Garantie, dabei auch Wale zu sehen. »Was denkst du?«, wandte er sich an mich.

Wollte er die Entscheidung tatsächlich mir überlassen? Hatte ich auch mal was zu sagen? Was glaubte er denn? Natürlich wollte ich die Orcas unbedingt sehen! Außerdem spürte ich, dass wir Javid und Freda einen Gefallen tun konnten, und das wollte ich gern.

»Ich möchte mitfahren«, sagte ich. »Es macht mir nichts aus, wenn es regnet.«

Zum ersten Mal kam richtig Bewegung in Javids Gesicht. Er lächelte mir zu, als hätte ich eine weise Entscheidung getroffen. »Na, dann halb zehn am kleinen Hafen. Das Boot meines Onkels heißt *Victoria* und liegt am letzten Steg.« So unvermittelt, wie er gekommen war, verschwand er hinter dem Vorhang und Freda griff zum Telefonhörer, um dem Ehepaar aus Arizona und ihrem Bruder Henry Bescheid zu geben.

Mein Vater blieb noch kurz vor meinem Zimmer stehen. »Ich dachte, das Kapitel Wale hättest du längst abgeschlossen«, sagte er.

Ich zuckte die Achseln. »Sie im Meer zu beobachten ist was anderes, als sie im Fernsehen zu sehen.«

»Na ja, hoffentlich klappt es auch. Mir scheint, dass das Geschäft mit den Walbeobachtungstouren hier nicht gerade boomt, wenn sie nur mit Mühe und Not vier Leute zusammenkriegen.«

»Vielleicht kommen nur wenige Touristen nach Neah Bay.«

»Da könntest du Recht haben«, sagte er. »Es ist ein merkwürdiger Ort. Und die Makah sind seltsame Menschen.«

Ich fand Javid und seine Mutter überhaupt nicht seltsam. Im Gegenteil, ihre zurückhaltende und doch freundliche Art gefiel mir.

»Wir haben ja noch nicht viele kennen gelernt«, be-merkte ich.

»Stimmt.« Er lächelte. »Die beiden sind ganz okay. Und vielleicht regnet es morgen tatsächlich nicht, dann sieht die Welt schon ganz anders aus. Schlaf gut!«, sagte er.

»Du auch, Papa.«

Natürlich hätten wir auch diesmal ein gemeinsames Zimmer nehmen können. Dann hätte mein Vater eine Menge Geld gespart, weil er vom VARGAS-Verlag nur die Kosten für ein Motelzimmer erstattet bekam und nicht für zwei. Aber irgendwie hatte das nie zur Debatte gestanden. Ich wusste, dass mein Vater schlecht schlief, seit Mama nicht mehr da war, und er nachts noch lange arbeitete oder las. Außerdem res-pektierte jeder von uns, dass der andere einen Ort brauchte, an den er sich zurückziehen konnte. Ich war jedenfalls sehr froh mein eigenes Zimmer zu haben.

Obwohl Papa und ich die einzigen Gäste in der obe-ren Etage waren, schloss ich meine Zimmertür ab und zog die Vorhänge zu. Dann nahm ich eine heiße Du-sche. In der feucht-warmen Enge des winzigen Bade-zimmers kringelten sich meine Haare wie wild ge-wordene Angelwürmer und ich brauchte hinterher lange, bis sie sich mit der Bürste durchkämmen lie-ßen.

Missmutig blickte ich in den großen Spiegel an der Wand hinter dem Schreibtisch. Früher einmal, da hatte ich mich gemocht, so wie ich war. Seit Mama nicht mehr da war, kam ich mir wie zerbrochen vor. Ich hatte das Gefühl, nur noch aus Einzelteilen zu bestehen, und keines davon erschien mir liebenswert.

Ich zog mein Nachthemd an, ein großes T-Shirt, das einmal meiner Mutter gehört hatte, und legte mich ins Bett. Javid, dachte ich plötzlich wieder und sprach leise seinen Namen vor mich hin. »Javid, Javid, Javid.«

 4. Kapitel

Tatsächlich fiel kein Regen am nächsten Tag, wie Javid es angekündigt hatte. Von schönem Wetter konnte zwar nicht die Rede sein, aber die Wolken, die den Himmel bedeckten, waren weniger grau als in den Tagen zuvor. An manchen Stellen lugte sogar ein Stück Blau hervor.

Freda hatte in ihrem Motel einen kleinen, hübsch eingerichteten Aufenthaltsraum. Drei Tische mit Stühlen standen darin und bunt bemalte Holzmasken mit wilden Gesichtern verzierten die hellen Holzwände. Sie hatte uns dort ein einfaches Frühstück serviert und bei dieser Gelegenheit konnten wir gleich das Ehepaar Austin aus Arizona kennen lernen.

Mrs Austin war eine faltige, alte Dame mit kurzem weißem Haar und einer lustigen bunten Brille. Mr Austin machte den Eindruck, als hätte er die hundert bereits überschritten. Er wirkte klapprig und greisenhaft, aber seine Augen leuchteten in einem jugendlichen Blau. Keine Spur von jenem milchigen Schleier, den ich schon oft bei alten Leuten gesehen hatte. Er erzählte uns, dass er 87 war. Ziemlich bemerkenswert, fand ich, denn Arizona war ganz schön weit weg.

Seit sie Rentner waren, erkundeten die beiden Stück für Stück das Land. Und nun waren sie neugierig auf ein Stück pazifischen Ozean mit seinen großen und kleinen Bewohnern.

»Früher sind wir den ganzen Sommer mit unserem Wohnwagen unterwegs gewesen«, sagte Mrs Austin. »Aber nun kann Warren nicht mehr fahren und ich mag das riesige Gefährt nicht lenken. Wir haben es unserem Sohn vermacht, er lebt in Virginia.« Es klang etwas wehmütig und ich dachte, dass sie ihren Jungen bestimmt nicht oft sahen, weil er so weit weg lebte.

Die beiden waren nett und Papa fragte sie ein wenig aus, was Mrs Austin dazu animierte, uns im Schnelldurchlauf ihre ganze Familiengeschichte zu erzählen. Ich sah immerzu nervös auf die Uhr, traute mich aber nicht die alte Frau zu unterbrechen.

Kurz vor halb zehn erinnerte uns Freda daran, dass es für die Bootsfahrt angebracht war, regendichte Kleidung anzuziehen. Außerdem verteilte sie Pillen gegen Seekrankheit und riet uns inständig die Dinger auch zu nehmen. »Sonst haben Sie nichts von Ihrem Ausflug«, beteuerte sie mit einem verschmitzten Lächeln.

Papa und ich gingen noch einmal auf unsere Zimmer, um uns umzuziehen, und liefen dann gemeinsam mit Mr und Mrs Austin zum kleinen Hafen. Die beiden Amerikaner trugen grellgelbe Öljacken und Papa und ich unsere neuen roten Wetterjacken, die wir in Seattle erstanden hatten. Ein paar Leute waren auf der Straße unterwegs, aber es schien so, als würden sie uns überhaupt nicht bemerken. Ein wenig wunderte mich das, denn eigentlich mussten wir doch auffallen wie bunte Hunde, so wie wir gekleidet waren.

Der Weg zum Hafen war nicht weit. Nur ein paar Schritte über die breite Teerstraße und den Parkplatz vor der Bootsrampe. An vier langen Anlegestegen lag ein Dutzend kleinere und mittelgroße Boote. Die meisten waren Fischerboote und kleine Jachten. Manche Fischerboote hatten einen bunten Anstrich, andere sahen alt und heruntergekommen aus. Es gab aber auch ein paar nagelneue, schnittige Motorboote.

Javid Ahdunko und sein Onkel Henry Soones warteten vor einem blau-weißen Motorboot auf uns und winkten uns zu. Ich war nicht sicher gewesen, ob Javid mit uns hinausfahren würde, und nun war ich glücklich ihn zu sehen.

Er trug eine rote Baseballkappe verkehrt herum auf dem Kopf und grinste mich fröhlich an. Ich lächelte vorsichtig zurück. Wie mir schien, hatte zwischen uns beiden eine geheimnisvolle Verständigung eingesetzt, obwohl wir noch kein Wort miteinander gesprochen hatten. Mein Herz klopfte schnell und laut. Im selben Augenblick kam die Sonne durch die Wolken und ich hatte das Gefühl, alles um mich herum würde in einem unirdischen Licht erstrahlen. Geblendet sah ich zu Boden.

Javids Onkel, ein Makah-Indianer mit kurzem Haar und Schnurrbart, kassierte sein Geld, dann half er uns auf das Deck des sechs Meter langen Motorbootes mit dem stolzen Namen *Victoria*. Das weiße Plastikdeck war sauber geschrubbt und leuchtete hell in der Sonne. Wir bekamen jeder eine Schwimmweste und halfen uns gegenseitig beim Festbinden der Strippen. Erst, als wir auf den beiden leuchtend blauen Holzbänken saßen, holte Javid die vom Meerwasser durchsalzenen Taue ein. Soones warf den Motor an und begleitet vom Chor der Seemöwen tuckerte das Boot von der Anlegestelle.

Es roch stark nach Fisch und Seetang im Hafen, vermutlich wegen der Abfälle von der Fischverarbeitungsanlage, einem türkisfarbenen Holzkasten, der nur wenige Meter entfernt auf Holzpfählen im Wasser stand. Mir wurde jetzt schon schlecht und ich war sehr froh die Pille gegen die Seekrankheit geschluckt zu haben. Was sollte das erst werden, wenn wir auf dem offenen Meer draußen waren?

Soones steuerte das Boot zunächst nach Osten. Wir passierten einen schmalen Durchgang zwischen dem Festland und einer kleinen Insel, die auf ihrer anderen Seite durch einen schmalen Damm mit der Bucht verbunden war. Auf diese Weise war der geschützte Hafen entstanden.

»Wohnt da jemand?«, überschrie Mrs Austin den Bootsmotor und zeigte mit dürrem Finger auf die bewaldete Insel.

Henry Soones schüttelte den Kopf. »Nein, auf Waadah Island wohnt niemand mehr, Ma'am. Aber ein paar Leute aus Neah Bay graben da manchmal nach Muscheln.«

Soones umfuhr die kleine Insel und nun konnten wir auf der anderen Seite die dunklen Wälder von Vancouver Island sehen. Kanada war nur einen Katzensprung weit weg. Zwanzig Kilometer, sagte Javids Onkel, als Mr Austin ihn danach fragte. Aber es lag im Dunst und blieb deshalb nur schemenhaft, während ich linker Hand den zerklüfteten Küstenstreifen von Cape Flattery deutlich erkennen konnte.

Auf einmal war alles ganz anders. Der Hafen mit seinen Booten, die Häuser von Neah Bay und die Fischfabrik waren aus unserem Blickfeld verschwunden. Wir erreichten den Eingang der Meerenge von Juan de Fuca. Auf der rechten Seite lag Kanada, vor uns das offene Meer, und zu unserer Linken tauchten die schroffen Felsen von Cape Flattery auf.

Seemöwen hatten ihre Nistplätze in den Spalten der Felsen. Einige Vogelarten schienen ihre Nester auch in den dunklen Höhlen unter dem Kap zu haben, die sich bei Flut mit Wasser füllten. Weißer Schaum spritzte, wenn die grünen Wellen sich an den Felsen brachen. Henry machte uns darauf aufmerksam, dass es hier unter anderem auch die seltenen Papageientaucher gab. Meinem Vater, der diese Vögel unbedingt in seinem Bildband haben wollte, erklärte er, dass es einen guten Weg über Land gab, auf dem man das Kap problemlos erreichen konnte.

»Sie zu fotografieren könnte allerdings schwierig

werden«, gab Soones zu bedenken. »Sie haben ihre Nester auf den Klippen und da kommt man nur schwer an sie ran.«

Eine weitere, dem Kap vorgelagerte Insel zog mich in ihren Bann. Auf ihr stand ein gelbes Gebäude mit einem Leuchtturm und auf den Felsen davor tummelten sich Robben. Soones stellte den Motor ab, damit wir die wohlgenährten Tiere eine Weile beobachten konnten. Aufgestört durch den Motorenlärm, sahen sie mit ihren großen runden Augen zu uns herüber. Einige sprangen ins Meer. Zwischen dem Festland und Tatoosh Island war die Strömung jedoch so stark, dass Soones den Motor bald wieder anwarf, damit das Boot nicht auf die Klippen lief. Und die *Victoria* umfuhr Cape Flattery, den nordwestlichsten Punkt der Vereinigten Staaten von Amerika.

Die von Klippen beherrschte Küste, mit ihren aus dem Wasser ragenden Felsnadeln und dem sturmzerzausten Wald waren ein überwältigender Anblick. Aber ich hatte natürlich nicht vergessen, warum wir eigentlich hier waren: Ich wollte die Wale sehen.

Suchend starrte ich auf das Meer hinaus. Schon machte sich Enttäuschung in mir breit, weil ich befürchtete unser Bootsausflug könnte umsonst gewesen sein. Nirgendwo konnte ich etwas entdecken, das auch nur annähernd wie ein Wal ausgesehen hätte. Meine Ungeduld wurde immer größer, je länger wir unterwegs waren.

Als plötzlich jemand an meiner Schulter rüttelte, zuckte ich erschrocken zusammen. Es war Javid, der in Fahrtrichtung zeigte und mir mit einem aufmunternden Nicken sein Fernglas reichte.

Ich nahm es und sah hindurch. Mein Blick irrte ziellos umher, denn die Wasserfläche war riesig und zuerst konnte ich nichts Besonderes entdecken. Ein paar kleine Boote waren draußen, sonst gab es nichts als die glitzernde Ebene bis zum Horizont. Wollte er mich auf den Arm nehmen?

Schließlich sah ich etwas, das wie eine schwarze Wurzel aussah, die im Wasser trieb. Beim genaueren Hinsehen wurde mir klar, dass sich die vermeintliche Wurzel bewegte. Das musste ein Wal sein. Ein Orca mit einer seltsam abgebrochen aussehenden Rückenflosse.

Kurz darauf entdeckte ich noch vier weitere Wale. Ihre mächtigen schwarzen Flossen ragten stolz aus dem Wasser wie Schwerter. Allerdings waren sie so weit weg, dass ich sie selbst mit dem Fernglas kaum erkennen konnte.

»Es ist nur eine kleine Gruppe«, sagte Javid. »Granny, eine alte Walkuh, ihre Tochter Conny und ihre beiden Söhne Bob und Lopo. Die Jüngste ist Mora. Ich nehme an, sie ist Grannys Enkelin.«

Ich musste ein dummes Gesicht gemacht haben, denn Javid lachte, dass seine weißen Zähne blitzten. »Du fragst dich, woher ich das weiß?«

Ich nickte und konnte meinen Blick nicht von ihm

wenden, seinem Lächeln, seinen Augen. Er hatte eine angenehme, dunkle Stimme und ich mochte es, ihn reden zu hören.

»Ganz einfach«, sagte er. »Ich habe ihnen die Namen gegeben. Orcas leben in Familienverbänden, man nennt sie *Schulen*. Die Großmutter ist das Familienoberhaupt. Ihre Söhne bleiben ein Leben lang bei ihr, nur die Töchter schließen sich manchmal anderen Schulen an oder bilden eine eigene. Diese fünf Orcas beobachte ich schon länger als einen Monat.«

Henry Soones drosselte den Motor und das Boot bewegte sich in langsamem Tempo parallel zur Walgruppe. Immer deutlicher konnte ich sie erkennen. Als wir nahe genug an den Tieren heran waren, stellte Javids Onkel den Motor ab. Sofort begann das Boot auf den Wellen zu schaukeln und wir klammerten uns an die Reling. Eine Weile sahen wir noch die schwarzen Rückenflossen der Wale aus dem Wasser ragen, dann waren sie plötzlich verschwunden.

Wie gebannt starrten wir alle auf die Stelle im Meer, wo sie untergetaucht waren. Niemand sagte ein Wort. Ich warf Javid einen enttäuschten Blick zu. Aber er wies nur geheimnisvoll aufs Wasser. Und plötzlich tauchten ihre riesigen Körper dicht vor dem Boot wieder auf. Mrs Austin und mein Vater hatten ihre Kameras im Anschlag und nun klickten wild die Auslöser.

Die Wale tauchten unter dem Boot durch, was Mrs Austin mit einem schwachen Schrei kommentierte.

Danach umkreisten sie mehrmals unser kleines Motorboot, als wollten sie spielen.

Henry Soones blickte zufrieden drein und begann sein einstudiertes Programm abzuspulen. Er ließ uns hören, was er über Schwertwale wusste. *Orcinus orca*, wie Wissenschaftler die Meeressäuger nennen, gehören zur Ordnung der Waltiere, und weil ihre Ober- und Unterkiefer spitze Zähne haben, zur Unterordnung der Zahnwale. »Sie sind geschickte und gefürchtete Jäger«, sagte er, »weil sie sich untereinander durch ihren Sonar verständigen können. Wenn sie Lachse jagen, treiben sie sich die Fische gegenseitig ins Maul. Wenn sie lautlos jagen wollen, stellen sie ihren Sonar einfach ab.«

Als der Wal mit der fehlenden Rückenflosse ganz nah ans Boot kam und seinen spitz zulaufenden Kopf neugierig aus dem Wasser streckte, konnte ich die Zähne sehen. Sie waren beeindruckend spitz, aber seltsamerweise hatte ich keine Angst. Die Augen des Orcas blickten freundlich und wissend.

»So ein Orca-Bulle kann maximal neun Meter, eine Kuh sieben Meter lang werden«, erklärte Henry uns weiter. »Im Schnitt werden sie 50 Jahre alt, können aber auch 70 und älter werden.«

So alt, dachte ich fasziniert. Fast wie ein Menschenleben.

Auch die anderen vier Wale hatten ihre Scheu verloren und sich unserem Boot inzwischen bis auf zwanzig Meter genähert. Sie stießen ihren Blas, die feuchte

Atemwolke in die Luft und ließen neugierige Klicktöne hören. Ab und an brachen Sonnenstrahlen durch Löcher in den Wolken und ich starrte sprachlos auf die glänzenden Körper dieser schönen Tiere. Sie waren schwarz, Brust und Kinn weiß wie Schnee und hinter den Augen hatten sie diesen länglichen weißen Fleck, der ihre Art unverkennbar machte.

»Da siehst du es«, sagte Javid dicht an meinem Ohr. »Männchen haben eine viel größere Rückenflosse als Weibchen. Außerdem ist die der Männchen gerade und die der Weibchen leicht gebogen. Daran kann man sie unterscheiden.«

Er war mit seinem Gesicht so nah an meinem, dass ihn meine Haare kitzeln mussten. Ich hatte sie zwar heute im Nacken mit einem Haarband zusammengenommen, aber in der feucht-salzigen Luft auf dem Wasser kringelten sie sich wieder ganz furchtbar.

Ich hielt den Atem an, weil ich solche Nähe nicht gewohnt war.

Mrs Austin klammerte sich mit einer Hand an die Reling, mit der anderen versuchte sie ihre Brille von den feinen Salzkristallen zu befreien, die sich auf den Gläsern abgelagert hatten und ihr die Sicht nahmen. »Haben Orcas eigentlich natürliche Feinde im Meer?«, fragte sie mit krächzender Stimme.

Soones schüttelte den Kopf. »Nein Ma'am, nicht umsonst werden sie Killerwale genannt. Sie sind die Herrscher des Ozeans und gehören zu den mächtigsten Raubtieren der Erde. Manchmal nehmen sie es sogar mit Blauwalen auf, obwohl die so viel größer sind als sie selbst. Sie umzingeln den Blauwal und fressen ihm Stücke aus dem Leib, bis sie satt sind. Orcas fürchten sich vor nichts und niemandem. Nur der Mensch kann ihnen gefährlich werden.«

Ich versuchte mir das bildlich vorzustellen, während mein Vater unter halsbrecherischen Verrenkungen noch ein paar Fotos schoss. Nun wollte er wissen, wieso diese Gruppe so klein war, wo er doch von Rudeln bis zu 80 Tieren gehört hatte.

»Wale in so großen Rudeln nennt man *Residents*, sagte Javids Onkel. »Diese hier sind *Transients*, was so viel wie Durchreisende bedeutet. Früher dachten die Leute, es würde sich bei diesen kleinen Gruppen um Ausgestoßene handeln, aber inzwischen weiß man, dass es geschickte Jäger sind, die neben Fischschwärmen auch noch andere Beute bevorzugen. Sie machen Jagd auf Robben und Seelöwen und manchmal sogar auf Großwale. Grauwalzungen sind Leckerbissen für Orcas.«

Er sagte das ganz ungerührt, aber Mrs Austin verzog angewidert das Gesicht. »Welche Leckerbissen bevorzugen sie denn außerdem?«, fragte sie pikiert.

Zum ersten Mal lachte Henry Soones und nun entdeckte ich in seinem Gesicht auch eine gewisse Ähnlichkeit mit seiner Schwester Freda. »Keine Angst«, beruhigte er die alte Frau. »Es ist bis heute kein Fall bekannt, dass ein Mensch von einem frei lebenden Orca angegriffen wurde. Wahrscheinlich schmecken wir ihnen nicht.«

Für Mrs Austin schien das nur ein kleiner Trost zu sein und sie war sichtlich erleichtert, als die Wale sich sammelten und vom Boot wegschwammen.

Javid grinste kopfschüttelnd. »Für ihre Speisekarte taugen wir nicht und langweilig finden sie uns auch noch.«

Ich sah den Orcas nach, die sich schnell entfernten und dabei ihre Schwimmflossen in erstaunlich gleichen Abständen aus dem Wasser zogen. Alles war so schnell gegangen.

Javid saß jetzt neben mir auf der Bank. Sein Arm berührte meinen und ich wagte kaum mich zu bewegen, damit es ihm nicht bewusst wurde. Ich fand es schön, ihm so nahe zu sein und seine Wärme zu spüren. Zu Hause in der Schule rückten immer alle von mir ab, wenn ihnen klar wurde, dass sie mich unbeabsichtigt irgendwo berührten. Ich hatte keinen unangenehmen Körpergeruch, das hatte ich eingehend ausgetestet. Es musste an etwas anderem liegen. Als ob sie Angst vor mir hatten. Vor etwas, das ich in ihren Augen ausstrahlte und das sie nicht benennen konnten.

Es hatte keinen Punkt in meinem Leben gegeben, an dem ich mir gesagt hatte: »Okay Sofie, von nun an bist du anders als alle anderen!« Es war einfach so gekommen und eigentlich hatte ich keine wirklichen Probleme damit gehabt, bis Mama starb.

Aber nun saß Javid Ahdunko neben mir und ich spürte die Wärme seines Körpers durch unsere Sachen hindurch. Eines Tages würde auch für mich jemand da sein, dachte ich. Jemand, mit dem ich über alle meine Gedanken reden konnte, auch über das, was mich so traurig machte.

 **5. Kapitel**

Henry Soones warf den Motor der *Victoria* wieder an und fuhr mit uns noch ein Stück die Küste entlang nach Süden. Vermutlich um die Zeit einzuhalten, die für den Ausflug angesetzt war. Tiere sahen wir nicht mehr, bewunderten aber einstimmig die Schönheit der rauen Küste. Doch dann verschwand die Sonne auf einmal und die Wolken am Himmel wurden dichter. Die blauen Löcher zogen zu und es fing an, zu regnen. Wir stülpten unsere Kapuzen über die Köpfe und Papa brachte seine Kamera vor dem Regen in Sicherheit.

Javids Onkel steuerte das Boot sicher zurück in den Hafen von Neah Bay, wo wir uns bei ihm für den gelungenen Ausflug bedankten und uns verabschiedeten.

Das Ehepaar Austin hatte es eilig, ins Motel zurückzukommen. Die Bootstour war für die alten Leutchen wahrscheinlich anstrengend gewesen und nun wollten sie etwas essen und danach ein Mittagsschläfchen halten. Mein Vater offenbarte mir, dass er schon die ganze Zeit Zahnschmerzen hatte, die nun so schlimm geworden waren, dass er eine Schmerztablette nehmen musste.

»Du hast gar nichts gesagt«, bemerkte ich vorwurfsvoll.

»Ich dachte, es geht wieder weg. Der Zahn macht mir schon seit einiger Zeit Ärger.« Er drückte mir einen Zwanzigdollarschein in die Hand und sagte: »Hier, du hast bestimmt Hunger. Vielleicht bekommst du im Supermarkt etwas. Kauf ruhig ein bisschen Obst ein und was zu knabbern, damit wir auch mal was für unterwegs dahaben.«

»Und du?«, fragte ich.

Er betastete vorsichtig seinen Unterkiefer. »Mir ist der Appetit vergangen. Ich lege mich im Motel ein bisschen hin.«

Ich nahm das Geld und vor dem Motel trennten wir uns. Regen trieb mir ins Gesicht. Den Kopf tief zwischen die Schultern gezogen, lief ich die Hauptstraße von Neah Bay entlang. Es war nicht kalt, aber furchtbar nass. Ich dachte, dass dies vermutlich die dunkelste und feuchteste Ecke von ganz Amerika war. Ausgerechnet hierher hatte es mich verschlagen: an einen Ort am Ende der Welt!

Zum Ausgleich war ich allerdings Javid begegnet und dem Ozean mit diesen wunderschönen, faszinierenden Geschöpfen, den Orcas. Ihre riesigen, glänzenden Körper mit den kräftigen Flossen gingen mir nicht aus dem Sinn, genauso wenig wie Javid Ahdunko.

»Hey Copper«, rief auf einmal jemand hinter mir und ich drehte mich um, weil ich seine Stimme erkannte. Ich blickte über die Straße, um mich zu vergewissern, dass er tatsächlich mich meinte. Javid holte mich ein und grinste, die Hände tief in den Taschen seiner alten gelben Wetterjacke vergraben. »Wo willst du denn hin?«

»Ich hab Hunger«, sagte ich, was sogar stimmte, und sah ihn an. Er hatte seine Baseballkappe jetzt richtig herum auf, damit das Schild ihm den Regen aus dem Gesicht hielt.

»In Washburnes Supermarkt gibt's was zu essen«, sagte er. »Wenn du nichts dagegen hast, komme ich mit.«

Ich zuckte die Achseln. Es war eine einstudierte Geste, um meine Gefühle zu verbergen und noch unberührbarer zu scheinen, als ich es ohnehin schon war.

Sollte das etwa ein Annäherungsversuch gewesen sein? Und wie hatte er mich gerade genannt? Copper? Kupfer. Keine Ahnung, ob er sich über meine roten Haare lustig machen wollte oder was auch immer es bedeutete. Es hatte nicht abschätzig geklungen, aber ich war aus Erfahrung misstrauisch. Wortlos lief ich weiter und Javid trabte neben mir her.

»He«, sagte er, »du hast es aber eilig.«

»Es regnet«, erwiderte ich.

»Na und? Hier regnet es dauernd, aber niemand rennt deswegen.« Er breitete seine Arme aus wie Flügel.

Ich lief ein bisschen langsamer.

»Haben sie dir gefallen?«, wollte er wissen.

»Wer?«, fragte ich.

Ich hörte sein Seufzen. »Die Wale natürlich.« Er blieb stehen und hielt mich am Arm fest. »Hey, Copper, was ist eigentlich los mit dir?«

Die Frage kam unerwartet. Schon lange hatte niemand mehr wissen wollen, was mit mir los war. Mir wurde eng in der Kehle und ich musste schlucken. »Ich heiße Sofie«, sagte ich und sah ihm in die Augen. Sie glänzten schwarz wie die Rückenflossen der Orcas und hielten meinem fragenden Blick stand.

»Gefällt dir Copper nicht?«

»Niemand mag es, wenn er verspottet wird«, antwortete ich.

Nun blickte Javid überrascht. »Ich verspotte dich nicht. Mir gefallen deine Haare, sie glänzen wie flüssiges Kupfer. Ich habe noch nie jemanden mit solchen Haaren gekannt.« Er hob die Hand und griff nach einer Strähne, die meinem Haarband entschlüpft war und unter der Kapuze hervorquoll. Als ich einen Schritt zurückwich, ließ er seine Hand wieder sinken.

»Warum sollte ich dir glauben?«, fragte ich schroff.

Javid runzelte die Stirn. »Weil ich kein Lügner bin.«

Er klang so aufrichtig, dass ich mich plötzlich schämte. Ich sah weg. »Das habe ich ja auch nicht gesagt.«

»Dann drück dich doch mal klar aus!«

Stumm schüttelte ich den Kopf, aus Angst, das Falsche zu sagen. Ich fürchtete, er würde mich nun einfach im Regen stehen lassen und fortgehen.

Aber Javid ging nicht. »Weißt du«, fing er an, als hätte er soeben beschlossen Geduld mit mir zu haben, »vor ein paar Jahren, ich war damals sieben oder acht, fuhren meine Eltern für zwei Tage in die Stadt und ich blieb bei meiner Großmutter. Sie wohnte in einem alten Haus am Strand. In der Nacht tobte ein gewaltiger Sturm und ich hatte große Angst. Um mich abzulenken, erzählte mir meine Großmutter die Geschichte von Kupferfrau, der ersten Frau, aus deren Bauch unsere Vorfahren kommen. Kupferfrau hatte grüne Augen und rotes Haar«, sagte er, »genau wie du. Und sie war unglücklich, weil sie sehr einsam war.«

Ich stand da, mit Füßen schwer wie Blei, und lauschte auf das, was Javid mir auf dem nass glänzenden Asphalt der Hauptstraße von Neah Bay erzählte. Den Regen spürte ich nicht mehr, obwohl er kaum nachgelassen hatte. Noch nie hatte ich etwas so Schönes aus dem Mund eines Jungen gehört. Bisher hatte ich nicht gewusst, wie glücklich Worte machen können.

»Großmutter sagte, die Weisheit eines Volkes müsse immer durch die Frauen überliefert werden«, fuhr er fort, »weil nur sie den Mut haben, sich an die Wahrheit zu halten.« Javid suchte nach meinem Blick. »Kupferfraus Töchter erkennt man an ihren Augen. Grüne Augen sind das Zeichen für eine alte Seele, die wiedergeboren wurde. Du hast wunderschöne grüne Augen, Copper.«

Verlegen blickte ich auf meine Schuhe hinunter und wusste nicht, was ich sagen sollte. Javid legte seine Hand versöhnlich auf meine Schulter und meinte:

»Na komm, ich denke, du bist hungrig.« Er zeigte auf den Parkplatz vor dem Supermarkt. »Wir sind gleich da.«

Washburnes General Store war der einzige Supermarkt in Neah Bay, ein großer, kastenartiger Bau mit ausgeblichener Bretterverkleidung und einem betonierten Parkplatz davor. Zwei frisch bemalte Totempfähle standen zur Linken und zur Rechten des Einganges, wie Wächter mit aufgerissenen Augen und großen Zähnen.

Javid holte einen Einkaufswagen und wir schoben ihn gemeinsam durch die Regalreihen der Markthalle. Hier gab es neben Lebensmitteln auch einiges, was man sonst noch täglich brauchte, wenn man in einem Ort wie Neah Bay wohnte: jede Menge Angelbedarf, Spielzeug für kleine Kinder und Kleidungsstücke für jedes Alter. Da war ein ganzes Sortiment an wetterfester Kleidung, von Regenjacken über Gummihosen bis zu verschiedenen Gummistiefeln und -schuhen.

Es gab auch eine kleine Ecke mit Schulbedarf und in der entdeckte ich eine Packung mit Tubenfarben, die vermutlich schon ewig dort lag. Ich öffnete die Schachtel und testete, ob die Farben in den Tuben noch weich waren, dann legte ich sie in den Wagen.

»Das ist Farbe«, sagte Javid mit einem verwunderten Lächeln. »Davon wirst du nicht satt.«

»Vielleicht doch«, erwiderte ich und übernahm das

Kommando über den Einkaufswagen, um ihn zu den Regalen mit den Lebensmitteln zu schieben.

Ich suchte ein paar Snacks aus und ließ mich dabei von Javid sachkundig beraten (er wusste, was zu süß war), dann legte ich eine Tüte Äpfel dazu. Das übrige Obst sah nicht mehr besonders appetitlich aus und ich hatte das Gefühl, alles roch irgendwie nach Tang und Fisch.

An der Kasse saß eine junge Indianerin. Sie musterte Javid und mich neugierig und hätte sicher gerne gewusst, wer ich war. Der spöttische Ausdruck in ihrem Gesicht entging mir nicht. Was hatte er zu bedeuten? Lachte sie über mich oder über Javid? Was wusste ich schon über ihn? Gar nichts. Außer dass er verdammt gut aussah und sicher enorme Chancen bei sämtlichen Mädchen von Neah Bay hatte. Warum gab er sich dann eigentlich mit mir ab? Bloß weil ich rote Haare hatte und grüne Augen? Vielleicht war ich naiv, dämlich war ich jedenfalls nicht.

Javid ließ mir keine Zeit zum Grübeln. Schon zog er mich weiter, in eine Ecke neben der Kasse, wo drei Resopaltische und ein paar Plastikstühle standen. Es roch nach Muscheln und überbackenem Käse, und was da hinter den heißen Scheiben vor sich hin blubberte, machte mir nicht unbedingt Appetit. Aber ich hatte wirklich großen Hunger und so entschied ich mich kurzerhand für den Nudelauflauf.

Javid kaufte mir eine Portion und bestellte sich selbst einen Becher Muschelsuppe, eine weißliche

Flüssigkeit, in der undefinierbare graue Stückchen schwammen. Als ich ihm das Geld zurückgeben wollte, wehrte er gekränkt ab.

»Ich hab dich eingeladen«, sagte er. »Ich weiß nicht, was ihr in Deutschland für komische Bräuche habt, aber bei uns bezahlt man nicht, wenn man eingeladen wurde.«

Javid Ahdunko hatte mir tatsächlich ein Essen spendiert. Das hatte noch nie ein Junge für mich getan. Ich bedankte mich bei ihm mit einem Lächeln. Dann verschlang ich meine Nudeln und war überrascht, wie gut sie schmeckten. Vor allem wohl deshalb, weil sie in einer dicken Soße aus Käse und Sahne schwammen.

»Willst du mal von meiner Suppe probieren?«, fragte Javid und hielt mir den Becher unter die Nase. Ich schüttelte den Kopf und konnte nicht verhindern, dass ich mein Gesicht verzog. Für Muscheln hatte ich noch nie was übrig gehabt.

Er lachte. »Sie schmeckt besser, als sie aussieht, glaub mir. Mit vielen Dingen ist das so. Erst bist du enttäuscht, weil du ganz andere Vorstellungen von einer Sache hattest. Und wenn du dir nicht die Mühe machst, hinter die Fassade zu schauen, wirst du enttäuscht bleiben. Man muss sich schon ein bisschen anstrengen, um das Schöne zu finden.«

Ich schluckte überrascht. Was waren das für Worte? Und noch dazu von einem Jungen wie Javid. Verbarg sich vielleicht eine alte Seele hinter seinem hübschen

Gesicht, obwohl er schwarze Augen hatte und keine grünen?

Noch einmal reichte Javid mir den Pappbecher mit der Suppe. »Na los«, sagte er, »sei nicht feige und probier sie! Mach einfach die Augen zu und nimm einen Schluck.«

Ich schloss meine Augen und hielt den Atem an, als ich die Suppe probierte. Aber Javid hatte Recht: Sie schmeckte tatsächlich, auch wenn man es ihr nicht ansah. »Gut«, sagte ich, nachdem ich meine Augen wieder aufgemacht hatte. Er nickte und grinste zufrieden, als er den Becher wieder in Empfang nahm.

Als wir den Supermarkt verließen, nieselte es nur noch. Javid entpuppte sich als Kavalier und trug die Tüte mit meinen Einkäufen bis zum Motel. Auf der Treppe zu den oberen Zimmern verabschiedete ich mich von ihm.

»Danke für die Nudeln und fürs Tragen«, sagte ich und streckte die Hände nach meiner Einkaufstüte aus. Aber Javid machte keine Anstalten, sie mir zu geben. Mit einer Kopfbewegung zur Tür neben dem Treppenaufgang, die – wie ich annahm – in sein Zimmer führte, fragte er: »Hast du Lust, noch einen Augenblick mit reinzukommen?«

Ich schüttelte brüsk den Kopf. Diese Einladung kam dann doch ein bisschen überraschend und ich blockte erst einmal ab. »Mein Vater hatte vorhin mächtige Zahnschmerzen und ich will erst einmal sehen, wie es ihm geht. Außerdem muss ich mich umziehen. Ich bin ganz nass und langsam wird mir kalt.«

Javid akzeptierte meine lange Ausrede und reichte mir die braune Papiertüte. »Okay. Solltest du es dir anders überlegen, brauchst du nur zu klopfen. Ich bin da.«

Zuerst einmal klopfte ich an der Zimmertür meines Vaters und fand ihn lesend auf seinem Bett. Seine rechte Gesichtshälfte war geschwollen und er lächelte schief. Mitleidig sah ich ihn an. »Sieht gar nicht gut aus«, sagte ich, zog meine Regenjacke aus und setzte mich zu ihm aufs Bett.

Er legte das Buch zur Seite. »Ich war schon bei Freda, aber sie hat mir abgeraten in Neah Bay zum Zahnarzt zu gehen, wenn es etwas Ernstes ist. Also werde ich morgen Vormittag nach Port Angeles fahren, einen Termin habe ich schon. Du kannst mitkommen, wenn du willst, und dir die Stadt ansehen.«

Ich nickte. »Werde es mir überlegen. Hast du Hunger?«

»Was hast du denn mitgebracht?«

Ich kippte meine Einkäufe auf den Tisch und sagte resigniert: »Wahrscheinlich nichts für jemanden, der so aussieht wie du.«

Papa erhob sich vom Bett, begutachtete meinen Einkauf und lächelte kopfschüttelnd. »Du hast Recht. Aber Hunger habe ich trotzdem.« Er ging zum Fenster, die rechte Hand auf seiner geschwollenen Wange.

»Ich glaube, das Wetter hat sich ein bisschen gebessert. Hast du Lust, noch etwas herumzufahren und die Gegend zu erkunden?«

»Heute nicht mehr«, antwortete ich seufzend. »Ich bin ganz nass und will erst einmal duschen. Mir ist kalt.«

Er sah mich an. »Siehst wirklich ein bisschen erfroren aus. Werde nur nicht krank.«

»Hab ich nicht vor.«

»Okay«, meinte Papa kurz entschlossen. »Dann fahre ich noch mal alleine los.« Er sah wieder aus dem Fenster. »Die Stimmung ist verrückt, sieh dir die Farben an. Vielleicht kann ich ein paar gute Fotos machen. Und vielleicht bekomme ich ja irgendwo eine Mahlzeit, die nicht gekaut werden muss.«

»Im Supermarkt gibt es prima Muschelsuppe«, sagte ich. »Die kann ich dir empfehlen.«

»Erzähl mir nicht, dass du Muscheln gegessen hast?« Papa runzelte verwundert die Stirn.

Immerhin, er wusste also doch etwas über mich. »Ja«, sagte ich, »stell dir vor.« Ich schnappte mir einen Apfel und ein, zwei Müsliriegel, wünschte ihm viel Spaß und verschwand in meinem Zimmer.

Ich war froh endlich die Regenjacke und meine nasse Hose loszuwerden, die beide nach Fisch rochen. Diesen Fischgeruch würde ich vermutlich so lange nicht loswerden, wie wir hier in Neah Bay waren. Fischindianer, hatte mein Vater die Makah genannt. Auch Javid war ein Fischindianer.

Ich duschte ausgiebig und zog frische Sachen an: meine weiten graugrünen Hosen mit den vielen Reißverschlüssen und Taschen und das einzige enge T-Shirt, das ich besaß. Es war schwarz und langärmlig und ich hatte es noch nicht oft getragen.

Mit kritischem Blick befragte ich den großen Spiegel in meinem Zimmer. Er war dunkel angelaufen und hatte schwarze Flecken und Risse dort, wo die Silberbeschichtung abgeblättert war. Aber das Spiegelbild schmeichelte mir. Während ich mein Haar bürstete, dachte ich daran, was Javid mir von der Kupferfrau erzählt hatte. Ich fragte mich, ob er an solche Geschichten glaubte. Er machte auf mich einen ziemlich pfiffigen Eindruck und möglicherweise kannte er ja viele derartige Geschichten – jeweils eine passend zu jeder Gelegenheit. Aber vielleicht ließen sich Makah-Mädchen von Makah-Geschichten auch nicht so schnell beeindrucken, wie ich es heute getan hatte.

Natürlich war ich neugierig auf Javids Zimmer und hätte gern gewusst, ob er noch an seine Einladung dachte. Nachdem Papa losgefahren war, ging ich nach unten, nahm all meinen Mut zusammen und klopfte.

 6. Kapitel

Komm rein!«, hörte ich ihn sagen. Vorsichtig öffnete ich die Tür und schob mich hinein. Javids Reich war eines der größeren Motelzimmer mit zwei Fenstern auf der Türseite. Die Wände waren mit hellen Holzbrettern verkleidet, die viele dunkle Astansätze hatten. Wahrscheinlich war das Holz deshalb preiswerter gewesen. Überall im Raum hingen bemalte Masken mit Furcht erregenden Gesichtern und irgendwelche Fetische aus Federn, Muscheln und bemalten Holzstücken.

Ein Holzregal, das die ganze linke Wand einnahm, war voll gestopft mit Büchern und diversen Gegenständen, die alle sehr alt zu sein schienen: Da war ein mit Schnitzereien verziertes Zedernholzkästchen, eine Rassel aus einem Schildkrötenpanzer und kleine Schalen aus Holz, die verschiedene Tierfiguren darstellten.

Eine verblichene Landkarte war mit Reißzwecken an die hintere Wand gepinnt. Auf derselben Seite stand Javids Bett, über dem er eine gewebte Decke mit langen Fransen angebracht hatte. Die eingearbeiteten Muster erinnerten mich an Augen, aber als ich länger hinsah, entdeckte ich einen Orca.

»Die ist mächtig alt«, sagte er. »Eine echte Chilkatdecke aus Hundehaaren. Ich habe sie von meiner Großmutter bekommen.«

Tatsächlich kam ich mir vor wie in einem Museum, wäre da nicht Javid gewesen, der an einem rohen Holztisch unter den beiden Fenstern saß und mit seltsam geformten Werkzeugen schnitzte. Er lächelte mich an, etwas zu siegesgewiss, wie ich fand, unterbrach seine Arbeit aber nicht. Span für Span flog von dem Holz unter seinen Händen.

Ich trat näher und fragte: »Was soll das werden?«

Javid hielt mir seine Arbeit entgegen: »Wenn du es nicht erkennst, Copper, bin ich ein schlechter Handwerker.«

Beim genaueren Hinschauen erkannte ich die senkrechte Rückenfinne und die großen, spitzen Zähne im Maul des dargestellten Tieres. »Es ist ein Orca«, sagte ich. »Und du bist kein Handwerker, sondern ein Künstler.« Meine Bewunderung für ihn wuchs.

Die Hände auf dem Rücken durchschritt ich Javids Zimmer und betrachtete all die interessanten Gegenstände, die es beherbergte. Ein harziger Duft nach frischem Holz durchzog den Raum, was wohl von dem Berg Spänen kam, der sich zu Javids Füßen anhäufte.

»Ihr hattet wirklich Glück«, sagte er. »Es kommt nämlich gar nicht so häufig vor, dass sich Orcas vor unserer Küste aufhalten. Meist bleiben sie weiter oben im Norden, weil sie da mehr zu fressen finden. Aber diese kleine Walschule ist jetzt schon seit fast fünf Wochen da.«

Ich drehte mich zu ihm um. »Fressen die nicht den Fischern die Fische weg?«

»Nicht wirklich.« Javid schüttelte energisch den Kopf. »Dass die Fische bei uns weniger werden, hat ganz andere Gründe und die Wale haben genauso wie die Fischer darunter zu leiden. Mein Onkel Henry ist auch Fischer, aber er hatte Glück. Es ist nicht so einfach, eine Lizenz für Walbeobachtungstouren zu bekommen. Nur weil sein Boot neu ist und er sich strikt an die Regeln hält, hat er eine Lizenz bekommen. Deshalb kann er sich im Sommer ein wenig dazuverdienen, wenn Touristen in Neah Bay sind.«

»Kommen denn überhaupt Touristen nach Neah Bay?«, fragte ich ihn.

»Bist du kein Tourist?« Er sah mich mit hochgezogenen Brauen fragend an.

Ich zuckte die Achseln. »Mein Vater soll für einen Bildband Aufnahmen von der Halbinsel und von eurem Stammesfest machen, deshalb sind wir hier. Er muss arbeiten, also ist er kein Tourist.«

Javid legte den Kopf schief und hielt den geschnitzten Orca ins Licht. Mit zusammengekniffenen Lidern kontrollierte er seine bisherige Arbeit. »Jeder, der nach Neah Bay kommt«, sagte er, »kommt wegen irgendetwas. Die meisten wollen das Museum sehen oder einen Abstecher ans Kap machen. Das genügt ihnen dann auch schon. Fotografen wie dein Vater kommen viele. Sie machen Fotos am Cape Flattery oder am Shi Shi Beach. Sie fotografieren Wale, Vögel und

Sonnenuntergänge. Aus den Bildern werden dann Kalender oder Postkarten gemacht, manchmal auch Bücher. Uns ist es egal, warum jemand kommt, wenn er sich nur an die Regeln hält und uns in Ruhe lässt. Vor drei Jahren, als unsere Männer zum ersten Mal nach langer Zeit wieder einen Wal jagten, war hier in Neah Bay die Hölle los. Keiner von uns Makah hat das vergessen.«

Ich setzte mich auf Javids Bett, weil er auf dem einzigen Stuhl saß, den es in seinem Zimmer gab. »Mein Vater hat mir davon erzählt«, sagte ich. »Die Tierschützer haben euch das Leben schwer gemacht. Aber irgendwie kann ich sie verstehen. Ich finde es auch nicht gut, Wale zu töten. Es macht keinen Sinn.«

Er schwieg einen Moment.

»Für dich macht es keinen Sinn, weil du keine Makah bist«, antwortete Javid ernst. »So einfach ist das.«

»Ist das wirklich so einfach?« Meine nachdrückliche Frage erstaunte ihn offensichtlich, aber ich redete weiter. »Du warst doch heute mit da draußen und ich habe gesehen, dass du sie magst. Du hast ihnen sogar Namen gegeben. Wie kann man jemanden töten, dem man einen Namen gegeben hat?«

Javid legte das Schnitzmesser aus der Hand und kam auf mich zu. Er reichte mir seine Holzplastik mit den Worten: »Was wir heute gesehen haben, Copper, waren Orcas. Killerwale, die Wölfe der Meere.«

»Wölfe der Meere?« Ich runzelte die Stirn, weil ich nicht wusste, was er mir damit sagen wollte.

»Ja. Unsere Vorfahren erzählten sich, dass die Killerwale manchmal an Land kamen und sich in Wölfe verwandelten. Der Ruf eines Wolfs hört sich an wie der Widerhall eines Orcarufes. Deshalb dachten die alten Makah, es wäre dasselbe Tier mit einem Körper für das Land und einem anderen für das Meer. Man sagt, einige dieser Wesen waren den Menschen freundlich gesinnt, andere weniger. Obwohl ihr Fleisch gut schmecken soll, haben unsere Vorfahren nur ganz selten Orcas gejagt. Es war viel zu gefährlich, denn diese Tiere sind schnell und klug.« Javid verschränkte die Arme vor der Brust. »Wir Makah haben Grauwale gejagt, Copper. Mit dem Kanu und der Harpune, fünf oder sechs Tiere im Jahr. Nicht wie die Männer auf ihren großen Schiffen, die Wale in Massen abschlachteten, bis es kaum noch welche gab.« Er zeigte auf die Karte an der Wand: »Komm, ich zeige dir mal was.«

Ich folgte ihm zur Karte. Darauf war der nördliche Teil der Olympic-Halbinsel zu sehen. Mit dem rechten Zeigefinger fuhr Javid eine dicke rote Linie nach, die Neah Bay und ein riesiges Gebiet drum herum kennzeichnete. »Das alles gehörte mal uns, den Makah. Aber 1855 schlossen wir einen Vertrag mit der weißen Regierung und mussten den größten Teil unseres Landes abgeben.«

Was er mir zeigte, war viermal so viel wie das, was heute übrig geblieben war. »So viel?«, fragte ich erstaunt. »Weshalb haben die Makah das getan?«

»Ganz einfach. Weil das Meer wertvoller für uns war als das Land. In diesem Vertrag erhielten wir dafür die uneingeschränkten Fangrechte vor unserer Küste. Das galt auch für Wale. Trotzdem haben wir aufgehört Grauwale zu jagen, noch bevor man sie auf die Liste der bedrohten Tierarten setzte. Aber nun gibt es wieder mehr als zwanzigtausend. Und der Vertrag ist immer noch gültig. Deshalb hat unser Stamm sein Recht auf die Waljagd eingeklagt und gewonnen.« Er warf mir einen eindringlichen Blick zu. »Du isst doch auch Fleisch, oder?«

Ich drehte und wendete den hölzernen Orca verlegen in meinen Händen. »Ja, schon, aber . . .«

»Kein *aber*«, unterbrach mich Javid ungeduldig. Sein Blick verdunkelte sich. »Es ist das Fleisch eines Tieres, Copper. Wie Huhn, Schwein oder Ochse.«

Ich brauchte einen Moment, um das, was er gesagt hatte, zu überdenken. Es überzeugte mich nicht, denn ich fand, dass man einen Wal nicht mit einem Huhn gleichsetzen konnte. Aber ich spürte, dass Javid mich testete, und wollte nicht schon am ersten Tag durchfallen.

Vielleicht lag unsere unterschiedliche Auffassung wirklich an der einfachen Tatsache, dass ich keine Makah war. In diesem Augenblick fragte ich mich, ob es für Javid Ahdunko von Bedeutung war, dass ich eine andere Hautfarbe hatte als er.

»Wir Makah verehren den Wal«, erklärte er mir. »Und bevor wir ihn jagen, müssen wir uns seiner würdig erweisen.« Seltsam resigniert schüttelte er den Kopf. »Ich glaube, es muss noch eine Menge passieren, bevor wir wieder stolz auf uns sein können. Ein paar von uns versuchen schlauer zu sein als unsere Vorfahren, aber wir dürfen nicht vergessen, woher unsere Stärke kommt. Manchmal ist es wirklich nicht leicht, Indianer zu sein.«

Ich hob den Blick, um ihn anzusehen. »Wie meinst du das? Kannst du mir das genauer erklären?« Ich hätte ihm stundenlang Fragen stellen und zuhören können.

Er schüttelte den Kopf und setzte sich zurück auf seinen Stuhl. »Ich weiß nicht, ob du es verstehen würdest, Copper. Ich verstehe es ja manchmal selbst nicht.«

Javid hatte die Hände auf seine Oberschenkel gestützt und ich konnte die langen Muskelstränge und die blauen Adern unter seiner mattbraunen Haut sehen. Er hatte schöne Hände, lange, kräftige Finger mit hellen Fingernägeln. Ich ertappte mich bei der Frage, wie es wäre, von diesen Händen berührt zu werden, überall. Bei diesem Gedanken durchrieselte mich Wärme. Vermutlich wurde ich auch rot, aber er konnte ja nicht wissen, warum.

Javids lange Haare lagen jetzt offen auf seinem Rücken, wo sie sich wellten, weil er sie den ganzen Tag zu einem Zopf geflochten getragen hatte. Ich hätte sie gerne berührt, um zu wissen, wie sie sich anfühlten.

Schon begann die Stille unangenehm zu werden, als er unvermittelt fragte: »Wie alt bist du eigentlich, Copper?«

»Fünfzehn«, antwortete ich. »Und du?«

»Was glaubst du denn?« Er grinste breit.

Ich hielt wenig von solchen dämlichen Ratespielen, aber ich war Gast in Javids Zimmer und wollte ihn nicht verärgern. Achselzuckend sagte ich: »Achtzehn vielleicht.«

»Sehe ich wirklich schon so alt aus?« Bekümmert sah er mich an. Ich verdrehte die Augen und Javid sagte: »Ich bin sechzehn. Aber manchmal komme ich mir vor, als wäre ich schon 40.«

Ich dachte, dass er viel reifer wirkte als die sechzehnjährigen Jungs an meiner Schule, und fragte mich, ob das was mit dem Indianer-Sein zu tun hatte.

»Woher willst du wissen, wie es ist, 40 zu sein?«

»Ich sehe meine Mutter.«

»Deine Mutter ist eine tolle Frau«, sagte ich. »Ich bewundere, wie sie das alles schafft.«

»Sie ist in Ordnung«, bestätigte er trocken. »Trotzdem, manchmal nervt sie.«

»Das tun alle Mütter«, erwiderte ich und wunderte mich über meine eigenen Worte. Hatte ich das wirklich gesagt?

»Deine auch?« Die Frage kam überraschend und ich wich Javids Blick aus. Verstört nickte ich. Was gäbe ich darum, mich hin und wieder über meine Mutter ärgern zu können. Sehnsucht und Trauer überfielen mich so plötzlich, wie ein Raubvogel hinabstürzt und seiner nichts ahnenden Beute die Krallen ins Fleisch bohrt. Es tat weh und trieb mir Tränen in die Augen.

»Hast du was?«, fragte Javid verunsichert. »Hab ich was Falsches gesagt?«

Ich schüttelte schnell den Kopf und kämpfte die Tränen so weit zurück, dass ich sie hinunterschlucken konnte. »Nein, hast du nicht.« Meine Stimme wurde brüchig. Ich wollte mit ihm jetzt nicht über meine Mutter reden, weil ich dann ganz sicher geweint hätte. Und wer wollte sich schon mit einer Heulsuse abgeben?

Javids Mutter klopfte und rief ihn zum Abendessen.

»Hast du Hunger?«, fragte er mich. »Du hast heute bestimmt noch nichts weiter gegessen als diese komischen Nudeln im Supermarkt.«

Und was ich für Hunger hatte! Der Nudelauflauf war zwar sättigend gewesen, hatte aber nicht lange angehalten. »Na komm . . .« Er griff nach meiner Hand und zog mich hinter sich her. »Meine Mutter hat bestimmt nichts dagegen, wenn du mit uns isst.«

Javids Hand war trocken und warm. Wie benommen folgte ich ihm in die Küche seiner Mutter, die sich dem kleinen Aufenthaltsraum hinter dem Büro anschloss. Ein großer Gasherd stand darin mit einer glänzenden Abzugshaube und ein überdimensionaler Kühlschrank nahm ein Viertel des Raumes ein. Blank gescheuerte Töpfe und Pfannen hingen über der Arbeitsfläche neben dem Herd. Von einem Balken an der Decke baumelten Bündel getrockneter Kräuter.

Freda lächelte, als sie mich sah. »Guten Abend, So-fie«, sagte sie. »Schön, dass du heute Abend unser Gast bist.«

Ich staunte über das wunderbare Gefühl von Ver-trautheit, das in ihrem Lächeln lag.

In der Küche roch es köstlich nach gebratenem Fisch und mir lief das Wasser im Mund zusammen. Zum ersten Mal seit langer Zeit hatte ich richtigen Appetit, als wären meine Sinne zu neuem Leben erwacht. Ja-vid holte noch einen dritten Teller aus dem Küchen-schrank und Besteck für mich aus der Schublade. »Setz dich!«, sagte er und wies auf den freien Stuhl am Tisch. »Heute gibt es Heilbutt. Onkel Henry hat ihn gefangen.«

»Wie hat dir die Bootstour gefallen?« Freda legte mir ein großes Stück goldbraun gebratenen Heilbutt auf den Teller.

»Es war wirklich toll«, sagte ich begeistert. »Ich habe vorher noch nie Wale gesehen, ich meine: so richtig. Sie sind wunderschön und sehr freundlich.«

Freda nickte lächelnd. »Ja, Schwertwale sind außer-gewöhnliche Tiere. Hoffentlich bleiben sie noch eine Weile. Es heißt, Orcas vor der Küste zu haben sei ein gutes Zeichen. Dann ist das Wasser sauber und es gibt genügend Fisch.«

Mit der Gabel in der Hand wartete ich, bis die bei-den zu essen anfingen, dann aß auch ich. Der Fisch zerfiel auf meiner Zunge wie Butter. Ich schluckte he-runter was ich im Mund hatte und fragte: »Werden

Makah-Fischer versuchen die Wale zu töten, wenn sie nicht weiterziehen?«

»Nein, keine Angst«, erwiderte Freda. »Für Orcas haben sie überhaupt keine Fangerlaubnis. Sie dürfen sie nicht töten und so einfach ist das auch gar nicht. Du hast sie doch selbst gesehen. Wenn man sie in Ruhe lässt, sind sie freundlich und verspielt. Aber es sind Raubtiere und sie können auch böse werden. Orcas lassen sich nicht so einfach vertreiben. Wir Makah sind die Bewohner vom Kap, aber die Wale sind die Herren der Meere. Ich habe noch nie Walfleisch gegessen und werde auch in Zukunft nicht damit anfangen.«

Ihre langsame, warme Redeweise hatte einen scharfen Beiklang bekommen. Freda warf ihrem Sohn einen bedeutungsschweren Blick zu und Javid starrte missmutig auf seinen Teller hinab. Da war etwas zwischen den beiden, über das sie sich nicht einig werden konnten. Keine Ahnung, was es war. Mein Instinkt allerdings sagte mir, dass es etwas mit Javids Vater zu tun hatte, der nicht mehr da war, genauso, wie meine Mutter nicht mehr da war.

Irgendwann würde ich Javid vielleicht danach fragen.

Nach dem Essen half ich Freda beim Abräumen und bedankte mich. »Ich habe noch nie so köstlichen Fisch gegessen.«

»Schon gut«, sagte Javids Mutter. »Ich freue mich, dass du unser Gast warst und dass es dir geschmeckt hat.«

 7. Kapitel

Müde und satt stieg ich die Stufen zu meinem Zimmer hinauf und hatte nur noch mein Bett im Sinn, so erledigt war ich von diesem Tag. Aber Javid kam mir mit schnellen Schritten hinterher. »Willst du schon schlafen?«, fragte er.

Es war noch nicht spät, aber ich drehte mich zu ihm um und nickte. »Ich bin ziemlich k. o.«

»Schade, sonst hätte ich dir noch was Schönes gezeigt.« Die Enttäuschung stand ihm ins Gesicht geschrieben.

»Was denn?«, wollte ich wissen. Ich war wirklich müde, aber neugierig war ich auch.

»Das ist ein Geheimnis.« Er lächelte. »Aber du musst dich schnell entscheiden, sonst ist es zu spät.«

»Okay«, sagte ich, »dann zeig es mir.«

»Zieh was drüber und komm vor zur Straße. Aber beeil dich«, sagte er nachdrücklich.

Ich trabte die Holzstufen hinauf, holte meine rote Jacke aus dem Zimmer und lief den schiefen Plattenweg vor zur Straße. Ein alter weißer Pick-up mit etlichen großen und kleinen Roststellen hielt neben mir und die Beifahrertür ging auf. »Nun steig schon ein!«, sagte Javid. »Er sieht zwar nicht mehr toll aus, aber er fährt.«

Ich kletterte auf den Beifahrersitz, dessen Kunstlederbezug so große Löcher hatte, dass brüchiger gelber Schaumgummi zum Vorschein kam. »Wohin fahren wir?«, fragte ich, nachdem ich die Tür kräftig zugeschlagen hatte. Ich war noch nie zu einem Fremden ins Auto gestiegen. Schon gar nicht, ohne zu wissen, wohin die Reise gehen sollte. Aber irgendwie erschien mir Javid überhaupt nicht mehr fremd. Und das, obwohl ich ihn erst seit gestern kannte.

»Wirst du gleich sehen«, meinte er vergnügt.

Javid Ahdunko fuhr ein Stück die breite Hauptstraße am Meer entlang, bis wir an ein paar Häusern vorbei in einen Mischwald kamen und die asphaltierte Fahrbahn aufhörte. Der alte Pick-up holperte durch tiefe, wassergefüllte Schlaglöcher. Ich klammerte mich an irgendwelchen Griffen fest, um nicht hin und her geschleudert zu werden und mir dabei Beulen einzuhandeln.

»Der andere Weg zum Kap ist besser, aber dieser hier ist kürzer«, erklärte Javid. »Gleich sind wir da.«

Ich war beeindruckt, wie geschickt er den Kleinlaster steuerte, obwohl er mit 16 noch keine allzu lange Fahrpraxis haben konnte. Vorsichtshalber fragte ich mal nach: »Wie lange kannst du denn schon Auto fahren?«

»Mein Vater hat es mir beigebracht, als ich 12 war«, sagte er und mir wurde klar, dass sein Leben vollkommen anders war als meins. Wir hätten unterschiedlicher nicht sein können und doch saßen wir zusammen in diesem rostigen Gefährt. Ich wusste immer noch nicht, warum Javid Ahdunko mir seine Zeit opferte, aber aus irgendeinem Grund schien er Spaß daran zu haben. Vielleicht gefiel es ihm, mich verblüffen zu können, mit Dingen, die für ihn ganz selbstverständlich waren.

»Bei uns in Deutschland darf man den Führerschein erst machen, wenn man 18 ist«, sagte ich.

Javid pfiff leise durch die Zähne. »Wirklich? Das ist ja schrecklich.«

Über sein mitleidiges Gesicht musste ich lachen. Javid Ahdunko brachte mich zum Lachen, einfach so. Dafür mochte ich ihn.

Wir hielten auf einem kleinen Parkplatz mit einer großen Tafel, auf der etwas von einem Cape-Flattery-Pfad stand. »Okay«, sagte Javid, als wir ausgestiegen waren, »da geht es entlang.« Es hatte schon vor einiger Zeit aufgehört, zu regnen, und nun verzogen sich die letzten grauen Wolken nach Süden. Über den schwarzen, zerzausten Wipfeln der hohen Nadelbäume war der Himmel von einem violetten Rot.

»Es wird gleich dunkel«, protestierte ich lahm, »und ich soll jetzt noch einen Wanderpfad durch den Wald laufen. Was hast du überhaupt vor?«

Statt einer Antwort schnappte Javid meine Hand und zog mich hinter sich her. »Nun stell dich nicht so an, Copper, und frag nicht so viel. Vertrau mir einfach.«

Mir blieb gar nichts anderes übrig.

Der Weg führte in einen Wald hinein, mit Bäumen, die so hoch waren, dass sie den Himmel aussperrten. An ihren dunklen Zweigen hingen graugrüne Flechten wie die langen Bärte alter Männer. Abgestorbene Bäume waren umgestürzt und liegen geblieben. Nur den Weg hatte jemand freigesägt. Nachdem wir ein Stück gegangen waren, begann ein Plankenweg aus Zedernholz, der uns sicher über Wurzeln, verrottende Stämme und sumpfige schwarze Löcher führte. Unsere Schritte klackten laut auf den hölzernen Bohlen, aber das Dickicht verschluckte die Geräusche sofort. Irgendwo im Dämmerlicht des verschlungenen Waldes krächzte ein Vogel.

Javid lief mit schnellen Schritten und er hielt immer noch meine Hand. Er hielt sie sehr fest, sonst hätte ich ihn aus Verlegenheit längst losgelassen. Plötzlich blieb er stehen und drehte sich um. So schnell konnte ich nicht bremsen und prallte gegen seine Brust. Er umfing mich mit seinen Armen und gab mir einen Kuss.

Ich war so überrumpelt, dass ich vor Schreck einen kläglichen Laut ausstieß und versuchte ihn von mir wegzudrücken. Noch nie hatte ein Junge versucht mich zu küssen! Als es jetzt so unerwartet passierte, brachte es mich vollkommen durcheinander. Mein Herz schlug wild und ich dachte daran, fortzulaufen. Nur wohin?

Javid musterte mich mit einem seltsamen Blick. »Du hast ja Angst, Copper«, sagte er. »Das musst du nicht.«

»War *das* die Überraschung?«, fragte ich. Meine Stimme klang rau und fremd.

Er rückte ein Stück von mir ab.»Nein, das war nicht die Überraschung, auch wenn es uns vielleicht beide überrascht hat.« Wieder sah er mich an, als suche er in meinem Gesicht nach einer Antwort auf etwas, das er gerne gewusst hätte. »Bist du jetzt sauer? Möchtest du umkehren?«

Ich schüttelte den Kopf.

»Na, dann komm weiter. Es ist schon spät.«

Nach einem zehnminütigen Fußmarsch über den Plankensteg, durch einen immer dunkler und unheimlicher werdenden Wald, in dem es pausenlos von oben tropfte, lichtete sich das Dach der Bäume und wir kamen ans Kap. Verschiedene Plattformen mit stabilen Geländern boten einen Ausblick über die Klippen. Eine halbe Meile vor uns lag die Leuchtturminsel Tatoosh Island, an der wir heute Vormittag mit Henry Soones Boot vorbeigefahren waren. Dahinter sank eine glutrote Sonne ins Meer. Wie gebannt starrte ich auf dieses Schauspiel der Farben: die vom Abendlicht beleuchteten Felsen, das schiefergraue Meer und dieser unglaubliche Himmel, dessen Rot jetzt immer mehr zu einem warmen Orange wurde.

Die Sonne sank plötzlich schnell, schon war sie zur Hälfte hinter der Insel verschwunden. Nun verstand ich Javids Eile. Er hatte genau gewusst, wann die Sonne untergehen würde. Javid Ahdunko lebte im Rhythmus dieser Erde. Mit den Gezeiten, den Sonnenauf-

und -untergängen und der Wanderung des Mondes. Die Gewissheit, dass er noch die Zeit gehabt hatte, mich zu küssen, war in seinem Blut gewesen. Der Gedanke an den geraubten Kuss ließ mein Herz wieder schneller schlagen. Würde Javid es noch mal versuchen? Hatte er mich nur aus diesem Grund hierher gelockt?

Der Wald hinter uns wurde zu einem lautlosen schwarzen Ungeheuer. Unter uns schlug das Meer seine Wellen kraftvoll gegen die aus dem Wasser ragenden Felsen. Die Gischt leuchtete weiß. Dies war ein magischer Ort und die Farben wandelten sich mit überraschender Geschwindigkeit. Sie hatten ihre eigene Mystik, ihre eigenen Gesetze. Schon war der Himmel dunkelgelb. Wie Honig.

»Danke, dass du mich hergeführt hast«, sagte ich leise, als die Sonne hinter dem Leuchtturm verschwunden war und nur noch ihr Schein den abendlichen Himmel matt erhellte. Ein schwarzer Wolkenstrich hing tief am Horizont.

»War das besser als mein Kuss?«

Ich sagte nichts.

»Warum hattest du Angst?«, fragte er.

»Hatte ich gar nicht«, erwiderte ich trotzig.

Javid schüttelte unmerklich den Kopf. »Es war dein erster Kuss, nicht wahr?«

Wieder schwieg ich. Das ging ihn gar nichts an.

»Das dachte ich mir schon«, brummelte er. Mein Schweigen war ihm wohl Antwort genug.

Ich starrte hinunter ins schäumende Wasser, bis ich nur noch weiße Kreise vor meinen Augen sah. Es war wie ein Sog.

»Alles okay?«, fragte Javid besorgt.

»Was?« Aufgeschreckt sah ich ihn an.

»Ob du okay bist?«

Ich nickte abwesend.

»Ist nicht gut, so ins Wasser zu starren«, meinte er. »Es zieht einen runter.«

Eine Weile war es still. Dann fragte ich: »Bist du oft hier oben am Kap?«

»Manchmal.«

»Woher hat es eigentlich seinen komischen Namen: Kap Schmeichelei?«

Javid stand neben mir, die Ellenbogen auf das Geländer gestützt. »Man sagt, Cape Flattery habe seinen Namen von Kapitän Cook, der 1778 hier vor der Küste kreuzte und behauptete, das Kap schmeichle ihm mit der Hoffnung, dahinter die ersehnte Passage zwischen Pazifischem und Atlantischem Ozean zu finden. Seine Hoffnung wurde nicht erfüllt«, erzählte er. »Doch nach ihm kamen immer mehr Weiße. Mit ihnen kamen die Missionare, die versuchten uns unseren Glauben und unsere Traditionen zu nehmen.«

»Ist es ihnen gelungen?«

»Wir sind noch nicht erledigt, oder?« Fragend sah er mich an. »Zwar haben wir fünf verschiedene christliche Kirchen im Ort, aber da gehen nicht viele von uns hin. Wir Makah brauchen kein extra Haus, um darin zu beten. Es gibt eine Menge heiliger Orte auf unserem Land, die dafür viel besser geeignet sind.«

Ich glaubte ihm aufs Wort, denn wir befanden uns gerade an einem. Aber die Magie des Ortes und des Augenblickes erinnerte mich daran, dass mein Vater wenig übrig haben würde für derartige Erklärungen, denn er war ein sehr nüchterner Mensch. »Ich muss zurück ins Motel«, sagte ich, obwohl ich gerne noch ewig mit Javid hier gestanden hätte. »Mein Vater macht sich bestimmt Sorgen.«

»Keine Angst, ich habe meiner Mutter gesagt, wohin wir gehen«, erwiderte er. Trotzdem machten wir uns auf den Rückweg. Die Dunkelheit im Küstenwald war dichter und undurchdringlicher geworden. Javid hatte eine kleine Taschenlampe dabei und mit Hilfe ihres dünnen Strahls fanden wir den Weg zurück zum Parkplatz. Diesmal war ich es, die Javids Hand fest umklammerte. Und ich glaube, er gefiel sich in seiner Beschützerrolle.

Zurück fuhren wir die andere Strecke, aber auch hier holperte der Pick-up durch wassergefüllte Löcher in der Straße, bis endlich die Asphaltdecke begann. Der Rückweg erschien mir viel weiter. Als wir wieder im Ort waren, drosselte Javid das Tempo, um keinen der herumstreunenden Hunde zu überfahren. Solche Hunde gab es viele in Neah Bay. Einige gehörten jemandem, manche nicht. Sie liefen herum und bettelten nach Futter.

Wir kamen an dem kleinen Hafenrestaurant »The Cedars« vorbei, in dem Papa und ich gestern gegessen hatten, und ich staunte, wie viele Menschen um diese Zeit auf der Straße waren. Zumeist waren es junge Leute. Sie standen in Grüppchen beieinander und rauchten oder saßen auf den Bänken am Hafen.

»Jeden Abend sitzen sie dort, rauchen Joints oder betrinken sich«, sagte Javid. »Einige von ihnen sind jünger als ich. In den Ferien langweilen sie sich und wissen nichts mit sich anzufangen. Eigentlich wissen sie die meiste Zeit nichts mit sich anzufangen.« Ich hörte Zorn und Trauer in seiner Stimme mitklingen.

»Vielleicht fehlt ihnen etwas«, vermutete ich. »Vielleicht fehlt ihnen die Idee, was sie mit ihrem Leben anfangen könnten.«

»Ihnen fehlt die Idee von sich selbst«, brummte Javid. »Sie wissen nicht, wer sie sind, weil sie die Vergangenheit einfach vergessen haben. Lieber hängen sie herum als darauf zu hören, was die Alten ihnen zu sagen haben.«

»Vielleicht denken sie, dass es ihnen in der heutigen Zeit nicht weiterhelfen kann.«

»Aber das ist ein Irrtum, Copper. Ich sage ja nicht, dass wir zurückgehen sollen in graue Vorzeiten. Dass das nicht geht, weiß ich selbst. Aber wir müssen wenigstens ab und zu einen Blick zurückwerfen. Wir müssen wieder auf unsere Träume achten.«

Vor dem Motel angekommen, stellte Javid den Motor aus. Das Licht der Straßenlaterne erleuchtete sein

Gesicht, seine Augen glitzerten. Er sah mich an und fragte: »Und du? Wovon träumst du denn, Copper?«

Das war eine schwierige Frage, denn ich hatte viele Träume. Wunschträume, Alpträume, Wachträume. . . In meinen Wunschträumen holte ich mir meine Mutter zurück. In meinen Alpträumen erlebte ich ihr Sterben und ihren Tod noch einmal. In den Wachträumen versuchte ich wieder glücklich zu sein. Und im selben Augenblick wurde mir klar, dass ich heute die meiste Zeit des Tages glücklich gewesen *war*. Ich hatte Wale gesehen und einen violetten Sonnenuntergang. Ich hatte sogar gelacht.

Javid wartete immer noch auf meine Antwort. »Möchtest du nicht darüber reden?«

Ich schüttelte den Kopf.

»Schade«, erwiderte er, war aber mit seinen Fragen noch nicht am Ende. »Und was willst du mal mit deinem Leben anfangen, Copper? Was willst du mal werden? Oder kannst du mir das auch nicht sagen?«

»Ich will gar nichts werden«, murmelte ich, »nur malen.«

»Das ist gut.« Er lachte. »Deine Bilder, ich würde sie gerne sehen.«

»Dann besuch mich doch mal in Berlin«, schlug ich vor.

Javid schüttelte traurig den Kopf. »So einfach, wie du glaubst, ist das nicht. Manchmal denke ich daran, wie es wäre, hier abzuhauen. In ein Flugzeug zu steigen und andere Länder zu sehen. Ich war noch nie weg aus dieser verdammt nassen und dunklen Ecke. Aber ich kann meine Mutter nicht allein lassen, sie hat ja nur mich.«

Wir stiegen aus und ich sah, dass außer unserem roten Leihwagen und dem Ford der Austins noch zwei weitere Autos vor dem Motel standen.

»Neue Gäste«, sagte Javid. »Meine Mutter ist froh über jeden, der kommt. Vielleicht hast du es schon bemerkt, aber in Neah Bay gibt es keine *Transients*, keine Durchreisenden, wie draußen vor der Küste.« Er lachte auf seltsame Weise und ging zum Haus.

Vor seinem Zimmer verabschiedeten wir uns. Javid versuchte noch einmal mich zu küssen, aber ich wandte den Kopf zur Seite.

»Warum?«, fragte er. »Magst du mich nicht?«

»Doch«, sagte ich schnell, »aber . . .«

»Schon gut.« Er lächelte nicht, sah mich nur an mit seinen schwarzen Augen.

»Ich werde dir ein Bild malen«, sagte ich.

»Ja«, erwiderte er, »das wäre schön. Bis morgen, Copper.«

»Bis morgen.«

Ich eilte die Stufen nach oben und wäre beinahe mit meinen Vater zusammengestoßen, der am Geländer stand und auf mich wartete. »Da bist du ja endlich«, sagte er. »Ich habe mir Sorgen gemacht.«

»Hat Javids Mutter dir nicht gesagt, dass wir zum Kap gefahren sind?«

»Doch«, meinte er ungehalten, »aber es ist dunkel und spät. Du bist fremd hier und kennst dich überhaupt nicht aus.«

»Ich war mit Javid zusammen«, verteidigte ich mich. »Der kennt sich sehr gut aus.«

»Da ist es ja gerade, verdammt noch mal«, brauste Papa auf. »Du hast einfach noch keine Erfahrung mit so etwas.«

»Mit was denn?«

Er wollte gerade wieder loswettern, als er plötzlich innehielt, mich an sich heranzog und fest umarmte. »Ich will einfach nicht, dass dir etwas passiert, Sofie«, sagte er. »Du bist alles, was ich noch habe.«

Sein Ausbruch überraschte mich. Papa war noch nie überbesorgt gewesen. Meistens hatte es ihn nicht weiter interessiert, wo ich war und was ich dort machte.

Ich machte mich von ihm los, denn seine Umarmung war mir unangenehm. Ich wollte jetzt allein sein, in meinem Zimmer. »Wie geht es deinem Zahn?«, fragte ich trotzdem höflich.

»Ich fürchte, er muss raus. Es wird nicht besser, eher schlimmer.«

»Ich komme morgen nicht mit«, sagte ich. »Hab keine Lust auf Stadt. Wahrscheinlich werde ich an den Strand gehen und malen.«

»Schade«, sagte mein Vater. »Vielleicht überlegst du es dir ja noch mal.«

»Ich glaube nicht. Und mach dir keine Sorgen um mich, Papa. Ich gehe schon nicht verloren. In Neah

Bay kann man gar nicht verloren gehen. Falls du es noch nicht bemerkt hast: Wir sind hier am Ende der Welt.«

»Ja, du hast Recht. Es tut mir Leid. Es ist nur . . . ich will nicht, dass dir jemand weh tut.«

Ich zuckte gleichgültig die Achseln. »Javid wollte nur nett sein. Er hat mir das Kap gezeigt.«

»Im Dunkeln?« Papa warf mir mit hochgezogenen Brauen einen Blick zu. Ich konnte mich nicht erinnern, ihn mir gegenüber je so misstrauisch gesehen zu haben.

»Es war der Sonnenuntergang«, sagte ich. »Ich habe Javid erzählt, dass ich gerne male. Also ist er mit mir ans Kap gefahren, um mir den Sonnenuntergang zu zeigen. Und wenn die Sonne untergegangen ist, wird es nun mal dunkel.« Ich gab ihm einen Kuss auf die gesunde Wange. »Gute Nacht, Papa!«

In meinem Zimmer lief ich sofort zum Spiegel, um herauszufinden, ob Javids Kuss mich irgendwie verändert hatte. Nein, ich sah noch genauso aus wie vorher: zu große Augen, eine spitze Nase, zu viele Sommersprossen, die genauso dunkel waren wie meine Lippen. Nicht sonderlich hübsch. Aber auch wenn ich noch so aussah wie zuvor: Ich fühlte mich ganz anders. Ich fühlte mich gut. War das nicht merkwürdig?

Nach dem Zähneputzen fiel ich erschöpft und todmüde in mein Bett. In bunt verworrenen Bildern stürzten die Ereignisse des Tages auf mich ein, sobald ich nur die Augen schloss. Die Orcas mit ihren riesigen schwarz-weißen Körpern, ihren Urwaldtönen und ihrer unerwarteten Freundlichkeit. Javid und seine Geschichte von der Kupferfrau. Sein ungewöhnliches Zimmer. Sein plötzlicher Kuss. Ich hatte zum ersten Mal in meinem Leben einen Kuss von einem Jungen bekommen. Einem Jungen, der Mädchen wie mich normalerweise übersah. Aber hier in Neah Bay schien alles anders zu sein. Das war eine verzauberte Welt mit Sonnenuntergängen, die lebendigem Feuer glichen und später zu goldenem Honig am Himmel wurden.

Javids Kuss hatte mich erschreckt. Trotzdem musste ich mir jetzt eingestehen, dass es mir gefallen hatte, geküsst zu werden. Weil ich dauernd daran denken musste, schlug mein Herz ganz schnell und an Einschlafen war nicht zu denken. Ich versuchte das Kopfkissen unter meinem Kopf zusammenzurollen, wie ich es zu Hause auch tat. Aber es funktionierte nicht, denn es war mit Schaumflocken statt mit Federn gefüllt.

Nachdenklich löschte ich das Licht. Und im Dunkeln, als die Bilder des Tages sich wie Nebel verflüchtigten, wurde mir plötzlich bewusst, dass dies der erste Tag seit Mamas Tod war, an dem ich nicht ständig an sie gedacht hatte. Erst jetzt, als sich dieses Glücksgefühl so warm in mir ausbreitete, verspürte ich den Wunsch, ihr von Javid zu erzählen. Davon, dass er mich Copper nannte und mich einfach so geküsst hatte, ohne mich vorher um Einverständnis zu bitten.

Mama hätte mich lächelnd in die Arme genommen und mir gesagt, dass er mein Einverständnis vielleicht in meinen Augen gelesen hatte. Sie hätte mir davon erzählt, wie sie sich das erste Mal verliebt hatte: in einen Jungen mit langen schwarzen Haaren, einen rumänischen Zigeuner, der jeden Morgen Fladenbrote auf dem Zeltplatz verkaufte, auf dem sie mit ihren Eltern den Sommer am Schwarzen Meer verbrachte.

Aber Mama war tot und meinem Vater gefiel nicht, dass ich mit Javid Ahdunko allein unterwegs war. Papa hatte Angst um mich. Komisch, denn wenn ich mit Javid zusammen war, hatte ich vor nichts mehr Angst.

Ich rollte meinen Körper zu einem Knäuel zusammen und fiel in einen tiefen Schlaf.

 8. Kapitel

Ein Klopfen weckte mich. Es war Papa. Er versuchte mich doch noch für die Fahrt nach Port Angeles zu begeistern, aber ich hatte immer noch keine Lust, mit ihm in die Stadt zu fahren. Viel lieber wollte ich mit Javid zusammen sein. Es sah so aus, als würde die Sonne den Morgennebel bald auflösen und ein schöner Tag daraus werden.

Wir frühstückten, das heißt, Papa hatte große Probleme mit seinem vereiterten Zahn und trank nur schwarzen Kaffee. Danach machte er sich, voll gepumpt mit Schmerztabletten, gleich auf den Weg nach Port Angeles.

Javid hatte ich am Morgen nur kurz gesehen, als er den Kaffee gebracht hatte. Doch kaum war Papa weg, klopfte es an meiner Zimmertür. Ich öffnete.

»Hi«, sagte Javid fröhlich. »Hast du heute schon was vor?« In seinen ausgewaschenen Latzhosen und dem grünen T-Shirt mit ausgefranstem Saum am Halsausschnitt sah er einfach umwerfend aus.

Ich trat einen Schritt ins Zimmer zurück und zeigte auf den Tisch, wo meine Farben ausgebreitet lagen. »Eigentlich wollte ich malen.« Das stimmte, aber nur halb. Viel größer war der Wunsch, mit Javid zusammen etwas zu unternehmen.

»Hier drin?« Er zog die rechte Augenbraue nach oben.

Ich lachte über seine Miene. »Nein, natürlich nicht hier drin. Ich will an den Strand.«

Nun verzog er noch mehr das Gesicht. »Der Strand von Neah Bay ist zwar ganz schön, aber er bietet nichts Besonderes«, machte er mir mein Vorhaben madig. »Da gibt es ganz andere Stellen. Zum Beispiel drüben, am Sooes Beach. Ich könnte dich hinbringen und dir einen guten Platz zum Malen zeigen, wenn du willst.«

Und wie ich das wollte! Nach einem gespielten Zögern nickte ich achselzuckend. »Also gut.« Nur nicht merken lassen, dass ich mich über sein Angebot freute wie ein kleines Kind, das Geburtstag hatte.

Auf Javids Gesicht erschien ein Lächeln. »Ich muss aber vorher noch für meine Mutter im Supermarkt einkaufen. Ich hätte nichts dagegen, wenn du mitkommst und mir hilfst.«

»Klar«, sagte ich. »Will nur schnell meine Farben zusammenpacken.«

Wir machten in Washburne's General Store einen Großeinkauf für Freda Ahdunko. Wieder zurück im Motel, half ich Javid die Lebensmittel in die Küche zu tragen, während seine Mutter sie im Kühlschrank, in der Tiefkühltruhe auf dem Gang und in den Küchenschränken verstaute.

»Habt vielen Dank, ihr beiden«, sagte sie, bevor sie

sich direkt an mich wandte: »Was hast du denn heute für Pläne, Sofie? Dein Vater wird sicher nicht vor Nachmittag aus Port Angeles zurückkommen. Wenn du dich langweilst . . .« Sie warf Javid einen fragenden Blick zu.

»Wir fahren rüber zum Sooes Beach, Mom«, sagte er. »Brauchst mit dem Mittagessen nicht auf mich zu warten.«

Das klang viel versprechend und mein Herz hüpfte vor Freude. Als wir mit dem Pick-up losfuhren, riss der Himmel auf und die Sonne begann sofort zu wärmen. Javid fuhr langsam die Hauptstraße entlang, darauf bedacht, keines der Kinder zu gefährden, die sich mit ihren Fahrrädern und buntem Plastikspielzeug mitten auf der Straße tummelten.

»Sie freuen sich über die Sonne«, sagte er. »Es ist selten, dass sie schon so früh am Morgen da ist.«

Ich hielt elf Uhr nicht für früh, aber in Neah Bay schien auch die Zeitrechnung eine andere zu sein. Eile kannten die Makah nicht. Niemand hetzte, alles ging gemütlich und mit stoischer Gelassenheit vonstatten. Nach den beiden Jahren in der hektischen Großstadt fühlte ich mich hier pudelwohl und schob den Gedanken, irgendwann wieder fortzumüssen, sehr weit weg.

Erwartungsvoll blickte ich auf die graue Straße vor uns. Irgendwann bog Javid nach links ab und wir kamen am Krankenhaus von Neah Bay vorbei. Es war ein grauer Bretterbau, eine Art Baracke mit einem bunten Totempfahl davor und machte von außen einen ordentlichen Eindruck auf mich. Aber vielleicht hatte Freda ja schlechte Erfahrungen mit dem hiesigen Zahnarzt gemacht und meinem Vater deshalb geraten, mit seinem vereiterten Zahn lieber in die Stadt zu fahren.

Hinter dem Ort erhoben sich rechts zwei bewaldete Berge auf Cape Flattery. Javid nannte mir ihre Namen. Es waren der Bahokus Peak und der Archawat Peak. Linker Hand erstreckte sich eine saftig grüne Wiese, durchschnitten von einem breiten, träge dahinfließenden Fluss. Es war der Waatch River.

Javid Ahdunko erwies sich als erfahrener Reiseführer und erklärte mir eine Menge. Ich stellte ihm auch viele Fragen. Vor allem aber fragte ich mich, wie viele fünfzehnjährige Touristinnen er schon im Reservat umhergefahren und geküsst hatte, bevor ich in seine Hände geraten war. Aber diese Frage behielt ich natürlich für mich.

Nach ungefähr vier Meilen tauchte am Fuß der Berge ein Gebäudekomplex auf und Javid hielt an. Er stellte den Motor ab und sagte: »Wir sind gestern Abend schon mal hier vorbeigefahren, aber da war es dunkel. Was du da drüben siehst, ist der Sitz unseres Stammesrates. Im Zweiten Weltkrieg war es eine Aufklärungsbasis der US-Armee. Neah Bay war damals ein wichtiger strategischer Punkt und die Amerikaner hofften von hier aus rechtzeitig erkennen zu können, ob die Japaner einen Angriff planen.« Er schüttelte den Kopf und stieß ein trockenes Lachen aus. »Meine Großmutter hat mir manchmal aus dieser Zeit erzählt. Es war wohl seltsam, plötzlich Militär im Ort zu haben. Uniformierte Männer mit Gewehren. Aber die amerikanische Armee war unseren Leuten dann doch lieber als irgendwelche schlitzäugigen Herren aus Asien.«

So, so, dachte ich und besah mir seine schönen, schrägen Augen.

Javid startete den Motor wieder und bald kamen wir zu einer Stelle, an der links ein unbefestigter Fahrweg von der Asphaltstraße abzweigte und über eine Holzbrücke führte. »Ich würde deine Großmutter gerne kennen lernen«, sagte ich. »Meine einzige Großmutter ist sehr krank und ich fürchte, sie lebt nicht mehr lange. Sie war immer ganz schön streng zu mir.«

»Meine Großmutter ist schon vor ein paar Jahren gestorben«, sagte Javid. Kurz vor dem Abzweig hatte ich das Gefühl, als ob er zögern würde, aber dann fuhr er doch geradeaus weiter.

»Das tut mir Leid.«

»Mir auch«, sagte er und es klang aufrichtig. »Ich mochte sie wirklich gern. Sie war 90 Jahre alt, als sie starb. Ich glaube, damit war sie zufrieden.«

»Meine ist auch schon 75, aber zufrieden ist sie kein bisschen. Am liebsten würde sie von ihrem Bett aus die Welt regieren. Damit macht sie alle verrückt, die sich um sie kümmern müssen. Als Kind hatte ich immer ein bisschen Angst vor ihr.«

»Hunde, die bellen, beißen nicht«, meinte Javid daraufhin. Und ich konnte nicht verhindern, dass ich meine Großmutter vor mir sah, wie sie im Bett saß und bellte.

Wir kamen in eine kleine Siedlung an der Mündung des Waatch River, die den Namen des Flusses trug. Die pastellfarbenen Einheitshäuser glichen denen in Neah Bay auf der anderen Seite des Kaps. Ich war enttäuscht, denn auch vom Strand hatte ich mehr erwartet. Zwar konnte man von hier aus aufs offene Meer hinaussehen, aber das war auch schon alles, worin er sich vom Strand in Neah Bay unterschied.

Javid war ein aufmerksamer Beobachter und mein enttäuschter Blick entging ihm nicht. »Keine Angst«, sagte er. »Ich bringe dich gleich an einen Strand, der dir gefallen wird. Aber vorher möchte ich dir noch etwas zeigen.«

Er parkte den Pick-up neben einem großen Holzschuppen am Rande der Siedlung, ein ganzes Stück abseits der Häuser. Auf den von Wind und Wetter ausgeblichenen Brettern des Schuppens entdeckte ich drei aufgemalte stilisierte Tiere in den beiden Hauptfarben der Nordwestküstenindianer: Rot und Schwarz.

Javids Augen folgten meinem Blick. »Das sind Donnervogel, Wolf und Wal, die drei mächtigsten Tiere unserer Mythologie«, erklärte er.

»Donnervogel?«, fragte ich, denn von Wolf und Wal hatte er mir schon erzählt.

»Ja, der Donnervogel war der erste Waljäger, schon vor der Zeit. Die Alten sagen, er war ein riesiger Vogel. So groß, dass sein Flügelschlag Donner und Sturm hervorbrachte, und mit dem Schließen und Öffnen seiner Augen machte er Blitze. Er lebte in einer großen Höhle in den Olympic Mountains.« Javid deutete mit seiner Rechten ins Landesinnere. »Eines Tages tauchte ein Killerwal an der Küste auf und tötete andere Wale, die den Menschen das lebenswichtige Öl und Walfleisch gaben. Die Leute hungerten und wussten nicht, was sie tun sollten. Also verließ der Donnervogel seine dunkle Höhle in den Bergen und flog zum Meer. Dort schwebte er über dem Wasser, balancierte in den Lüften und wartete darauf, dass der Orca an die Wasseroberfläche kam, um zu atmen. Als er es schließlich tat, stieß Donnervogel herab wie der Blitz, hieb seine messerscharfen Krallen in den Rücken des Wals, packte ihn und erhob sich mit ihm in die Lüfte.«

Javid zeigte auf den Donnervogel an der Wand, dessen Krallen deutlich zu sehen waren. »Sie kämpften dreimal«, fuhr er fort. »Einmal in der Luft, ein zweites Mal, als Donnervogel mit seiner schweren Last auf einem Seefelsen rasten musste, um seine Flügel auszuruhen, und ein drittes und letztes Mal in den Bergen, im Nest des Donnervogels. Dreimal bebte die Erde und aus dem Meer stiegen riesige Wellen. Aber der große Vogel besiegte das mächtige Raubtier des Ozeans. Er war der erste Waljäger.«

Javid löste das Vorhängeschloss vor der Schuppentür und machte eine einladende Kopfbewegung. »Komm, ich will dir was zeigen.«

Neugierig folgte ich ihm in den Schuppen. Ein leiser Schauer rann über meinen Rücken, als ich den Raum betrat. Drinnen war es dämmrig und roch nach Lack und frischem Holz. Es war ganz still und doch hatte ich ein seltsames Gefühl von Anwesenheit. Als ob noch jemand anderes im Schuppen war außer Javid und mir. Aber natürlich war da niemand. Auch dann nicht, als Javid an einer Schnur zog und das Licht von zwei nackten Glühbirnen den Raum erhellte.

In der Mitte des Schuppens lagerte auf drei Holzböcken ein unfertiges Kanu aus hellem Holz. Ich ging näher an das Boot heran, um es genauer betrachten zu können.

Es war ungefähr fünf Meter lang und schmal gebaut. Der v-förmige Bug zeigte spitz zulaufend nach oben, während das Heck niedrig gehalten war. In seinem Inneren leuchtete das Holz in einem warmen Orangerot. Jemand musste es mit irgendetwas Öligem gestrichen haben, jedenfalls roch es so. Das Kanu hatte vier schmale Ruderbänke, die in den Seitenwänden verankert waren. Vorsichtig ließ ich meine Hände über die polierte Außenseite gleiten und konnte die Wärme und Lebendigkeit des Holzes spüren.

»Es ist wunderschön«, brachte ich heraus.

Javids Stimme klang anders als sonst, als er sagte: »Mein Vater fing an dieses Boot zu bauen, nachdem er in einem großen Kanu den Wal gejagt hatte. Er sagte zu mir: Ein richtiger Walfänger braucht ein eigenes Kanu.« Einen Moment lang schwieg Javid, bevor er fortfuhr. »Dad hat es aus einem einzigen uralten Zedernstamm gehauen, nur an Bug und Heck wurde etwas angesetzt.« Er deutete auf die Ansatzstellen und ich nickte beeindruckt. Ich konnte sie erkennen, aber nur weil er mich darauf hingewiesen hatte.

»Mein Dad hat den Stamm behauen und mit heißen Steinen und Wasserdampf in die richtige Form gebracht«, erzählte Javid weiter. »Genauso, wie unsere Vorfahren es getan haben. Dieses Kanu war sein Traum, aber er konnte es nicht vollenden. Vor zwei Jahren ist er beim Fischen draußen auf dem Meer ertrunken.«

Ich schwieg, den Blick zu Boden gerichtet.

Javid räusperte sich, es fiel ihm sichtlich schwer, weiter darüber zu sprechen. Aber dann gab er sich einen Ruck. »Andere Fischer fanden ihn in seinem eigenen Netz. Er hatte sich mit dem Fuß darin verfangen und ist über Bord gezogen worden.«

Er sagte das mit einer seltsamen Verbitterung, als ob er sich dafür schämte, auf welche Weise sein Vater gestorben war. Ich wusste nicht, wo ich hinsehen sollte, weil ich Javids Schmerz spürte, als wäre es mein eigener. »Das ist furchtbar«, sagte ich schließlich und schaute in sein Gesicht, das kaum etwas davon preisgab, was er fühlte oder sich erhoffte.

»Ja, das war es.« Er holte tief Luft. »Meine Mutter und ich, wir wussten erst nicht, wie es weitergehen sollte. Vater hat uns mit seinem Boot ernährt. Ich dachte daran, die Schule abzubrechen und Fischer zu werden, wie er.« Javid blickte zu Boden und scharrte mit der Schuhspitze über die festgetretene Erde. »Er hätte sich das gewünscht, aber meine Mutter hat es nicht zugelassen. Ich sollte weiter zur Schule gehen. Und ich musste ihr versprechen nicht zu ertrinken.« Er biss sich auf die Unterlippe. »Sie hat das Boot meines Vaters verkauft und mit dem Geld das alte Motel erworben. Seitdem schuftet sie, um uns zu ernähren und was aus der alten Bude zu machen.«

»Das gelingt ihr ganz toll«, sagte ich. »Ihr werdet bestimmt immer Gäste haben.«

Javid lachte bitter auf. »Du siehst doch, wie viele Gäste wir haben, Copper. Und dabei ist Sommer. Im Winter, wenn die irren Stürme über das Meer jagen und es hier nicht nur nass, sondern auch noch so richtig kalt ist, verirrt sich niemand mehr nach Neah Bay. Außer vielleicht ein paar Verrückte.«

»Deine Mutter hat immer gute Laune und ist so freundlich«, bemerkte ich.

»Ja, das muss sie auch sein. Aber manchmal, da weint sie und ich weiß nicht, wie ich ihr helfen kann. Ich fühle mich für sie verantwortlich, seit mein Vater nicht mehr da ist.«

»Vermisst du ihn sehr?«, fragte ich vorsichtig. Vielleicht hatte ich endlich jemanden gefunden, mit dem ich über meinen eigenen, schrecklichen Verlust reden konnte. Jemanden, der mich verstehen würde, weil er einen ähnlichen Verlust erlitten hatte.

Javid nickte und lief um das Kanu herum. »Natürlich vermisse ich ihn. Er war ein guter Fischer und ein guter Walfänger. Er war auch ein guter Vater. Ich habe dieses Kanu fertig gebaut, für ihn. Ich habe es innen mit Fischöl eingefärbt und außen am Boden geschwärzt und poliert, damit es lautlos durch die Wellen gleiten kann.« Er machte eine gerade Bewegung mit der Hand nach vorne. »Zu unserem Fest im August werden zum ersten Mal wieder Kanus am Strand von Neah Bay anlegen. Indianer einiger verwandter Stämme werden mit ihren selbst gebauten Kanus von der kanadischen Küste herunterkommen und mit uns feiern wie in alten Zeiten. Danach werden sie weiter bis nach Oregon paddeln und ich möchte dabei sein. Ich habe es meinem Vater an seinem Grab versprochen. Ich möchte mit unserem Kanu dabei sein.«

Javids Stimme zitterte. In diesem Augenblick bekam ich eine Ahnung von seiner Verwundbarkeit, die er sonst gut verbergen konnte. Mir saß ein dicker Kloß im Hals. »Das Kanu ist fertig«, sagte ich nach einer Weile. »Und es sieht wirklich perfekt aus. Du hast es geschafft, also wirst du auch dabei sein.«

Er schüttelte den Kopf. »Es ist noch nicht wirklich fertig, Copper. Ich möchte es an den Seiten und am

Bug bemalen und weiß auch schon, wie. Aber es ist viel Arbeit und alleine schaffe ich das nicht. Ich dachte . . . wo du doch malen kannst . . . vielleicht wäre es möglich, dass du mir dabei ein wenig hilfst.«

Überrascht blickte ich auf. Im nackten Licht der Glühbirne sah Javid auf einmal so verloren aus, wie ich mich oft fühlte. Vielleicht hatten wir doch mehr gemeinsam, als ich zuerst angenommen hatte. Ich hätte ihm jetzt von meiner Mutter erzählen können, von meiner Trauer und meiner Einsamkeit. Aber dann hätte mein Schmerz seinen nur überlagert, und das machte keinen Sinn, weil es uns beiden nicht geholfen hätte.

»Wenn du mir sagst, was ich machen muss, und wenn du glaubst, dass ich das auch kann, werde ich dir gerne helfen«, sagte ich.

Javids Gesicht hellte sich auf. »Natürlich wirst du das können. Aber nun lass uns an den Strand fahren. Du wolltest malen und ich habe dich die ganze Zeit davon abgehalten.«

Er hatte noch keines meiner Bilder gesehen, aber er traute mir zu mit ihm dieses Kanu zu bemalen, an dem ihm so viel lag. Das schmeichelte mir ungeheuer.

 **9. Kapitel**

Wir verließen die Siedlung Waatch und fuhren wieder bis zu jener Stelle, an der die Straße sich gabelte. Diesmal bog Javid nach rechts auf die Holzbrücke und wir überquerten den Fluss. Kurz darauf kamen wir an einem Campingplatz vorbei, auf dessen riesigem, baumlosem Gelände nur vereinzelt ein paar Zelte und drei oder vier Campingwagen standen. Mit Tourismus schien es in Neah Bay tatsächlich nicht weit her zu sein. Verstehen konnte ich es nicht, denn dieses Land zwischen Meer und Küstenwald war einmalig schön.

Die Strandstraße am Hobuck Beach schien kein Ende nehmen zu wollen. Ich reckte meinen Hals in der Hoffnung, ab und zu einen Blick auf das Meer werfen zu können. Eigentlich wollte ich nur noch raus aus dem Auto, aber Javid schien ein ganz bestimmtes Ziel zu haben.

Nach ein paar Meilen waren wir endlich da. Er parkte den Wagen am Rande der Straße, kurz bevor sie in einen dichten Mischwald abbog. Auf einem großen Schild las ich, dass Parken hier unter Androhung furchtbarer Strafen strengstens verboten war.

»Mach dir nichts draus«, meinte Javid achselzuckend dazu. »Das gilt nur für Fremde.«

Ich nahm meine Tasche und Javid seinen Rucksack, dann liefen wir los. Das Meer war nicht weit, nur ein paar Schritte über den Strand. Ich hörte es verheißungsvoll rauschen und atmete den salzigen Geruch nach Meeresalgen und Fisch, der aus den dunklen Tiefen des Ozeans heraufkam.

Ein paar Schritte weiter türmten sich vor uns angeschwemmte, ineinander verkeilte Baumstämme auf. Mannshoch. Silbern ausgeblichen vom Salzwasser und der Sonne, erinnerten sie mich an einen Haufen riesiger Knochen, abgenagt von einem Ungeheuer.

Javid sprang auf den ersten dicken Stamm und reichte mir seine Hand. »Komm!«, sagte er. »Da müssen wir rüber.« Er zog mich nach oben und ich setzte meine Füße auf das bleiche Holz. Javid prüfte immer zuerst, ob der Stamm auch fest verkeilt war, bevor er ihn betrat. »Das war Sisiutl, ein Ungeheuer aus dem Meer«, eröffnete er mir. »Es hat die Bäume entwurzelt, sie herumgeschleudert wie Mikadostäbchen und ihnen die Rinde vom Leib geschält. Siehst du, wie sie sich vor ihm gefürchtet haben?« Er zeigte auf eine spiralförmig verdrehte Wurzel an einem der mächtigen Stämme. »Der Baum hat sich gewunden vor Angst, als er Sisiutl ins Gesicht blickte. Vielleicht hat er versucht zu fliehen, aber es ist ihm nicht gelungen.«

Ich betrachtete beeindruckt die Wurzel, die sich wie ein überdimensionaler Korkenzieher in den Himmel bohrte. »Sisiutl muss ganz schön mächtig sein«, sagte ich, denn noch war mir nicht klar, wie ernst er das Gesagte meinte.

»Du glaubst mir nicht, was?« Mit seinen dunklen Augen suchte er mein Gesicht nach einer Antwort ab.

Ich holte tief Luft. »Ich mag solche Geschichten. Die Grenzen deiner Phantasie sind die Grenzen deiner Welt, hat mal jemand gesagt. Meine Welt ist groß.«

Keine Ahnung, warum, aber Javid gab sich in diesem Moment mit meiner Antwort zufrieden. »Sisiutl ist ein furchtbares Ungeheuer«, fuhr er mit ernstem Gesicht fort. »Es kann nach vorne und nach hinten sehen. Es kann sich verwandeln und es ist immer auf der Suche.«

»Auf der Suche nach *wem?*«

Javid blieb auf einem Stamm stehen, der gefährlich wippte. »Nach denen, die ihre Angst nicht beherrschen können.« Er musterte mich kurz. »Aber es ist keine Schande, Angst zu haben, Copper. Man muss ihr nur ins Gesicht sehen können. Man muss dem Ungeheuer ins Gesicht sehen können.«

Javid zog an meiner Hand. »Steig besser über diesen Stamm, er ist locker. Dabei haben sich schon viele unvorsichtige Touristen die Knochen gebrochen«, warnte er mich. »Du musst sehr aufpassen.«

Das tat ich. Die mächtigen, aufgetürmten Stämme machten mir keine Angst, wenn nur das zweigesichtige Ungeheuer blieb, wo es angeblich war: im Meer. Auf seine Art hatte Javid es schließlich doch geschafft, mir vor seinem Märchenwesen Furcht einzujagen.

Schließlich hatten wir die breite Treibholzbarriere überklettert und standen direkt am Pazifik. Die Mittagssonne stach vom Himmel und das helle Licht blendete mich. Wasser überspülte den Strand. Überall hatten Ebbe und Flut Holzstücke und Berge aus Seetang zurückgelassen. Auf der Gezeitenlinie glänzten glatt geschliffene Steine, Krabbenpanzer und leere Muschelschalen in der schaumigen Gischt. Es roch jetzt noch stärker nach Fisch und Muscheln. Als ich mir über die Lippen leckte, schmeckten sie salzig.

Ich blickte mich um. Rechts von uns krümmte sich der weite, sandige Bogen des Sooes Beach. Links ragten zerklüftete Felsen aus dem Meer, die wie Buckel merkwürdiger Urtiere anmuteten. Vereinzelte, sturmzerzauste Nadelbäume krallten sich darauf fest.

Das Ungeheuer Sisiutl ging mir nicht aus dem Sinn und ich dachte, dass vermutlich auch diese Felsen versucht hatten vor ihm zu fliehen. Jedenfalls sahen sie so aus.

»Ist dieser Ort okay?«, fragte Javid.

Ich nickte, noch ganz überwältigt vom Anblick, der sich mir in jeder Richtung bot. »Ich weiß gar nicht, was ich zuerst malen soll«, sagte ich. »Den Strand und das Meer, die Felsen oder die Treibholzstämme.« So viele Möglichkeiten.

Javid lachte. »Lass dir Zeit, niemand drängt dich.«

»Hast du nicht Besseres vor, als hier auf mich zu warten?«, fragte ich skeptisch. Ich wollte ihm nur ja nicht zur Last fallen.

»Ich will versuchen ein paar Fische zu fangen«, erwiderte er. »Kümmere dich gar nicht um mich.«

»Badet hier niemand?« Ich wunderte mich darüber, dass wir ganz allein am Strand waren.

Javid schüttelte den Kopf. »Nur hin und wieder ein paar Verrückte. Das Wasser ist zu kalt und die Strömung zu gefährlich.«

Ich wählte einen silberweißen Stamm, der so dick war, dass ich meine Farben bequem darauf ausbreiten konnte. Das steife Aquarellpapier hatte ich mit Klammern auf einer harten Pappe festgeklemmt, die mir als Unterlage diente. In meinem Plastikbecher holte ich Wasser aus dem Meer, um darin die Pinsel ausspülen zu können.

Ich setzte mich und fing einfach an. Da gab es kein Nachdenken mehr, kein Überlegen. Der Pinsel übertrug meine Gefühle, meine Gedanken. Ganz von allein fand er die richtige Mischung auf der Palette und zauberte in kräftigen Strichen und weichen Tönen auf das Papier, was meine Augen sahen, und auch, was sie nicht sahen. Ich verschwand in einer Welt aus Farben und war auf einmal von einem beschwingten Gefühl der Leichtigkeit erfüllt. So entstand ein Bild vom gischtglimmernden Meer, durchbrochen von Felsenbuckeln, die wie Geister aus der unergründlichen Tiefe anmuteten.

Javid, der mit einer langen Angelschnur an der Brandung stand, nahm ich kaum noch wahr. Irgendwann saß er jedoch wieder neben mir und beobachtete wortlos, was ich tat. Sonst mochte ich es nicht, wenn mir jemand beim Malen zusah. Aber Javid störte mich nicht und ich arbeitete weiter.

Nach einer Weile warf ich ihm einen Seitenblick zu und merkte, dass er mich gar nicht mehr beim Malen beobachtete, sondern ganz versunken auf das Meer hinaussah. Zu seinen Füßen lagen zwei große tote Fische mit silbernen Schuppen und aufgesperrten Mäulern. Ihre stumpfen Augen starrten mich an.

»Es tut mir Leid«, sagte ich. »Aber wenn ich male, vergesse ich alles um mich herum.«

Javid wandte mir sein Gesicht zu und ich hatte den Eindruck, als kehre auch er aus einer anderen Welt zurück. Einer Welt, die ich nicht kannte.

»Ich weiß«, sagte er und lächelte. Als er in diesem Augenblick nach meinem Haar fasste, zuckte ich nicht zurück. Er nahm eine Strähne zwischen Daumen und Zeigefinger und rieb sie. »In der Sonne leuchtet es wie Kupfer und Gold«, sagte er. »Es ist, als würde ich in eine Schatztruhe greifen.« Das Blut schoss mir ins Gesicht. »Dein Vater hat helles Haar, also musst du das Kupfer von deiner Mutter geerbt haben.« Fragend sah er mich an.

Ich legte vorsichtig den Pinsel aus der Hand und mein fertiges Bild zur Seite. »Meine Mutter hatte ganz schwarze Haare so wie du«, sagte ich und stellte verwundert fest, dass ich darüber reden konnte, ohne dass es weh tat in der Kehle – und im Herzen.

»Sie *hatte?*« Javids Blick bekam etwas Ernstes. Ein

anderer hätte dieses kleine Wörtchen vielleicht über-
hört, aber nicht Javid Ahdunko. Seinem wachsamen
Geist entging nichts.

»Meine Mutter hatte Krebs«, sagte ich und sah ihm
dabei in die Augen. »Sie ist vor einem halben Jahr gestorben.« Nun war es raus. Endlich hatte ich mich
durchgerungen es ihm anzuvertrauen.

Javid strich mir mit einer teilnahmsvollen Geste das
Haar aus der Stirn. »Warum hast du es mir nicht eher
gesagt, Sofie?«

Mir gefiel, wie mein Name aus seinem Mund klang.
Als er ihn an diesem Nachmittag das erste Mal aus-
sprach, löste sich meine Furcht, von Javid enttäuscht
zu werden, endgültig. Sie flog davon wie Papier-
schnipsel im Wind. Ich fühlte mich seit langer Zeit
wieder angenommen, wie ich war.

»Weil mir die Kehle brennt, wenn ich von ihr rede«,
sagte ich. »Weil ich dann jedes Mal weinen muss,
wenn mir bewusst wird, wie sehr sie mir fehlt.«

Javid rutschte näher an mich heran und legte tröstend seinen Arm um meine Schulter. »Hab doch einfach den Mut, traurig zu sein. Du musst sie loslas-
sen.«

»Ich versuche es ja.«

»Aber du weinst gar nicht«, stellte er fest.

»Das passiert mir zum ersten Mal. Sonst muss ich
immer weinen, wenn ich an sie denke.«

»Es ist das Meer«, behauptete Javid. »Es hat die
Macht, Wunden in die Herzen der Menschen zu rei-

ßen, aber es kann sie auch heilen. Ich komme oft hierher. Dann weiß ich, dass ich meinem Vater ganz nah bin.«

Als Javid seinen Vater erwähnte, erschrak ich heftig. Es war schon später Nachmittag, die Zeit war wie im Fluge vergangen. Mein Vater würde längst aus Port Angeles zurück sein und sich Sorgen um mich machen. Bestimmt konnte ich mir eine saftige Predigt anhören. Vielleicht würde er mir sogar verbieten allein mit Javid unterwegs zu sein.

»Ich muss zurück«, sagte ich, »auch wenn ich gerne noch bleiben würde. Mein Vater wird nur selten wütend, aber wenn er sich ernsthaft Sorgen um mich macht, dann kann er es werden. Seit Mama nicht mehr da ist, hat er sich verändert. Manchmal verstehe ich ihn einfach nicht.«

»Eigentlich wollte ich dich noch zu einem Fischessen einladen«, sagte Javid, ohne auf meine letzten Worte einzugehen.

»Dann lass uns fahren!«

»Nein«, meinte er kopfschüttelnd. »Ich wollte ein Feuer machen und sie braten.«

»Hier?«

»Ja, warum nicht?«

»Darf man denn so einfach ein Feuer am Strand machen?«

»Natürlich.« Er sah mich ungläubig an. »Es ist schließlich unser Strand.«

»Ein anderes Mal vielleicht«, schlug ich vor. »Aber

jetzt muss ich wirklich nach Hause, sonst bekomme ich mächtigen Ärger.«

Bevor ich aufstehen konnte, legte Javid seine Hand auf meinen Arm und deutete mit dem Kopf auf das Bild. »Du kannst gut malen, es gefällt mir. Es gefällt mir sehr.«

Mir gefiel das Bild auch, was nicht sehr oft vorkam. »Ich habe noch nie mit Salzwasser gemalt«, sagte ich. »Die Farben werden ganz anders, irgendwie intensiver.«

Ich packte zusammen und wir kletterten wieder über die schöne und gefährliche Treibholzbarriere. In einer Hand trug Javid die großen Fische, durch deren offene Mäuler er einen Draht gezogen hatte. Mit der anderen führte er mich sicher über die Stämme. Der Weg zurück erschien mir viel zu kurz, um mich wieder auf meinen besorgten Vater einzustellen.

Als wir am Waatch River entlangfuhren, sah ich Kinder und Jugendliche im Süßwasser baden. Es war sehr warm geworden und ich hatte auch Lust, schwimmen zu gehen. Zwar hatte ich vorsorglich meinen Badeanzug eingepackt, weil ich irgendwie geglaubt hatte im Meer baden zu können, aber daraus würde wohl nichts werden. Jetzt hieß es, so schnell wie möglich ins Motel zurückzufahren, damit mein Vater sich nicht unnötig Sorgen machte und zu viel Zeit hatte, um über strengere Regeln nachzudenken.

 **10. Kapitel**

Unser roter Leihwagen stand bereits vor dem Motel, als Javid den Pick-up daneben abstellte.

»Er ist schon da«, sagte ich beklommen. Bestimmt konnte ich mir einiges anhören.

»Keine Angst, Copper. Meine Mutter hat ihm sicher gesagt, wo wir hingefahren sind.«

Ich hoffte, Papa würde das genügen. Nachdem ich mich bei Javid bedankt hatte, eilte ich die Außenstufen nach oben und klopfte an die Zimmertür meines Vaters. Zur Antwort bekam ich nur ein Brummen. Ich ging hinein und fand ihn auf seinem Bett sitzend, wie er die Karte der Olympic-Halbinsel studierte.

»Wo warst du?«, fragte er unwirsch und musterte mich eindringlich.

»Hi, Papa«, antwortete ich. »Schön, dass du wieder da bist. Wie geht es deinem Zahn?«

»Er ist draußen«, nuschelte er, »aber du hast meine Frage noch nicht beantwortet.«

»Ich war am Meer und habe gemalt. Hat Freda dir das nicht ausgerichtet?«

»Ich habe Freda nur kurz gesprochen und ja, sie sagte etwas von Strand. Ich bin den ganzen Strand von Neah Bay abgelaufen, aber dich habe ich nirgends gesehen. Wo warst du?«

Nun hörte er sich gar nicht mehr freundlich an. Papa schien sich in seinen Ärger hineinsteigern zu wollen. Seine Stimme hatte diesen seltsamen Klang, der nach einer eindeutigen Antwort verlangte. Wenn er so war, mochte ich ihn überhaupt nicht.

»Ich war mit Javid am Sooes Beach, auf der anderen Seite des Kaps.« Zum Beweis reichte ich ihm mein Bild und setzte mich in einen der schäbigen Polstersessel. »Es gibt da eine Menge wunderschöne Motive, das solltest du dir auch mal ansehen. Vielleicht kannst du dort ein paar interessante Fotos machen.«

Oje, ich hatte genau das Falsche gesagt. Er war sauer und hatte Schmerzen, das ließ er mich nun spüren. »Habe ich das richtig verstanden, junge Dame?«, brauste er auf. »Du kennst dich hier schon so hervorragend aus, dass du glaubst mir sagen zu müssen, was ich mir ansehen soll?« Es klang erbärmlich, weil er noch Zellstoff im Mund hatte und nicht richtig reden konnte. »Ich dachte, wir sind hierher gekommen, weil wir die Gegend gemeinsam erkunden und etwas mehr Zeit miteinander verbringen wollen.«

Ich hatte keine Angst vor meinem Vater. Er hatte noch nie die Hand gegen mich erhoben, auch nicht, als ich noch klein war. Ich wusste, dass er sich auch im größten Ärger nicht dazu hinreißen lassen würde, mich zu schlagen. Aber wenn er einmal eine Strafe verhängte, dann blieb er dabei. *Konsequenz* nannte er das und ich hatte ihn und Mama oft darüber diskutieren hören. Seiner Meinung nach war meine Mutter nie konsequent genug gewesen, wenn es darum ging, mich zu erziehen. Sie wiederum behauptete, dass es leicht sei, konsequent zu sein, wenn man nur selten einmal zu Hause war.

Ich hatte nicht vor meinen ohnehin schon aufgebrachten Vater noch zusätzlich zu reizen, weil mir das ganz sicher nichts Gutes bringen würde. Trotzdem sprudelten die Worte aus mir heraus wie Wasser aus einem Leck: »Wir waren zusammen unterwegs, Papa, aber geredet haben wir weder über uns noch über Mama. Du redest über alles Mögliche, nur nicht über sie. Und hergekommen bist du in erster Linie, weil du einen Job zu erledigen hast. Mich hast du nur mitgenommen, damit du kein schlechtes Gewissen haben musst. Es funktioniert aber nicht so, wie du dir das vorgestellt hast, Papa. Merkst du das nicht?«

Mein Vater sprang auf und hob die Hände, als wolle er etwas erwidern, aber dann blieb er doch still. Er sah mich nur seltsam an, als wäre ich eine Fremde für ihn.

»Ich habe Javid gern und er hat Zeit für mich«, sagte ich. »Er hilft mir das Land und die Leute zu verstehen. Was ist so schrecklich daran?«

Mein Vater schüttelte langsam den Kopf, als könne er nicht begreifen, was ihm gerade in den Sinn kam. »Du hast dich verändert, seit wir hier in Neah Bay sind, Sofie«, sagte er leise. Er betrachtete mich, als wäre ich vollkommen neu für ihn.

»Wir sind erst seit zwei Tagen hier«, erinnerte ich ihn.

»Das ist es ja gerade. Es erschreckt mich, wie schnell so etwas gehen kann.«

Ich rutschte ein Stück aus dem Sessel. »Was kann schnell gehen, Papa?«

»Dass aus meinem kleinen Mädchen eine junge Frau wird.«

Er klang auf einmal nicht mehr verärgert, nur verwirrt. Und ich war auch durcheinander. Hatte ich mich tatsächlich so verändert? Ich selbst spürte davon nichts. Auch der Spiegel zeigte es mir nicht. Ich wusste nur, dass ich dauernd an Javid denken musste. An seinen Kuss und an die Dinge, die er mir gesagt und gezeigt hatte. Und wenn ich an Javid dachte, konnte ich nicht an Mama denken. Fast bekam ich deswegen ein schlechtes Gewissen.

»Komm mal her zu mir!«, bat mein Vater mit versöhnlicher Stimme und streckte seine Hand nach mir aus. Das war etwas, das ich auch nicht an ihm mochte. Ich saß und er stand. Wenn er etwas von mir wollte, warum kam er dann nicht? Warum forderte er mich auf zu ihm zu kommen, damit er mich umarmen konnte? Mama hatte das nie gemacht. Sie war immer zu mir gekommen, egal, wo ich gerade stand oder wohin ich mich verkrochen hatte.

Aber weil ich froh war, dass Papa mir nicht mehr grollte, und weil sie ihm heute einen Zahn gezogen hatten, stand ich gehorsam auf und ging zu ihm. Er drückte mich an sich. Wahrscheinlich wollte er mir damit zeigen, dass er mir verzieh, dass er für mich da war. Aber in Wirklichkeit war ich für ihn da. Er war mir kein Halt, nein, er war es, der sich an mir festhielt. Das wurde mir in diesem Augenblick klar.

Vielleicht hatte er Recht und ich war tatsächlich dabei, mich zu verändern. Vielleicht lag das an dem Kuss, den ich von Javid bekommen hatte. Oder daran, dass er mich Sofie genannt hatte, auch wenn es nur ein einziges Mal vorgekommen war.

»Auf der Rückfahrt habe ich in Clallam Bay ein nettes Austernrestaurant entdeckt«, sagte Papa, nachdem er mich wieder losgelassen hatte. »Ich lade dich zum Abendessen ein.«

»Kannst du denn schon wieder was essen?«, fragte ich stirnrunzelnd. Eigentlich hatte ich keine Lust, essen zu gehen.

»Austern kaut man nicht«, meinte er mit einem schiefen Lächeln. »Austern schlürft und schluckt man. Außerdem habe ich jetzt richtigen Hunger. Muss an der Meeresluft liegen.«

Papa wusste genau, dass ich kein Austernfan war. Aber weil er mir nicht mehr grollte, wollte ich mich gleichfalls von der versöhnlichen Seite zeigen und ihm nicht den Abend verderben. In diesem Restaurant gab es sicher auch einfachen Fisch. »Okay«, sagte ich, darauf bedacht, fröhlich zu klingen. »Ich will nur schnell duschen und etwas anderes anziehen.«

Bis nach Clallam Bay waren es ungefähr 20 Meilen. Papa parkte den Chevy vor »Eddies Austern Bar«. Es war ein altes Gebäude, verkleidet mit blau gestrichenen Holzschindeln. Auf der Rückseite hatte es eine glasverkleidete Veranda, von der aus man über die Seestraße von Juan de Fuca bisnach Kanada sehen konnte.

Wir bekamen einen Tisch direkt hinter der großen Scheibe zugewiesen. Das war eine merkwürdige Sitte in Amerika: Selbst in einem ganz normalen Lokal durfte man sich nicht einfach setzen, auch dann nicht, wenn sämtliche Tische frei waren. Man musste brav am Eingang stehen bleiben und warten, bis man vom Personal einen Platz zugewiesen bekam.

Der Kellner, ein glatzköpfiger, magerer Mensch mit einem Raubvogelgesicht, brachte uns die Speisekarte. Das Angebot an Speisen war nicht sonderlich ausgiebig, deshalb hatten wir schnell gewählt. Ich entschied mich für gebackenen Thunfisch mit Folienkartoffeln und mein Vater natürlich für frische Austern. Mit einem missmutigen Lächeln nahm der Kellner unsere Bestellung entgegen.

»Vielleicht hat er heute Post vom Finanzamt bekommen«, meinte Papa achselzuckend, als der Mann wieder in der Küche verschwunden war.

»Vielleicht mag er aber auch keine Gäste«, entgegnete ich.

»Dann sollte er schleunigst den Job wechseln.«

Das war typisch für uns beide. Es gab so viel zu sagen und wir redeten über nichts. Darin waren Papa und ich Weltmeister.

Mein Vater hatte immer noch ein verformtes Gesicht, aber im Gegensatz zu heute Morgen war die Schwellung schon deutlich zurückgegangen. »Wird es langsam besser?«, fragte ich ihn.

»Ja. Der Zahn war vereitert und nicht zu retten. Nun heilt alles. Ich habe Antibiotika bekommen.«

»Hattest du Angst?«

Papa lächelte über meine Frage. »Ein bisschen vielleicht. Wenn der Zahn vereitert ist, wirkt die Betäubung nicht richtig. Es hat weh getan, aber die Zahnärztin war schnell und geschickt. Jetzt bin ich froh, dass ich es hinter mir habe und wieder richtig arbeiten kann.«

Er musterte mich eindringlich und sagte: »Wo wir einmal beim Thema sind, ich würde morgen gerne im Regenwald fotografieren. Hab mich umgehorcht und die meisten Leute haben mir die Gegend am Hoh River empfohlen. Dort soll es besonders schön sein. Das Wetter wird sich halten und ich will morgen da Aufnahmen machen.« Nach einer kurzen Pause fügte er hinzu: »Ich möchte, dass du mitkommst.«

Ich hob die Schultern. »Vielleicht.«

Er schüttelte den Kopf, als hätte ich ihn falsch verstanden. »Nicht vielleicht, Sofie. Ich will nicht, dass du schon wieder den ganzen Tag mit diesem Javid in der Gegend herumschwirrst.«

Verletzt und ungläubig blickte ich ihn an. Ich hatte

meinen Vater immer für einen offenen Menschen gehalten, tolerant gegenüber Andersartigen und Andersdenkenden. Aber augenscheinlich hatte er ein Problem damit, dass ich mit Javid Ahdunko befreundet war. Mich interessierte brennend, ob es daran lag, dass Javid ein Junge war, oder daran, dass er Indianer war.

Der Kellner mit dem Vogelgesicht brachte unser Essen. Ich nahm das Besteck in die Hand und starrte auf meinen Teller.

»Wieso sagst du nichts?«, fragte mein Vater.

»Ich schwirre nicht herum«, antwortete ich leise. »Ich habe gemalt.«

»Das kannst du morgen im Regenwald auch.« Er begann seine Austern zu schlürfen.

»Darum geht es doch gar nicht.«

Er sah auf, die Augenbrauen fragend nach oben gezogen. »Worum dann?«

»Darum, dass du es nicht ertragen kannst, dass sich ein Junge für mich interessiert. Noch dazu einer mit brauner Haut und langen Haaren. Es stört dich, dass ich nicht mehr deine kleine Sofie bin, über die du bestimmen kannst, wie du willst.«

Papa schluckte und hielt inne. Diese Antwort hatte er nicht erwartet und offensichtlich traf sie ihn.

»Dieser Javid Ahdunko ist kein Junge mehr, Sofie, er ist ein junger Mann«, warf er schließlich ein.

»Javid ist sechzehn, Papa. Nur ein einziges Jahr älter als ich.«

»Ja, verdammt noch mal, vielleicht ist er nur ein Jahr älter als du. Aber sieh dir den Burschen doch an: Er ist nicht mehr dürr und pickelig wie die meisten Jungs in seinem Alter. Javid ist groß und kräftig wie ein Mann und scheint genau zu wissen, was er will.«

»Deshalb mag ich ihn ja«, sagte ich bissig.

Papa kleckerte die nächste Auster auf sein Hemd und ich musste mir ein Lachen verkneifen.

»Bist du etwa in Javid verliebt?«, fragte er in einem Tonfall, als ob das etwas wäre, das einfach nicht zu mir passte. Zu Sofie, der rothaarigen, dünnen Sofie mit den schlabberigen grauen Klamotten und einem Farbkasten als ständigem Begleiter. Sofie Tanner, die nichts anderes als ihre Malerei im Sinn hatte.

Ich zuckte die Achseln.

Nun wurde mein Vater erst richtig nervös. »Hat er . . . habt ihr . . .?« Argwöhnisch blickte er mich an.

»Nein«, sagte ich. »Was auch immer du fragen wolltest.«

»Sofie«, sprach er in plötzlich versöhnlichem Tonfall auf mich ein, »du bist zum ersten Mal in deinem Leben richtig verliebt und zeigst diesem Jungen, den du überhaupt nicht kennst, so offen deine Wünsche. Er stammt aus einer fremden Kultur und denkt ganz anders als wir. Das macht dich doppelt verwundbar. Ich will einfach nicht, dass du schmerzliche Erfahrungen machst.«

»Vielleicht ist es an der Zeit, dass ich endlich mal eigene Erfahrungen mache«, protestierte ich. »Und wieso glaubst du eigentlich, Javid könnte es nicht ehrlich meinen?«

»Ihr kennt euch doch erst seit zwei Tagen.«

»Na und? Nach zwei Tagen warst du mit Mama bereits im Bett«, sagte ich wütend. »Während Javid mir nur zugesehen hat, wie ich Farbe aufs Papier bringe.« Das war nicht ganz die Wahrheit, aber von Javids Kuss brauchte er schließlich nichts zu wissen.

Papa blieb einen Moment der Mund offen stehen. »Woher weißt du das?«

»Ich war dabei.«

»Nein.« Er schüttelte den Kopf. »Ich meine, das mit Mama und mir.«

»Sie hat es mir erzählt. Im Gegensatz zu dir habe ich mit Mama über alles reden können. Sie war meine beste Freundin. Sie hat mir zugehört und mich verstanden. Und sie wusste immer einen Rat.«

Ich wollte es nicht, aber jetzt liefen mir doch Tränen über die Wangen. Der Tag mit Javid war so schön gewesen und nun machte Papa alles kaputt. In diesem Augenblick wünschte ich mir, ich könnte mit meiner Mutter hier sein und nicht mit ihm. Sie hätte mir zugehört und alles wäre in bester Ordnung gewesen.

»Sag mir mal eines: Warum sind wir eigentlich zusammen nach Amerika geflogen?«

Resigniert hob Papa die Hände. »Es war ein Versuch.«

Ich warf zornig meine Gabel auf den Teller, dass es laut klirrte, sprang auf und verließ das Restaurant.

Was er da gesagt hatte, machte mich verdammt wütend. Noch viel wütender, als ich es vorher schon war. Dass er so schnell aufgab und sich wieder in sein Schneckenhaus zurückzog! Niemals hätte ich das von ihm gedacht. Er ließ mich schon wieder allein.

Ich hatte wirklich nicht die geringste Lust, mit ihm in den Regenwald zu fahren, obwohl ich andererseits verdammt neugierig darauf war. Ich hatte keine Lust, mit ihm überhaupt irgendwohin zu fahren. Sollte er doch seine dämlichen Fotos machen und mich einfach in Ruhe lassen.

Am steinigen Ufer der Meerenge machte ich Halt. Sogar hier gab es Ebbe und Flut, wenn auch nicht mehr so deutlich wie am Sooes Beach. Muschelschalen und Krabbenpanzer lagen an der schaumigen Wasserlinie. Möwen stocherten mit ihren gelben Schnäbeln darin herum, in der Hoffnung, etwas Essbares zu finden. Als der Koch einen Eimer mit Küchenabfällen ans Ufer schüttete, flogen sie dorthin, um sich an den Leckerbissen gütlich zu tun.

Die Sonne ging langsam unter und ich dachte an den Sonnenuntergang am Cape Flattery und an Javids Kuss. Vielleicht war er nur ein Traum gewesen, nur Einbildung. Vielleicht hatte ich alles falsch verstanden. Seit jenem Abend hatte Javid nicht wieder versucht mich zu küssen. Natürlich musste er denken, dass ich es nicht wollte, so wie ich mich benommen hatte. Und dabei sehnte ich mich doch danach. Vielleicht fühlt sich Liebe so an, dachte ich.

Nach einiger Zeit kam mein Vater zum Ufer herunter. Natürlich hatte er erst bezahlt, bevor er losgegangen war, um mich zu suchen. Er legte seine Hand versöhnlich auf meine Schulter. »Ich habe nachgedacht«, sagte er mit sachlicher Stimme. »Du bist fünfzehn und ich kann dich nicht zwingen, noch kann ich dich vor etwas beschützen, vor dem du gar nicht beschützt werden willst. Wie wäre es mit einem Waffenstillstand?«

Ich blickte ihn ungläubig von der Seite an.

»Auch wenn es mir nicht leicht fällt, will ich versuchen zu akzeptieren, dass du Javids Gesellschaft der meinen vorziehst«, sagte er. »Zugegeben, er sieht viel besser aus als ich.«

Ungewollt lächelte ich. »Und was muss ich dafür tun?«

»Dieses Land ist rau und es hat die Denkweise der Menschen hier geprägt. Eine Denkweise, die wir Europäer nie ganz verstehen werden. Wer die Regeln nicht kennt, die hier gelten, kann schnell was falsch machen. Deshalb möchte ich immer wissen, wo du bist. Tu nichts Unüberlegtes und sei vorsichtig.«

»Das ist alles?«

»Es ist viel für jemanden, der so jung ist wie du und der in anderen Menschen nur das Gute sieht.«

»Okay«, sagte ich. »Ich werde nichts Unüberlegtes tun und vorsichtig sein. Außerdem werde ich dich immer wissen lassen, wo ich bin. Dafür wirst du mich nicht mehr wie ein kleines Kind behandeln und mir einfach ein bisschen vertrauen.«

»Okay.« Er hielt mir seine Hand hin und nach einigem Zögern schlug ich ein.

Als wir ins Motel zurückkehrten, brannte Licht in Javids Zimmer. Obwohl ich gerne noch zu ihm gegangen wäre, wollte ich Papas Vertrauen und unseren Waffenstillstand nicht gefährden und beließ es dabei.

Mein Vater sagte mir, dass er am nächsten Morgen um sieben Uhr frühstücken und danach gleich losfahren würde. »Wenn du doch noch mitwillst, musst du bereit sein.« Das war ein faires Angebot und ich wünschte ihm eine gute Nacht.

 11. Kapitel

Obwohl ich eine Frühaufsteherin war und meistens keinen Wecker brauchte, versagte an diesem Morgen meine innere Uhr. Als ich mich gähnend im Bett streckte und darüber nachdachte, meinen Vater vielleicht doch in den Regenwald zu begleiten, war es schon zu spät. Ich hatte verschlafen und er war weg. Dass er nicht versucht hatte mich zu wecken, nahm ich als gutes Zeichen. Er akzeptierte meine Entscheidung, und das war ein enormer Schritt nach vorn.

Ich zog mich an und ging nach unten, aber der kleine Raum, in dem es sonst morgens so gut nach Kaffee roch, war leer. »Hallo«, rief ich, weil ich irgendwo Stimmen hörte.

Auf einmal stand ein Mädchen in der Tür, eine Indianerin mit langem Haar, einem schmalen Gesicht und ebenso großen schwarzen Augen, wie Javid sie hatte.

»Kann ich dir irgendwie helfen?«, fragte sie freundlich aber mit einer gewissen Zurückhaltung.

Ich war so verwirrt über ihre Anwesenheit, dass ich kein vernünftiges Wort hervorbrachte. Da tauchte Javid hinter dem Mädchen auf. »Hi Copper«, sagte er gut gelaunt. »Darf ich dir meine Kusine Alisha vorstellen? Alisha, das ist Sofie aus Deutschland. Bis zum Stammesfest wohnt sie mit ihrem Vater bei uns.«

Alisha lächelte verhalten. Mehr als ein »Hi« brachte sie nicht heraus.

»Schönen Gruß von deinem Vater«, sagte Javid zu mir. »Er hat gesagt, es kann spät werden und du sollst dir keine Sorgen um ihn machen.«

Ich nickte. »War das alles?«

Javid grinste breit. »Ich soll gut auf dich aufpassen.«

Ich wurde rot und Alisha verließ mit verdrehten Augen den Raum. Das Ganze musste ihr ziemlich kindisch vorkommen.

Javid schüttelte den Kopf und lachte. »Alisha ist ganz in Ordnung, glaub mir. Sie denkt nur manchmal, sie wäre schon erwachsen, dabei ist sie erst 17.«

»Was macht sie hier?«, wollte ich wissen.

»Meine Mutter ist heute nach Port Angeles gefahren, sie hat da eine Menge zu erledigen. Deswegen ist Alisha hier. Sie hilft in den Ferien manchmal aus und verdient sich ein paar Dollar.«

»Und warum übernimmst du das nicht?«

»Tu ich ja meistens. Aber mittwochs habe ich einen Job bei der Müllabfuhr, da verdiene ich besser als bei meiner Mutter.« Er blickte auf die Uhr an der Wand. »Ich muss gleich los. Was machst du heute?«

Tja, das war eine gute Frage. Mein Vater war fort und würde erst am Abend wiederkommen. Javid hatte auch keine Zeit für mich, wie ich gerade erfahren hatte. Ich würde mir ein Plätzchen suchen, an dem ich in Ruhe malen konnte. Aber erst einmal musste ich zu einem Frühstück kommen. Ich hatte nicht nur Hunger, sondern auch Appetit. Großen Appetit. Aus unerfindlichen Gründen war er zu mir zurückgekehrt und meldete sich jetzt hartnäckig.

Ich zuckte die Achseln und sagte: »Ich werde malen, irgendwo.«

Javid nickte. Vermutlich hatte er nichts anderes erwartet. »Sieh dir doch mal unser Museum an«, schlug er vor. »Es lohnt sich. Ist zu Fuß gar nicht weit.«

»Ja«, sagte ich, »vielleicht.« Keine Verabredung. Darüber war ich ziemlich enttäuscht, denn Javid würde ja sicherlich nicht den ganzen Tag mit Müll beschäftigt sein.

»Hast du schon was gegessen?«

Ich schüttelte den Kopf.

»Alisha ist in der Küche. Sie macht dir bestimmt was. Ich muss jetzt wirklich los«, sagte er, beugte sich über mein Gesicht und gab mir einen raschen Kuss auf den Mund. »Bis dann, Copper.« Und weg war er.

Mein Bauch knurrte und mir war schwindelig, wobei ich nicht wusste, ob das Schwindelgefühl eine Folge meines leeren Magens oder doch eher die Nachwirkung von Javids Kuss war. Wie dem auch sei, um keinen Preis würde ich zu dieser Alisha in die Küche gehen und sie um etwas zu essen bitten. Ich ging zurück in mein Zimmer, aß einen Müsliriegel und einen Apfel und trank Leitungswasser aus dem Zahnputzbecher dazu.

Dabei überlegte ich, wie ich meinen Vormittag verbringen wollte. Es war warm draußen. Inzwischen hatte die Sonne den Morgennebel, der wie graue Watte über dem Ort lag, fast besiegt. Ich zog das einzige Sommerkleid an, das ich besaß. Mama hatte es aus vielen blauen und grünen Stoffstücken genäht und mir zum Geburtstag geschenkt. Meine Mutter war Kostümschneiderin gewesen und konnte hervorragend nähen. Sie hatte versucht es mir beizubringen, aber der Umgang mit Nadel und Faden oder der Nähmaschine lag mir nicht. Ich brachte es darin nicht weit. »Sei nicht enttäuscht, Sofie«, hatte sie zu mir gesagt, »deine Fähigkeiten liegen eben auf einem anderen Gebiet. Das hat die Natur so eingerichtet, damit jeder Mensch die Chance hat, etwas Besonderes zu sein.«

Seufzend blickte ich in den dunklen Spiegel an der Wand. Das Kleid war wirklich schön. Ärmellos und weit, fast knöchellang, aus leichtem Stoff in den verschiedensten Blau- und Grüntönen. Obwohl es Pastellfarben waren, fand ich das Kleid für meine Begriffe ganz schön bunt. Nur Mama zuliebe hatte ich es manchmal getragen.

»Grün und Blau trägt Kasper seine Frau«, hatten sie mir in der Schule nachgerufen und mich spöttisch gefragt, ob ich in anderen Umständen wäre. Darüber konnten sie sich dann ausschütten vor Lachen. Ich fand das einfach nur dumm. Schließlich machte ich mich auch nicht lustig über ihre schwarzen Einheitsklamotten, in denen sie aussahen wie große schwarze Vögel. Ich fand *sie* seltsam gekleidet und nicht mich.

Aber damit stand ich ziemlich alleine da, denn sie waren eindeutig in der Überzahl.

Ich packte meine Maltasche zusammen und machte mich auf den Weg zum Museum. Warum nicht?, dachte ich. Papa würde es bestimmt gefallen, wenn er erfuhr, dass ich mich kulturell gebildet hatte. Und zwar ohne Javid Ahdunkos Begleitung.

Die Hauptstraße war fast menschenleer. Ein bisschen wunderte mich das, denn Neah Bay sollte laut Freda mehr als 1 800 Einwohner haben. Wo waren sie alle? Schliefen sie noch? Ein großer Teil der Erwachsenen arbeitete vielleicht außerhalb des Reservats. Ich sah ein paar kleine Kinder, aber wo waren die Jugendlichen in meinem Alter? Ich nahm nicht an, dass sie mit ihren Eltern in Urlaub gefahren waren. Javid hatte mir erzählt, dass er den Bundesstaat Washington noch nie verlassen hatte, und vermutlich ging das den meisten anderen hier genauso.

Umherzufahren und sich fremde Gegenden anzusehen kostete Geld – wenigstens das Benzingeld und die meisten Makah kamen gerade so über die Runden. Da blieb nichts übrig, um sich irgendwelche Träume zu erfüllen.

Ich wanderte die Straße entlang, beschwingt von Javids Kuss. Wenn mir doch mal jemand begegnete, sah er an mir vorbei, als wäre ich unsichtbar. Selbst die Kinder beachteten mich nicht. Es kam mir seltsam vor, aber weil ich es von zu Hause gewohnt war, machte ich mir keine Gedanken darüber.

Nachdem ich den Ortsausgang erreicht hatte, konnte ich den Eingang zum Museumsgelände bereits sehen. Zwei geschnitzte Totempfähle trugen das Brett mit dem Willkommensgruß. Das Museumsgebäude selbst war ein großer, flacher Betonbau mit einem Dach aus silbergrauen Zedernschindeln. Auf dem asphaltierten Parkplatz davor standen einige Autos und eine blonde amerikanische Familie mit fünf Kindern stieg gerade aus ihrem Kleinbus.

Ich betrat das Gebäude durch die Schwingtür und wurde von einem gedämpften, eigenartigen Gebrüll empfangen, das mich sofort neugierig machte. Ich bezahlte meinen Eintritt an der Kasse und ging langsam dem Gebrüll nach, das kurzzeitig verklungen war und nun aufs Neue einsetzte.

In den abgedunkelten Räumen des Museums waren die Vitrinen mit den Ausstellungsstücken spärlich, aber raffiniert beleuchtet. Ich studierte die Informationstafeln und erfuhr, dass man dieses Museum 1979 gebaut hatte, einige Jahre nachdem durch einen Erdrutsch das alte Walfängerdorf Ozette freigelegt worden war. Ozette war eines der fünf alten Dörfer gewesen, die die Makah in der Vergangenheit bewohnt hatten. Vor 500 Jahren war es bei einem Seebeben unter Erdmassen begraben worden und über all die Jahre hatten die Artefakte zum Teil hervorragend konserviert unter der Erde überdauert. Die wichtigsten und schönsten Stücke waren seither in diesem Museum zu bewundern.

Ich sah mir alles genau an: die Bastkörbe mit ihren wunderschönen und kunstvollen Verzierungen, die Holzmasken, Angelhaken und Harpunen. Die bemalten Zedernholzkästchen und das große Walfangkanu. Es war viel länger als Javids Kanu und auch geräumiger. Aber in seiner Form glich es dem Kanu im Schuppen, das darauf wartete, ans Licht des Tages gebracht zu werden und sich auf dem Meer zu bewähren.

Schließlich entdeckte ich auch, woher das seltsame Gebrüll kam. Es war ein großes Diorama mit ausgestopften Seelöwen vor einer fast echt wirkenden Kulisse. Per Knopfdruck begannen sie mit ihrem Gebrüll und im Hintergrund konnte man das Rauschen des Meeres hören. Ein kleiner blonder Bursche mit kurzen Hosen betätigte den Knopf mit gleich bleibender Faszination und leuchtenden Augen.

Ich betrat ein nachgebautes Langhaus aus dunklen Zedernplanken und wurde von Gerüchen überrascht: Zeder, Meer und Fisch. In der Mitte des Hauses flackerte ein künstliches Feuer. Ich setzte mich auf eine Bank an der Wand und ließ meinen Blick durch den dunklen Raum gleiten. Auf den Fotos und in den Vitrinen hatte ich genug gesehen, um eine gewisse Vorstellungskraft davon zu haben, wie die Makah vor hundert Jahren noch gelebt hatten. Ich versank vollkommen in einer anderen Welt und erwachte erst wieder, als die Familie mit den vielen Kindern das Zedernhaus betrat und der Radau mich weckte.

Draußen empfing mich die Sonne. Nach dem langen Aufenthalt im Dämmerlicht der alten Makah-Welt schloss ich einen Augenblick die Augen. Nur langsam gewöhnten sie sich wieder an das helle Licht des Tages.

Ich setzte mich auf eine Holzbank, die im Schatten einiger Sträucher stand, holte meine Farben und den Zeichenblock hervor und begann zu malen. Pinselwasser hatte ich diesmal in einer Trinkflasche bei mir und ich bannte die grün-weiß-rot bemalten Totempfähle mit ihren streng geometrischen Mustern aufs Papier. Dann malte ich aus dem Gedächtnis: Javids Kanu, das Meer und die Wale. Schwarz-weiße Giganten, die scheinbar mühelos aus dem Wasser sprangen, als wäre es Spiel. Die Orcas ließen mich einfach nicht los.

Ob die Walfamilie noch vor der Küste jagte? Waren Granny, Bob, Lopo, Conny und die dicke Mora noch da? Wie gerne würde ich noch einmal in ihrer Nähe sein, um ihnen beim Jagen oder Spielen zuzusehen. Aber Javids Onkel fuhr nur hinaus, wenn er mindestens vier Leute in seinem Boot hatte. Fredas neue Motelgäste, die gestern Abend gekommen waren, hatte ich überhaupt noch nicht zu Gesicht bekommen. Vermutlich war es aussichtslos, noch einmal drei Leute zu finden, die 50 Dollar für einen Bootsausflug bezahlen würden. Ich hätte Javid fragen können, aber ich wollte ihm keinesfalls damit auf die Nerven gehen.

Die Zeit verging schnell. Am frühen Nachmittag packte ich meine Sachen zusammen, verließ das Museumsgelände und lief zurück in den Ort. Im Supermarkt aß ich mit gutem Appetit einen Becher Muschelsuppe und kaufte Äpfel.

Auf dem Weg zum Motel hupte es plötzlich laut hinter mir. Erschrocken machte ich einen Satz zur Seite, die Maltasche an mich gepresst. Es war ein großes orangefarbenes Müllauto mit einem angeschmuddelten überdimensionalen Plüschteddy auf der Kühlerhaube. Hinten auf dem Tritt stand Javid. Er winkte, als er mich sah. Er trug Arbeitshandschuhe und eine rote Latzhose und sein Haar war grau vor Staub.

Das Müllauto hielt am Straßenrand. Javid sprang herunter und klemmte die Mülltonne in die Vorrichtung. Dann drückte er auf einen Knopf, die Tonne schwang nach oben und leerte sich automatisch.

Ich war jetzt bei ihm angelangt. Mit dem Arm strich er sich eine staubige Haarsträhne aus der Stirn und sagte: »Ich bin in einer halben Stunde fertig. Zieh schon mal Badesachen an und warte auf mich.« Dann sprang er wieder auf und das Auto rollte davon.

War das gerade eine Verabredung gewesen? Vermutlich. Es war eine Verabredung auf Makah-Art. Ein vages Wann und kein Wo. Trotzdem würde es funktionieren, da war ich mir sicher. Ich lief nicht, ich hüpfte nach Hause wie ein kleines Schulmädchen.

In meinem Zimmer zog ich das Kleid aus, um den Badeanzug anzuziehen. Ein Blick in den Spiegel machte bewusst, wie mager ich war. Von weiblichen Rundungen konnte keine Rede sein. Ich hatte spitze Hüften und Schultern. Die Knie sahen aus wie Knoten in einem Strick, weil meine Beine so dünn waren. Arme und Gesicht hatten schon ein bisschen Bräune abbekommen. Dafür war der Rest meines Körpers schrecklich weiß und meine Brüste wirkten dadurch noch winziger.

Wie würde Javid darauf reagieren, wenn er mich erst im Badeanzug sah? Spindeldürr. Noch konnte ich kneifen, aber das wollte ich nicht. Das hatte ich noch nie getan. Ich freute mich so darauf, mit ihm schwimmen zu gehen. Und wenn er mich wirklich mochte, dann würde er auch meinen Körper mögen, so, wie er nun mal war.

Ich zog die Träger des Badeanzugs nach oben und mein Kleid wieder drüber. Dann setzte ich mich mit meinem Walkman in einen der Gartenstühle auf der Wiese und wartete auf Javid. Als er endlich kam, sah er ziemlich geschafft aus.

»Was hörst du?«, fragte er laut.

Ich nahm die Kopfhörer ab. »Beethoven.«

»Oh.« Verwirrt sah er mich an.

»Schon mal was von ihm gehört?«

»Tatata – ta«, tönte aus seinem Mund das Anfangs-motiv von Beethovens Schicksalssymphonie.

Ich musste lachen.

»Was gibt es da zu lachen?«, fragte er verunsichert.

Ich hob die Schultern. »Ich hab einfach nicht damit gerechnet, dass du weißt, wer Beethoven ist.«

»Musikunterricht siebte Klasse«, erwiderte er lako-nisch. »*So pocht das Schicksal an die Pforte*, soll der Kom-ponist gesagt haben.«

»Stimmt.«

»Bist du fertig?«, fragte er und beendete damit das Thema.

»Ja.«

Javid brauchte zehn Minuten, um sich zu duschen und umzuziehen. »Der Job ist dreckig und anstren-gend«, sagte er, als er mit einer Decke und zwei Hand-tüchern unter dem Arm wieder aus seinem Zimmer kam. »Aber ich bekomme zehn Dollar die Stunde, das ist eine ganze Menge.«

»Und was machst du mit dem Geld?«

»Sparen«, sagte er und grinste. Javids nasses langes Haar glänzte in der Sonne. Er trug ein dunkelrotes T-Shirt mit einem stilisierten Donnervogel auf der Vor-derseite und abgeschnittene, ausgewaschene Jeans. Seine Turnschuhe waren von Nike, aber schon ziem-lich abgewetzt und grau. »Hast du überhaupt Lust, schwimmen zu gehen, Copper?«

Ich nickte. »Hatte ich gestern schon.«

»Dann lass uns fahren.«

»Wohin?«, fragte ich. »Mein Vater möchte immer wissen, wo ich bin.«

»Er ist doch gar nicht da.«

»Ich soll ihm einen Zettel dalassen.«

»Wir fahren an den Waatch River, das ist unser Makah-Freibad. Du hast es gestern gesehen.«

Ich eilte nach oben und nahm dabei zwei Stufen auf einmal. Meinem Vater schrieb ich einen Zettel, den ich an seine Zimmertür klemmte. Dann lief ich wieder nach unten. Javid hatte die bunte Patchworkdecke und die Handtücher schon zum Auto gebracht.

Es war seltsam, neben Javid in diesem alten Kleinlaster zu sitzen, so vertraut, als wären wir ein altes Ehepaar. »Hast du überhaupt Zeit, schwimmen zu gehen?«, fragte ich ihn. »Müsstest du nicht eigentlich an deinem Kanu weiterarbeiten?«

»Ich bin noch dabei, das Muster zu entwerfen. Wenn es fertig ist, können wir loslegen. Wenn du mir hilfst, dann schaffen wir es.«

Ich fragte mich, wann er all diese Dinge machte und warum er mir seine kostbare Zeit opferte. Mir fiel es immer noch schwer, zu glauben, dass er mich wirklich gern haben könnte. Einfach so, ohne etwas dafür zu verlangen.

»Warst du im Museum?« Er sah kurz zu mir herüber.

»Ja, das war ein guter Vorschlag von dir. Ihr habt ein

tolles Museum. Manchmal habe ich mich richtig in die alte Zeit versetzt gefühlt. Das war verrückt.«

»Ich glaube, die alte Zeit war auch irgendwie verrückt«, meinte er nachdenklich. »Warst du etwa den ganzen Vormittag dort?«

»Danach habe ich noch ein bisschen gemalt.«

»Waren viele Leute da?«

»Ja«, antwortete ich. »Einige.«

»Das Wetter ist schön zur Zeit«, war Javids Erklärung. »Da kommen sie auch von weiter her.« Er schwieg einen Moment und sagte dann: »Eins will mir nicht in den Kopf. Manche Leute kommen für einen Tag nach Neah Bay und denken, sie hätten alles gesehen. Später, wenn sie dann wieder in ihren komfortablen Wohnzimmern sitzen, bei einem Glas Wein mit ihren Freunden, dann brüsten sie sich damit, in einem richtigen Indianerreservat gewesen zu sein. Sie bilden sich ein zu wissen, wie das läuft mit uns Ureinwohnern.«

»Kann schon sein«, sagte ich. »Aber die Leute im Museum sahen alle ziemlich interessiert aus.«

»Vielleicht. Aber das ändert nichts.«

»Weißt du, was *ich* seltsam finde?«, sagte ich daraufhin. »Wenn ich durch Neah Bay laufe, habe ich das Gefühl, als hätte ich eine Tarnkappe auf. Alle sehen durch mich hindurch, als wäre ich Luft. Kannst du mir das erklären?«

»Das ist Makah-Art, mit Fremden umzugehen«, antwortete Javid. »Die Leute wirken deshalb so abweisend, weil sie die Privatsphäre anderer sehr ernst nehmen. Ich bin sicher, dass sie dich sehen. Du bist Kupferfrau, hast du das schon wieder vergessen? Dass du einfach so durch den Ort spazierst, ist ihnen unheimlich und deshalb schauen sie weg, als ob du gar nicht da wärst.«

»Bin ich dir auch unheimlich?«, wollte ich wissen.

Ein breites Lächeln erschien auf seinem Gesicht. »Nur ein bisschen, Copper.«

 12. Kapitel

Javid parkte den Pick-up an einem Seitenweg und wir stiegen aus. Das sattgrüne Ufer des Waatch River war gefleckt von bunten Handtüchern und Patchworkdecken einzelner Grüppchen, die im Fluss badeten. Nun wusste ich wenigstens, wo die jungen Leute aus Neah Bay ihre Ferien verbrachten. Sie gingen ins Schwimmbad, wie die Menschen überall auf der Welt das an einem so heißen Tag auch taten. Es ist eigenartig, dachte ich. Die Unterschiede fallen immer zuerst auf. Die Gemeinsamkeiten werden einem erst später klar.

Die meisten Jugendlichen lagerten dicht gedrängt um eine kleine Holzbrücke herum, von der sie mit Geschrei ins Wasser sprangen. Obwohl auch hier niemand Notiz von uns zu nehmen schien, spürte ich, dass wir in Wahrheit sehr wohl beobachtet wurden. Besonders von den Mädchen. Deshalb war ich sehr froh, als Javid uns ein Plätzchen etwas abseits von der Brücke suchte. Hier und da winkte ihm jemand zu, aber man schien zu respektieren, dass wir allein sein wollten.

Javid breitete die bunte Decke auf die Wiese und ließ seine Kleider fallen, wo er stand. Als er nur noch seine schwarzen Shorts trug, wurde mir bewusst, warum meine Vater solche Befürchtungen hatte. Javid war keiner von den dürren Jungs mit fettigen Haaren und dicken Knien, die in seinem Alter noch so uneins waren mit ihren Körper. Er war einen Kopf größer als ich, gerade gewachsen und mit ernst zu nehmenden Muskeln unter der dunklen Haut. Die hatte er vermutlich vom Mülltonnenstemmen bekommen.

Seine olivbraune Haut war überall glatt – wie die Schale von Haselnüssen. Ich ertappte mich dabei, wie ich ihn fasziniert anstarrte.

»Was ist?«, fragte er ungeduldig. »Willst du nicht ins Wasser?«

»Doch.« Ich zog mein Kleid über den Kopf und er sah mich einen Augenblick mit regloser Mine an. Mein Badeanzug war einfarbig taubenblau und ich wünschte, ich hätte damals einen anderen gekauft, einen bunten, der etwas mehr von dem ablenkte, was darunter war. Oder besser: was nicht darunter war.

Javid fragte: »Hast du eigentlich heute schon was gegessen?«

Natürlich. Das war seine Art, zu sagen, dass mir ein bisschen mehr Fleisch auf den Rippen ganz gut stehen würde. Ich wusste selbst, dass ich aussah, als wäre ich magersüchtig. Aber das stimmte nicht. Ich aß, aber irgendwie blieb ich dünn. Vielleicht verbrannte die Sehnsucht meine ganzen Energien.

»Muschelsuppe«, sagte ich.

»Kein Wunder«, brummelte Javid, nahm meine Hand und zog mich zum Wasser. Er sprang hinein und nahm mich in seinem Flug mit. Ein kleiner Schrei flog aus meiner Kehle, als wir ins kühle Nass tauchten. Der Fluss war nicht tief, aber voller Fische, das Wasser leicht salzig und erfrischend. Wir schwammen nebeneinander her, noch ein Stück weiter weg von den anderen.

Javid war viel schneller als ich und irgendwann drehte er sich zu mir um und sah mich an. Ich schwamm ihm entgegen, bis meine Augen seinem schwarzen Blick begegneten, in dem etwas lauerte, das ich nicht benennen konnte.

Verunsichert hielt ich inne, als er schon mit langen Zügen auf mich zukam und mich plötzlich schnappte, als wäre er Sisiutl, das Ungeheuer des Meeres. Mit seinem Körper schob er mich an den Rand des Flusses und drückte mich gegen das hohe Ufer. Ich japste verblüfft. Das war etwas ganz anderes als ein flüchtiger Kuss. So nah war ich noch nie einem Jungen gewesen und vor Schreck blieb mir die Luft weg.

»Gibt es zu Hause in deiner Stadt einen Jungen, den du magst?«, fragte er unvermittelt und mit Nachdruck.

Ich presste die Lippen aufeinander und schüttelte den Kopf.

»Krieg ich dann einen Kuss?«

Ich warf einen Blick über seine braunen Schultern und merkte, dass die anderen uns nicht sehen konnten, weil der Fluss eine leichte Biegung machte. Javid näherte sich mir immer nur dann auf diese Weise, wenn wir allein waren. »Warum?«, fragte ich spitz, weil ich nicht wusste, was er damit bezweckte. Außerdem hatte ich Angst, er könnte merken, wie unbeholfen ich mich anstellte.

Er rückte ein Stück von mir ab, ließ mich aber noch nicht los. »Warum?«, wiederholte er meine Frage stirnrunzelnd, einen Anflug von Enttäuschung im Gesicht. »Weil von dir nichts kommt, Copper. Du machst alles, was ich dir sage, aber ich weiß nicht, was wirklich in deinem Kopf vorgeht. Willst du mich denn überhaupt?«

Ihn wollen? Was meinte er damit? Das Gefühl der Enge in meiner Brust wuchs, mein Hirn war blockiert.

»Ich beiße nicht«, flüsterte er.

Sein Mund näherte sich meinem und er schloss die Augen. Ich nicht. Die Wassertropfen in Javids langen schwarzen Wimpern funkelten in der Sonne. Seine Nähe machte mich ganz schwindelig. Meine Hände lagen auf seinen Schultern, als unsere Lippen sich weich berührten.

»Na siehst du«, flüsterte er an meiner Wange. »Es geht doch. Wenn du den Mund ein klein wenig aufmachst«, bemerkte er sachlich, »geht es noch besser.«

Ich öffnete leicht meinen Mund, wie er es mir geraten hatte, und er küsste mich noch einmal. Seine Zunge berührte meine und ich fand es schön. Küssen war ganz anders, als ich gedacht hatte. Ein wohliges Gefühl rann durch meinen Körper, wie feiner Sand durch eine Sanduhr. Ich spürte auch Javids Körper auf diesen Kuss reagieren und in diesem Augenblick fühlte ich mich, als wäre ich wirklich Kupferfrau.

Aber noch bevor ich mich diesem Gefühl hingeben konnte, waren wir plötzlich von einer Horde schreiender Kinder umringt, die um uns herum ins Wasser sprangen. Wir schwammen noch ein Stück, dann kletterte Javid ans Ufer und half mir aus dem Wasser. Wir gingen zu unserer Decke zurück. Ehe ich danach greifen konnte, legte er mir eines der Badetücher um die Schultern und rubbelte mich ein bisschen. Ganz zaghaft, als hätte ich Glasknochen und er Angst, ich würde zerbrechen, wenn er mich kräftiger anfasste. Dabei war immer dieses belustigte Funkeln in seinen Augen, das ich nicht zu deuten wusste. Lachte er mich aus? Spielte er mit mir? Sicher war ich ein williges Opfer, weil ich ihn wirklich gern hatte. Viel mehr, als ich zu zeigen vermochte.

Schließlich saß er neben mir auf der Decke, die Unterarme auf den Knien, kaute an einem Grashalm und ließ sich in der Sonne trocknen. Wie es wohl wäre, seine warme glatte Haut an meiner zu spüren, ohne nassen Stoff dazwischen? Zum ersten Mal fragte ich mich, wie es sein würde, von ihm gestreichelt zu werden.

»Gehst du denn manchmal im Meer baden?«, fragte ich, um diese Gedanken zu verscheuchen.

»Selten«, erwiderte er. »Der Ozean wird nie richtig warm, auch im Sommer nicht. Deshalb sind die Wale da.«

Die Wale. »Ob sie noch dort draußen sind?«

»Die Orcas?«

»Ja.«

Javid nickte beiläufig. »Die Lachse sind endlich gekommen und nun finden die Orcas auch genug zu fressen.«

»Aber sind denn auch genug Lachse für die Fischer und die Wale da?«

»Früher war das so. Aber heute reicht der Lachs nicht mehr für die Fischer, auch wenn die Orcas nicht da wären. Die Fanggründe nehmen rapide ab.«

»Warum?«

Javid zuckte die Achseln und schniefte. »Dafür gibt es viele Gründe. Die Verschmutzung des Meeres, seine Erwärmung. Manche Fischarten mögen es nicht warm und verschwinden deshalb in die Tiefe, wo es kühler ist. Das macht es für die Fischer noch schwerer, sie mit ihren Netzen zu fangen. Außerdem gibt es zu viele Sportfischer. Vor ein paar Jahren hat der Stammesrat den Ausbau des Hafens für Sportfischer beschlossen, weil sie dachten, das könnte eine gute Einnahmequelle werden. Dabei haben sie sich nur selber reingelegt. Jetzt haben viel zu viele weiße Sportfischer ihre Boote in unserem Hafen.«

»Und nun sind auch noch die Wale da«, sagte ich.

»Ja. Nur wenige in Neah Bay freuen sich über die Orcas.«

»Und was ist mit dir?«

»Ich bin froh, dass sie da sind. Sie haben überlebt,

obwohl sie eine Zeit lang genauso wahllos vernichtet wurden wie wir Indianer. Und es ist noch nicht zu Ende.«

»Ich würde sie so gerne wieder sehen«, sagte ich endlich. »Vielleicht bekommt dein Onkel ja noch einmal genug Leute zusammen, dann musst du mir unbedingt Bescheid sagen. Ich habe genug eigenes Geld, um ihn zu bezahlen.«

Javid wandte mir das Gesicht zu und blickte mich unter schweren Wimpern hervor an. »Du willst die Wale sehen, Copper? Das kannst du auch ohne Geld haben. Brauchst nur ein bisschen Mut.«

»Mut?« Ich runzelte misstrauisch die Stirn.

»Ich habe ein Schlauchboot, es gehörte meinem Vater. Es hat einen guten Motor und ich bin schon oft damit auf dem Meer draußen gewesen. Aber das ist nicht jedermanns Sache.«

War ich vielleicht *jedermann?*

»Ich habe keine Angst«, sagte ich viel zu schnell. Mein Herz hüpfte und überschlug sich vor Aufregung.

»Deinem Vater wird das sicher nicht gefallen«, warf Javid zögernd ein.

»Er muss es ja nicht wissen.« So einfach setzte ich mich über unsere Abmachung hinweg.

Javid sprang auf. »Okay, dann lass uns gleich hinausfahren. Das Wetter ist schön und das Meer so ruhig wie selten. Morgen kann es schon ganz anders aussehen.«

Sein spontaner Entschluss kam etwas überraschend für mich. Aber ich wollte mich nicht drücken, bloß weil es vielleicht gefährlich war. Würde ich jetzt einen Rückzieher machen, stand ich als Feigling da, das war schon mal klar. Und vielleicht ergab sich die Gelegenheit nie wieder.

»Okay«, sagte ich.

Wir packten zusammen und liefen an den anderen vorbei zum Auto zurück. Als wir in den Pick-up steigen wollten, hielt ein riesiges Gefährt neben uns. Es war ein alter blauer Thunderbird, verbeult und rostig wie die meisten Indianerautos und doch fahrtüchtig. Javids Kusine Alisha stieg aus und ein junger Mann mit ganz kurz geschnittenem Haar und einem langen dünnen Zopf am Hinterkopf. Er grinste Javid an und pfiff durch die Zähne.

»Wohin des Wegs, Bruder?«, fragte er. »Jetzt, wo wir kommen, haust du ab?«

»Hallo Tyler«, erwiderte Javid. »Schön, dass du wieder im Lande bist. Wie läuft's denn so an der Uni?«

»Ganz okay. Die Lehrer machen es einem leicht, weil sie denken, der Verstand von uns Naturkindern ist etwas schwerfälliger als der von zivilisierten Menschen. Aber die Mädels stehen auf braune Haut und Zopf.« Er schüttelte den Kopf, worauf ihm die dünne Haarschnur um die Ohren flog. Alisha im Arm, warf er Javid einen spöttischen Blick zu. »Mich lässt das natürlich vollkommen kalt, alter Junge. Ich bin nicht wild auf weiße Mädchen.«

Dieser Seitenhieb saß. Mir wurde ganz elend zu Mute und ich stieg in den Pick-up. Bisher hatte ich geglaubt, rassistisch zu sein wäre eine Eigenschaft, die allein den Weißen auf dieser Welt vorbehalten war. Nun war ich eines Besseren belehrt worden.

Alisha verdrehte die Augen und Javid schüttelte traurig den Kopf. »Sehen wir uns später?«, fragte er.

Tyler schlug mit einer Hand auf das heiße Wagenblech. »Klar, Mann, ich komme vorbei.«

Auf dem kurzen Weg in die Siedlung Waatch, wo Javid seinen Schuppen hatte, redeten wir kein Wort miteinander. Vielleicht schämte er sich für das, was dieser Tyler gesagt hatte. Aber wenn es so war, dann ließ er es mich nicht spüren. Und ich war irgendwie verstimmt, weil er mich nicht verteidigt hatte. Er war ja sonst nicht auf den Mund gefallen.

Javid parkte den Pick-up neben dem Schuppen, und als ich aussteigen wollte, hielt er meine Hand fest. »Bist du jetzt sauer?«, fragte er.

Stumm schüttelte ich den Kopf. Ich wusste auch nicht, warum ich es nicht zugab.

»Bist du doch.«

»Worin unterscheiden sich weiße Mädchen von indianischen Mädchen?« Ich zog meine Hand weg.

Javid zuckte die Achseln. »Keine Ahnung. Tyler findet weiße Mädchen öde, aber ich weiß nicht, ob er jemals wirklich mit einer befreundet war. Allerdings ist er ein ziemlicher Schwerenöter und ich wollte in Alishas Gegenwart keine Diskussion mit ihm über dieses Thema anfangen. Sie hat ihn nämlich wirklich gern und es ist schwer für sie, dass er so lange Zeit weg sein wird.«

Ich ließ mir das schweigend durch den Kopf gehen. »Findest du weiße Mädchen auch öde?«, fragte ich schließlich.

»Ich kenne nicht viele.« Er wich einer klaren Antwort aus.

»Warum bist du mit mir hier, Javid?«

Sein Gesicht war undurchschaubar und seine schwarzen Augen ruhten auf mir wie glänzende Murmeln. »Weil du die Wale sehen willst, Copper. Deshalb sind wir hier. Und wenn ich dich öde finden würde, hättest du das längst gemerkt.« Er stieg aus, ging um die Motorhaube herum und öffnete meine Tür. Dabei machte er eine tiefe Verbeugung und eine einladende Handbewegung.

Während Javid den Schuppen aufschloss, erzählte er mir von seinem Freund Tyler McCarthy. Dass Tyler drei Jahre älter war als er und seit einem Jahr auf die Universität in Seattle ging. »Tyler studiert Forstwissenschaft und er hat auch das Zeug dazu. Er ist ein schlauer Bursche. Zwar hat er manchmal etwas verschrobene Ansichten und benimmt sich furchtbar großspurig, aber ich mag ihn gern. Er ist mein bester Freund und ich habe ihn einige Monate nicht gesehen.«

Weil bisher niemand aufgetaucht war, hatte ich angenommen, Javid hätte keinen *besten Freund*, wie ich keine beste Freundin hatte. Aber das war ein Irrtum. Sein Freund war nur nicht da gewesen. Würde Javid Ahdunko von nun an seine Zeit mit diesem Tyler verbringen, statt sich mit mir abzugeben? War ich jetzt abgeschrieben? Die beiden hatten sich lange nicht gesehen und bestimmt gab es eine Menge zu erzählen. Ich mochte Tyler nicht, jedenfalls war mein erster Eindruck nicht besonders positiv ausgefallen. Aber das musste nichts heißen. Ich hatte es sowieso schwer damit, andere zu mögen.

Nur bei Javid war das nicht so gewesen. Ihn hatte ich sofort gemocht. Er hatte mir gar keine Zeit gelassen, um darüber nachzudenken, ob ich ihn sympathisch finden sollte oder nicht. Er hatte gesagt: »Du bist Kupferfrau« und hatte mich einfach so geküsst. Nun mochte ich ihn viel mehr, als mir eigentlich lieb war. Und meine neuerlich aufkeimenden Zweifel konnten das auch nicht mehr ändern.

 ## 13. Kapitel

Das Zodiac-Schlauchboot lehnte aufrecht an der Wand neben der Schuppentür, verhängt von einer löchrigen Segeltuchplane. Deshalb war es mir bei meinem ersten Besuch gar nicht aufgefallen. Vielleicht auch, weil ich nur Augen für das schöne Kanu gehabt hatte.

»Wir müssen es zum Wasser tragen«, sagte Javid. »Wirst du das schaffen?«

Das dunkelrote, vorne leicht spitz zulaufende Schlauchboot war zwar nicht sehr groß, nur ungefähr drei Meter lang und zwei Meter breit, aber schwer wog es doch. Vom Schuppen bis zum Wasser war es zum Glück nicht weit, nur ein paar Schritte, weil gerade Flut herrschte. Zu zweit schafften wir es. Javid lief noch einmal zurück und holte den Motor, den er an einem dafür vorgesehenen Brett im Heck des Schlauchbootes anbrachte. Dann drückte er mir eine alte, fadenscheinige Schwimmweste in die Hand.

»Da«, sagte er. »Besser, du legst sie an.«

Ich schlüpfte hinein und schnürte sie fest.

»Was ist mit dir?«, fragte ich, denn es schien nur diese eine Rettungsweste zu geben.

»Ich kann schwimmen«, meinte Javid und grinste breit.

Er warf seine Turnschuhe ins Schlauchboot und ließ mich einsteigen. Dann schob er das Boot ein Stück durch die Brandung, bevor er selbst hineinsprang. Das Schlauchboot schaukelte auf den Wellen und ich hielt mich an den Trageseilen fest. Javid klappte den Motor nach unten und warf ihn an. Ehe ich mich versah, hatten wir die Brandung überwunden und die Bucht verlassen.

Javid steuerte nun auf das offene Meer hinaus. Ein wenig mulmig war mir jetzt doch zu Mute, so ganz allein in diesem Schlauchboot, das nicht mal einen festen Boden hatte. Es war nicht dasselbe wie der Ausflug mit Henry Soones Motorboot. In dem kleinen Schlauchboot war das Meer ganz nah, zum Greifen nahe. Aber Javid hatte mir versichert schon oft mit dem Zodiac draußen auf dem Meer gewesen zu sein. Und all seine routinierten Bewegungen und Handgriffe ließen mich zu dem Schluss kommen, dass er wusste, was er tat.

Trotzdem wurde mir auf einmal furchtbar übel. Es ging ganz schnell, ohne dass ich damit gerechnet hätte. Ich spürte, wie mein Mageninhalt langsam nach oben wanderte. Als Javid mein Gesicht sah, stoppte er sofort den Motor. »Du bist ja ganz blass«, sagte er. »Ist dir schlecht?«

Ich nickte mit zusammengepressten Lippen. Gleich würde ich die unverdaute Muschelsuppe ins Meer speien. Weil ich das unbedingt verhindern wollte, stiegen mir Tränen in die Augen.

»Du hast die Seekrankheit«, sagte Javid. »Ich hätte es wissen müssen.« Er war gleich bei mir. »Gib mal deine Hände!«

Ich hatte keine Ahnung, was er bezweckte, aber ich streckte ihm gehorsam meine Hände entgegen. Er umfasste meine Handgelenke, suchte mit beiden Daumen nach einem bestimmten Punkt zwischen den Sehnen und drückte zu. »Atme tief durch«, riet er mir, »und schau auf den Horizont. Lass deinen Körper mit den Wellen mitgehen und versteife dich nicht dagegen.«

Ich tat, was er mir sagte, zumindest versuchte ich es. Das Boot schaukelte furchtbar, obwohl das Meer ruhig war. Javid sah mich erwartungsvoll an. »Besser?«, fragte er.

Es dauerte einen Moment, aber dann ging es mir tatsächlich etwas besser. Tapfer schluckte ich hinunter, was schon auf halber Höhe gewesen war, und die Übelkeit ließ langsam nach.

»Was hast du gemacht?«

Javid ließ meine Handgelenke nicht los. »Akupressur«, antwortete er. »Wenn du Druck auf diesen Punkt zwischen den Sehnen ausübst, hilft das gegen Übelkeit. Es ist ein alter Chinesentrick.« Er ließ mich nun doch los und sagte: »Du kannst es jetzt selbst versuchen, so.« Javid zeigte mir, wie ich den Punkt an beiden Handgelenken drücken konnte, ohne fremde Hilfe zu brauchen.

Ich machte es ihm nach und war mal wieder beeindruckt von seinem Wissen. Natürlich wusste Javid auch, wo die Wale zu finden waren. Nur ungefähr eine halbe Stunde bewegten wir uns an der Küste entlang nach Süden, als die schwarzen Flossen wie aus dem Nichts auftauchten. Sehr schnell kamen die Orcas näher, sie steuerten direkt auf uns zu. Javid stellte den Motor ab.

»Hab keine Angst«, sagte er, als ich klammheimlich in die Mitte des Bootes rutschte. »Sie kennen mich und das Schlauchboot. Sie sind bloß neugierig und wollen spielen.« Wie ein Torpedo schoss der Wal mit der halben Rückenflosse auf uns zu und ich schloss hilflos die Augen.

»Hey«, sagte Javid belustigt, »mach die Augen auf, du verpasst sonst was. Das ist doch nur Bob, der Clown.«

Ich schlug die Augen auf und der Orca bremste kurz vor unserem Boot. Es schaukelte mächtig. Gleich darauf war Bob direkt neben uns und Blas stieg aus seinem glänzenden Atemloch in die Luft wie ein kleiner Geysir. Ein Sprühregen ging auf uns nieder und ich spürte ihn auf dem Gesicht und auf meinen nackten Armen.

Ein zweiter Wal näherte sich unserem Schlauchboot, während die anderen drei in sicherer Entfernung blieben. Die Sonne zauberte kleine Regenbögen in die Atemwolken der Wale. Die verrücktesten Farben schillerten in der Luft. Mein ganzer Körper vibrierte vor Freude und Aufregung und meine Seekrankheit war augenblicklich verschwunden.

Die beiden freundlichen Wale umringten uns. Sie tauchten ab, um gleich darauf ihre Köpfe neugierig aus dem Wasser zu stecken und abgehackte Laute auszustoßen. Es waren explosive, schnell aufeinander folgende Klickgeräusche, die trotzdem etwas Harmonisches hatten. Nach einer Weile begannen sie mit der langsamen Wiederholung. Ein bisschen klang es wie schwierige Musik.

Der Orca mit der verstümmelten Finne war auf einmal direkt neben mir. Sein weißer Augenfleck leuchtete und beim Anblick seiner spitzen Zähne kamen mir Geschichten vom weißen Hai in den Sinn. Ich konnte meine Furcht nicht vollkommen besiegen. Die Wale waren einfach zu groß und sie waren in ihrem Element, dem Ozean, auf dem wir nur geduldete Gäste waren.

»Bleib ganz ruhig«, sagte Javid. »Er will dich nur necken.«

Ich klammerte mich so fest an das Trageseil des Bootes, dass meine Fingerknöchel weiß wurden. »Woher willst du das wissen?«

»Aus Erfahrung. Er hat das mit mir auch schon gemacht. Bob ist der Spaßvogel in der Gruppe, obwohl er diese schlimmen Verletzungen hatte. Siehst du die Narben in seiner Haut?«

Ich konnte tatsächlich viele verheilte Narben in der sonst glatten Haut des Wals erkennen. Ihm musste übel mitgespielt worden sein. »Woher weißt du, dass es ein Männchen ist, obwohl seine Rückenflosse fehlt?«

»Die Rückenflosse bei einem Orcamännchen ist meistens doppelt so lang wie bei den Weibchen. Außer bei Bob natürlich, da hast du Recht.« Er lachte. »Trotzdem kann man die ursprüngliche Größe der Rückenfinne noch erahnen.«

Jetzt, wo er es sagte, sah ich es auch.

»Die meisten Rückenflossen der Orcas haben ganz individuelle Formen. Manche haben Knicke oder Narben oder es fehlt ein Stück wie bei Lopo. Dadurch können die Wissenschaftler sie überhaupt erst auseinander halten. Dort drüben, das ist Mora. Sieh sie dir genau an, wenn sie auftaucht. Sie hat eine gewellte Finne.«

Tatsächlich wellte sich die Rückenflosse des Orcaweibchens zweimal. Die ihres Onkels Lopo war gerade wie ein Schwert, hatte aber eine Kerbe, die vielleicht von einem Kampf herrührte.

»Da drüben, das ist Granny«, sagte Javid und zeigte auf die große Walkuh. »Mora, ihre Enkeltochter, ist wahrscheinlich trächtig. Der scheue Lopo mag Menschen nicht besonders, vielleicht hat er schlechte Erfahrungen mit ihnen gemacht. Und Bob ist sicher von einer Schiffsschraube verletzt worden. Manchmal begleitet eine Orcaschule tagelang einen Frachter oder Fischkutter, weil die Wale wild auf die Fischabfälle sind. Dann kann so etwas schon mal passieren. Trotzdem ist er derjenige, der am zutraulichsten ist.«

Das Boot schaukelte auf den Wellen, die Bob und Mora durch ihr Umhertollen verursachten. Sie tauchten unter dem Schlauchboot durch, jagten einander und es schien ihnen zu gefallen, dass ich hin und wieder erschrockene Schreie ausstieß, die dann in ungläubiges Lachen übergingen. Die Faszination, die die Orcas in mir weckten, hielt meine Angst und die Übelkeit in Schach. Ich wollte nichts verpassen und konnte es mir deshalb nicht leisten, wieder seekrank zu werden.

Bald waren Javid und ich von oben bis unten nass. Wir lachten, als wieder eine kalte Dusche auf uns niederging. Ich hatte mich schon lange nicht mehr so glücklich gefühlt wie an diesem unglaublichen Nachmittag auf dem Ozean.

»Sieh dir das an!«, rief Javid auf einmal und zeigte auf das Weibchen. Mora stieß ihren mächtigen Körper aus dem Wasser, drehte sich in der Luft und tauchte wieder ein, wobei sie einen großen Strudel erzeugte. Ihr gewaltiger Körper glänzte im Sonnenlicht.

»Man nennt es *breaching*«, erklärte mir Javid. »Das bekommt man nicht oft zu sehen, wir hatten Glück. Niemand weiß, warum sie es tun.«

»Vielleicht springen sie einfach, weil es ihnen Freude macht.«

Mora sprang noch einmal.

»Sieht tatsächlich so aus, als wäre sie trächtig«, sagte Javid. »Sie ist sehr dick. Bestimmt wird es bald Nachwuchs geben. Wahrscheinlich ist die Gruppe deshalb vor unsere Küste gekommen, weil sie hier ihre Ruhe haben. Oben, vor Vancouver Island gibt es hunderte

Orcas. Aber dort leben so viele Fischer von Walbeobachtungstouren, dass an einem Tag manchmal fast hundert Boote unterwegs sind. Das ist kein Vergnügen für die Wale, für sie ist es Stress. Orcas können nicht besonders gut sehen, aber dafür hören sie ausgezeichnet. Sie sind sehr lärmempfindlich. Deshalb kommen sie auch erst zum Boot, wenn der Motor aus ist.«

Granny, die alte Walkuh, ihre Tochter Conny und der scheue Lopo beobachteten uns aus sicherer Distanz, während sich Mora und Bob immer wieder ganz nahe an uns heranwagten. Sie versuchten uns spielerisch zu necken und ein bisschen Angst einzujagen. Was natürlich nur bei mir funktionierte.

»Sie fürchten sich kein bisschen vor uns«, sagte ich mit klopfendem Herzen.

»Wale haben keine Angst vor Menschen, Copper. Aber sie haben sie lange Zeit gehasst, weil die Menschen sie gnadenlos gejagt und getötet haben. Irgendwann haben sie dann aufgehört uns zu hassen, obwohl wir sie immer noch töten. Vielleicht haben sie eine Walversammlung einberufen und beschlossen Geduld mit uns zu haben und an unsere Vernunft zu glauben.«

»Dein Volk hat auch wieder damit angefangen, Wale zu töten«, sagte ich.

Javid schien dieses Thema nicht zu mögen, denn er antwortete nicht gleich. Schließlich sagte er: »Dass heute einige Walarten vom Aussterben bedroht sind, ist nicht unsere Schuld. Es waren die Walfänger mit ihren großen Schiffen und den brutalen Fangmethoden. Wir Makah haben nur genommen, was wir zum Leben brauchten.«

»Und warum fangt ihr jetzt wieder damit an, Wale zu töten?«, fragte ich. »Wo ihr doch das Walfleisch gar nicht braucht?«

Ein Schatten verdunkelte Javids Gesicht. Ich hatte das Gefühl, dass er auf diese Frage selbst keine Antwort wusste. Dass er in seinem Inneren mit sich rang, auf welcher Seite er stehen sollte.

»Du lässt nicht locker, was?«

»Ich will es nur verstehen, mehr nicht.«

»Ja«, sagte er bitter. »Das möchte ich auch.«

Die Orcas hatten auf einmal genug von uns und unserem roten Boot, das jetzt träge auf dem Wasser schaukelte. Sie umkreisten es noch einmal und entfernten sich dann mit einem fröhlichen Pfeifen und Quietschen.

»Was, wenn ich reingefallen wäre?«, fragte ich, jetzt nachdem sie weg waren.

»So wenig, wie an dir dran ist, hätten sie wahrscheinlich versucht dich mit Fisch zu füttern, um dich ein wenig aufzupäppeln.«

Sollte das komisch sein? Gekränkt verzog ich den Mund. Dass ich so mager war, nervte mich selbst und ich hätte es gerne geändert. Aber manchmal liefen die Dinge nicht so, wie man es gerne hätte.

Javid merkte, dass er ins Fettnäpfchen getreten war, und stieß mich kumpelhaft in die Seite. »Hey, Copper, verstehst du auf einmal keinen Spaß mehr?«

»Ich friere«, sagte ich schmollend und rieb mir die nackten Arme. Meine helle Haut war empfindlich und die lange Zeit auf dem Wasser hatte mir einen Sonnenbrand verpasst, der sich nun langsam, aber sicher bemerkbar machte. Ich wurde krebsrot.

Ein grauer Dunststreifen verdeckte auf einmal die Sonne und ließ den übrigen Himmel honiggelb aufleuchten. Ich war vollkommen durchnässt und auf dem Wasser wurde es schnell frisch, wenn die Sonne nicht mehr wärmte.

Mir war bewusst, dass ich mich zickig benahm, genauso, wie ich es bei anderen Mädchen nicht leiden konnte. Aber ich konnte nichts dagegen tun. Immer tiefer steigerte ich mich in meinen Groll hinein, hatte aber nach wie vor die Hoffnung, dass Javid mich da wieder herausholen würde.

Aber Javid Ahdunko war ein Makah und von Einschmeicheln hielt er nichts. Mürrisch sagte er: »Wenn du ein bisschen mehr auf den Rippen hättest, würdest du auch nicht so schnell frieren.«

Das war nun das dritte Mal, dass er meine Magerkeit erwähnte, und jetzt schwieg ich trotzig. Wahrscheinlich hielt er mich für eines dieser Mädchen, die sich absichtlich den Finger in den Hals steckten, um ja kein Gramm Fett anzusetzen. Ich hatte aber auch keine Lust, ihm zu erklären, dass ich erst seit einem halben

Jahr so richtig dürr war. Andere setzten Kummerspeck an, wenn sie traurig waren, ich wurde immer weniger. Sogar meine Monatsblutung hatte zwischendurch ausgesetzt. Aber das würde sich schon wieder ändern, dessen war ich mir sicher. Ich brauchte bloß ein bisschen Zeit.

Javid zuckte die Achseln, als er mein verärgertes Schweigen registrierte. Er zog an der Drahtstrippe und warf den Motor an. Nach ungefähr einer Stunde waren wir wieder in der Siedlung Waatch und brachten das Boot in den Schuppen zurück. Wir redeten kein Wort miteinander und ich war todunglücklich darüber, denn eigentlich wollte ich gar nicht beleidigt sein.

Ich wollte Javid sagen, wie glücklich ich war meine Angst überwunden und die Wale so nah gesehen zu haben. Wie froh ich war, dass er mich mitgenommen hatte, obwohl es ihm Ärger einbringen konnte, wenn es herauskam. Aber ich konnte nichts sagen und auch er schwieg mit ausdrucksloser Miene weiter, bis wir zurück in Neah Bay waren.

Fredas Auto stand vor dem Motel, sie war schon am frühen Nachmittag aus der Stadt zurückgekommen. Von unserem roten Leihwagen war noch keine Spur zu sehen. Darüber war ich ganz froh, denn Papa hätte bestimmt eine Menge Fragen gehabt, wenn er mich so nass und unglücklich gesehen hätte.

Freda begrüßte uns. »Na, ihr beiden?«, fragte sie. »Wie war euer Tag?«

»Wir waren schwimmen«, antwortete ich lahm.

»Mit Sachen?«

Ich sagte nichts und Javid wollte sich heimlich davonmachen. Aber Freda rief ihn zurück. »Ich habe von Onkel Henry eine Menge Fisch bekommen und will heute Abend draußen grillen. Wie wäre es, wenn du mir ein bisschen bei den Vorbereitungen hilfst, Javid?«

»Hmmm«, brummte er, »komme gleich. Will mich nur umziehen.«

»Ich kann auch helfen«, schlug ich ohne Begeisterung vor.

»Da sage ich nicht Nein.« Freda nickte dankbar. »Aber zieh dir erst einmal was Trockenes an, sonst erkältest du dich noch und es gibt Ärger mit deinem Vater. Und wenn du das nächste Mal baden gehst, vergiss die Sonnencreme nicht.«

»Ja«, sagte ich reumütig.

Freda öffnete eine Schublade und reichte mir eine kleine Plastikdose. »Hier«, sagte sie. »Ein Makah-Geheimrezept. Reib dich damit ein und es wird nicht so schlimm werden, wie es aussieht.«

Ich bedankte mich und ging hinauf in mein Zimmer.

14. Kapitel

Ich war todunglücklich. Am liebsten hätte ich mich eingeschlossen und in mein Bett verkrochen. Aber das ging nicht, denn ich hatte Freda versprochen ihr zu helfen. Also duschte ich und versorgte meinen Sonnenbrand mit Fredas Salbe. Dann zog ich Latzhosen und ein graublaues, langärmliges T-Shirt an und ging wieder nach unten, um Freda in der Küche zu helfen. Zum Glück war Javid nicht bei ihr. Er hatte draußen damit zu tun, den Grill zu säubern und Holz vorzubereiten. Später sah ich ihn Stühle auf die Wiese tragen.

Vor Freda auf dem Holztisch lagen zehn riesige rötliche Fischfilets, die sie mit Salz und getrockneten Kräutern würzte. Ihre braunen Hände arbeiteten flink und jeder Handgriff war bedacht. Fasziniert sah ich ihr zu.

»Werden die neuen Gäste auch da sein?«, fragte ich.

Freda schüttelte den Kopf. »Nein, die sind schon wieder abgereist. Ihr Interesse an Neah Bays Sehenswürdigkeiten war nicht sonderlich groß.«

»Aber wer soll das dann alles essen?«

»Die Austins reisen morgen ab«, sagte Freda. »Es ist sozusagen ihr Abschiedsessen. Alisha wollte mit Tyler vorbeikommen und ich hoffe, dein Vater ist auch rechtzeitig zum Essen zurück. Wenn die Sonne weg ist, wird es sehr schnell finster im Regenwald und er kann sowieso nicht mehr fotografieren.«

Oh, da kannte sie ihn schlecht. Aber jetzt, wo Javid nicht mehr mit mir redete, wünschte ich selbst, mein Vater käme bald zurück. Wenn Tyler zum Essen eingeladen war, hatte Javid bestimmt sowieso keine Zeit für mich. Tyler McCarthy fand weiße Mädchen öde. Und darauf, dass Javid auf irgendeine Weise zeigen würde, dass er mich mochte, machte ich mir keine Hoffnungen. Nun jedenfalls nicht mehr. Der Abend würde schrecklich werden.

Nach Fredas Anweisungen bereitete ich einen grünen Salat zu und schnippelte Früchte für den Obstteller. Kiwi, Melone, Bananen, Orangen und Mangos. Freda musste die frischen Früchte aus Port Angeles mitgebracht haben, jedenfalls rochen sie nicht nach Fisch wie das Obst aus Washburnes Supermarkt.

Die Austins hatten es sich inzwischen im Garten gemütlich gemacht und kurz darauf kamen Alisha und Tyler mit dem verbeulten Auto vorgefahren. Durch das kleine Küchenfenster sah ich die beiden mit Javid plaudern und er schien sich dabei gut zu amüsieren.

Der Ärger über unsere Funkstille und eine gehörige Portion Eifersucht trieben mir Tränen in die Augen. Freda schrieb sie den Zwiebeln zu, die ich gerade schnitt, und sie lachte darüber. Ich fuhr mir mit dem Ärmel übers Gesicht und sah auf meine Armbanduhr. Es war schon 20 Uhr und mein Vater immer noch nicht zurück.

»Mach dir keine Sorgen«, sagte Javids Mutter, die meinen Blick bemerkt hatte. »Vom Hoh River bis nach Neah Bay ist es ein ganzes Stück zu fahren. Er wird sicher bald kommen. Wir fangen einfach schon mal an.«

Mrs Austins berichtete von ihrem Tagesausflug an den See Ozette und die Wanderung, die sie gemacht hatten. Javid und Alisha redeten über die Schule und welche Basketballmannschaft in diesem Jahr siegen würde. Tyler gab Geschichten von seinem Unialltag zum Besten. Ich schwieg die meiste Zeit.

Plötzlich wusste ich, wie ich mich fühlte: ausgestoßen. Und auch wenn ich es gewohnt war, tat es weh. Was hatte ich denn so falsch gemacht, dass Javid mich völlig links liegen ließ?

Er und Tyler kümmerten sich um den Fisch auf dem Grill, wobei sie ihr lockeres Geplauder nicht einmal unterbrachen. Manchmal streifte mich Javids Blick, aber dann tat er so, als wäre ich nicht vorhanden. Was war aus der Kupferfrau geworden? Hatte er alles vergessen? Ich war immer noch dieselbe – so dachte ich jedenfalls.

Bald zog ein köstlicher Duft über die Wiese. Es war Silberlachs, den wir uns mit den Orcas teilten. Vielleicht war ja doch genug für alle da, für die Menschen und die Wale. Vielleicht war es möglich, miteinander auszukommen.

Irgendwann waren die Servietten aufgebraucht und ich ging nach drinnen, um ein neues Päckchen zu holen. Da hörte ich Javid und seine Mutter in der Küche reden. Ich hatte nicht vor zu lauschen, aber ein paar Wortfetzen schnappte ich trotzdem auf. »... sei ein bisschen freundlich ...«, hörte ich Freda sagen, »... vergiss nicht, sie sind unsere Gäste.«

Wie versteinert stand ich da. Nun hatte ich es selbst gehört und fand meine schlimmsten Vermutungen bestätigt. Javid hatte den Auftrag von seiner Mutter bekommen, nett zu den Gästen zu sein. Er hatte den Auftrag, nett zu mir zu sein. Heute Abend hatte er seine Pflicht vernachlässigt und war deswegen gerügt worden.

Es tat sehr weh. Ich verkroch mich in eine dunkle Ecke und kämpfte lange mit meiner Enttäuschung und den Tränen, bevor ich an der Küchentür klopfen und Freda um die Servietten bitten konnte. Wie gerne wäre ich in meinem dunklen Zimmer verschwunden. Aber dann hätte ich Javids Mutter am nächsten Tag eine Erklärung geben müssen und ich mochte sie nicht anlügen. Deshalb harrte ich tapfer aus.

Auch als der Fisch gar war und wir zu essen anfingen, kam mein Vater nicht. Langsam machte ich mir ernsthaft Sorgen um ihn. Außerdem ging mir Mrs Austin, die mir ein Gespräch aufgedrängt hatte, langsam auf die Nerven. Meine Gedanken kreisten um Javid. Aber der änderte sein Verhalten mir gegenüber auch nach der Rüge seiner Mutter nicht.

Freda fragte Tyler nach seinem alten Großvater, der

vor einer Woche in Port Angeles operiert worden war. Die Ärzte hatten ihm ein neues Hüftgelenk eingesetzt.

»Ich glaube, es geht ihm nicht so toll«, sagte Tyler. »Den Eingriff hat er gut überstanden, aber er hasst Krankenhäuser. Großvater war noch nie in seinem Leben in einem Krankenhaus gewesen, und dass es ihm nun auf seine alten Tage passieren musste, hält er für ein schlechtes Zeichen.«

»Ach was«, sagte Mrs Austin und machte eine wegwerfende Handbewegung. »Warren hat seit drei Jahren ein künstliches Hüftgelenk und läuft wie ein junger Mann. Dein Großvater kommt schon wieder auf die Beine, es dauert eben nur ein bisschen.«

»Das hoffe ich«, sagte Tyler und ich hörte, dass ihm ein Kloß im Hals saß. Mir kam der Verdacht, dass Javids Freund gar nicht so cool und großspurig war, wie er gerne tat. Aber das war nun auch egal, denn es änderte nichts an diesem verkorksten Abend.

»Dein Großvater William ist ein wichtiger Mann für uns alle«, sagte Freda. »Vieles von dem, was er weiß, hat er noch nicht erzählt.«

»Aber jetzt redet er auf einmal«, sagte Tyler leise. »Das macht mir ja solche Sorgen. Als ich ihn gestern besuchte, hat er stundenlang von den alten Zeiten erzählt. Was er sagte, klang irgendwie verrückt, aber das war es nicht. Ich weiß, dass mein Großvater ganz klar im Kopf ist.«

Keiner sagte etwas, aber alle waren wir neugierig, was der alte Mann seinem Enkelsohn erzählt hatte.

Und Tyler wusste das natürlich. Eine Weile schwieg er, als würde er überlegen, ob es richtig war, die alten Geschichten weiterzugeben, während drei Weiße zuhörten.

Doch dann schien er zu dem Schluss gekommen zu sein, dass wir harmlos waren, und er fing an zu erzählen: von Walfangritualen und geheimen Männerbünden, von weißen Eroberern und Geistern der Makah. Schon nach kurzer Zeit lauschten ihm alle gebannt. Wir hörten Geschichten über Willawas, die gefürchteten Stürme aus dem Landesinneren. Tyler erzählte vom Häuptling Tageslicht, zu dem die alten Makah gebetet hatten. Und wir erfuhren die Geschichte vom großen Verwandler, einem Riesen in Menschengestalt, der zu Anbeginn der Zeit Tiere in Menschen und Menschen in Tiere verwandelt hatte.

»Früher paarten sich Menschen und Tiere untereinander«, sagte Tyler McCarthy mit erstaunlich ruhigem Gesichtsaudruck. »Das war etwas vollkommen Natürliches. Und den großen Verwandler konnte man daran erkennen, dass er ein Loch in der Wange hatte, durch das er ständig pfiff.«

Meinen Kummer, meinen Sonnenbrand, ja selbst meinen Vater hatte ich vollkommen vergessen, so spannend waren Tylers Geschichten. Als Papas Auto dann endlich vor dem Motel hielt, war es schon stockdunkel und Freda hatte die Außenbeleuchtung angemacht. Mein Vater kam nicht allein, er hatte jemanden mitgebracht. Eine Frau. Eine Frau mit blondem, langem Haar, die er uns als Lorraine Cook vorstellte. Sie war Reporterin und freie Mitarbeiterin des National-Geografic-Magazins.

Es stellte sich heraus, dass Lorraine vor vielen Jahren schon einmal einen Bericht über die Makah geschrieben hatte, und nun sollte es eine Fortsetzung geben. Papa hatte sie im Regenwald kennen gelernt und ihr Fredas Motel als Unterkunft wärmstens empfohlen. Freda war sichtlich erfreut über den neuen Dauergast. Sie ging gleich mit Lorraine zur Rezeption, um die Formalitäten zu erledigen und ihr den Zimmerschlüssel zu übergeben.

Den ganzen Abend hatte ich Lachs gefuttert wie ein hungriger Killerwal und stopfte nun Brot, Salat und Obst in mich hinein, als hätte ich tagelang nichts zu essen bekommen. Nur um Javid zu beweisen, dass ich nicht absichtlich so mager war. Schließlich war ich so voll gefuttert, dass ich mich kaum noch rühren konnte. Papa fragte mich, wie ich meinen Tag verbracht hatte, und ich erzählte ihm vom Museum und dass ich mit Javid im Waatch River schwimmen gewesen war. Er gab sich schnell zufrieden und ich hatte das Gefühl, als ob er mir gar nicht richtig zugehört hatte. Vielleicht lag das an dieser Lorraine. Sie lachte gern und oft, was meinem Vater offensichtlich gefiel. Immer wieder wanderte sein Blick zu ihr hin.

Javid hatte den ganzen Abend nur mit Tyler und

Alisha geredet. Auch nach dem eindeutigen Appell seiner Mutter hatte er sich keine Spur um mich gekümmert. Als die kleine Gesellschaft sich auflöste, um ins Bett zu gehen, war mir zum Heulen zu Mute. Mühsam riss ich mich zusammen.

Später, im Bett, dachte ich noch einmal über den Tag nach. Irgendwie konnte ich mir Javids Verhalten nicht erklären. War es das, was Papa meinte, wenn er mich vor der Andersartigkeit dieser Menschen warnte? Waren Javids Küsse nur Spiel gewesen? Ich wollte einfach nicht glauben, dass es vorbei sein sollte, wo ich doch gerade erst so glücklich gewesen war.

 15. Kapitel

Lorraine Cook saß am nächsten Morgen mit an unserem Tisch, als wir frühstückten. Ich merkte sehr schnell, dass sie mit meinem Vater flirtete. Sie tat das ganz offen und unverstellt. Sicher, Lorraine war eine attraktive Frau, das musste ich eingestehen, auch wenn mir Freda sehr viel besser gefiel. Für meinen Geschmack waren Lorraines Gesichtszüge etwas zu streng. Aber sie hatte eindrucksvolle graugrüne Augen und Papa hing an ihren dunkelrot geschminkten Lippen, als wäre sie die einzige Frau auf der Welt. Ich konnte nur mühsam meinen Unmut verbergen.

Es war nicht so, dass die beiden mich links liegen gelassen hätten, aber irgendwie fühlte ich mich nun auch von ihnen ausgesperrt. Sie hatten sich eine Wanderung zur alten Siedlung Ozette vorgenommen und erst ganz zum Schluss, als sie schon im Aufbruch waren, fragte mich Papa ganz nebenbei, ob ich diesmal mitkommen wolle.

Eigentlich war ich neugierig auf das Ausgrabungsgebiet, über das ich so viel im Museum gelesen hatte, aber bei diesem Ausflug würde ich eindeutig überflüssig sein. »Ich will heute im Hafen Boote malen«, sagte ich deshalb schnell.

Was für ein blöder Einfall. Javid würde seine Zeit

mit Tyler verbringen und ich würde mich den ganzen Tag darüber ärgern.

Papa schüttelte den Kopf. »Du malst jeden Tag und lernst überhaupt nichts von der Gegend kennen, Sofie. Aber dafür sind wir doch schließlich hier.«

Wir waren hier, weil er Fotos machen und wir wieder zueinander finden wollten. Von attraktiven blonden Frauen mit roten Lippen war nicht die Rede gewesen. Aber was sollte ich machen? Papa war schließlich ein erwachsener Mann und ich konnte nicht verhindern, dass ihm Lorraine gefiel, auch wenn es mich verletzte.

»Vielleicht ist Malen ihre Art, die Gegend kennen zu lernen«, sagte Lorraine und lächelte mir verschwörerisch zu.

Ich lächelte nicht zurück, denn ich brauchte Lorraines Unterstützung nicht, auch wenn sie es gut meinte. Wahrscheinlich machte sie sich irgendwelche Hoffnungen bei meinem Vater. Vielleicht hatte er gestern Eindruck auf sie gemacht. Aber spätestens auf der gemeinsamen Wanderung nach Ozette würde sie merken, dass er im Augenblick keine besonders amüsante Begleitung war.

Mein Vater und Lorraine brachen auf, obwohl das Wetter sich nicht von seiner besten Seite zeigte. Es sah so aus, als könnten sich die Wolken nicht entscheiden, ob sie der Sonne Platz machen oder lieber für Regen sorgen wollten. Wobei Letzteres wahrscheinlicher schien, angesichts ihrer dunkelgrauen Färbung.

Ich stand mit hängendem Kopf am Geländer vor meinem Zimmer und überlegte, ob ich tatsächlich zum Hafen gehen und Boote malen sollte. Ich hatte schon einmal versucht Boote zu malen und es war mir nicht gelungen. Sie hatten allesamt nicht sehr seetüchtig ausgesehen. Es erneut zu versuchen würde nur in einer weiteren Niederlage enden. Das wollte ich mir nicht antun. Ich fühlte mich so schon elend genug.

Zu allem Überfluss fällten die Wolken ihre Entscheidung und es fing an, zu regnen. Ich ging in mein Zimmer zurück und schloss die Tür hinter mir. Es gab ein Foto meiner Mutter, das ich ständig bei mir trug. Jetzt holte ich es heraus, um es zu betrachten. Das Foto war schon ganz abgegriffen und hatte stumpfe Tränenflecken.

»Mama«, sagte ich, »du hättest bestimmt eine Erklärung für alles. Du könntest mir helfen, ich weiß es.«

Ich presste das Foto an meine Brust, warf mich aufs Bett und weinte. Ich heulte, wie ich es seit dem Tag der Beerdigung nicht mehr getan hatte. All der angestaute Schmerz brach sich ungehemmt die Bahn, bis das Kissen unter meinem Gesicht ganz nass war.

Erst als keine Tränen mehr kamen und ich wieder ruhiger wurde, spürte ich die warme Hand, die auf meinem Rücken lag. Es war Javid, der neben mir auf dem Bett saß, ohne etwas zu sagen. Wie lange er wohl schon da war? Erschrocken setzte ich mich auf und drehte mein Gesicht von ihm weg. Verheult sah ich noch furchtbarer aus als sonst und diesen Anblick wollte ich ihm nicht zumuten.

»Willst du darüber reden?«, fragte er, wie es die verständnisvollen Männer im Film auch immer taten. Ich schüttelte brüsk den Kopf.

»Soll ich lieber wieder gehen?«

Ich zuckte die Achseln und fing erneut an zu schluchzen. Es war schrecklich, aber ich konnte es nicht aufhalten. Ich wollte nicht, dass er mich weinen sah, aber dass er wieder ging, wollte ich auch nicht.

»Hey, schon gut. Ich bin ja da.« Er strich tröstend über meinen Rücken. »Weißt du, Copper«, hörte ich ihn sagen, »ich mag dich so, wie du bist, wirklich. Aber dass du so dünn bist, hat mir Angst gemacht. Ich war sauer, weil ich einen Moment lang dachte, du würdest absichtlich nichts essen. Nun weiß ich, dass es nicht so ist. Gestern Abend, da hast du ganz schön reingehauen.«

Ich hörte auf zu schluchzen. »Hat deine Mutter dich geschickt?«

»Meine Mutter?« Seine Frage klang so verblüfft, dass ich aufsah. Mit dem Ärmel wischte ich über mein nasses Gesicht, was zwar nicht viel helfen würde, aber nun konnte ich wenigstens wieder klar sehen. Javid kniete sich auf das Bett, zog mich an sich heran und hielt mich einfach fest. »Warum machst du es dir bloß so schwer, Copper?«

»Weiß nicht«, schniefte ich verlegen. »Vielleicht kann ich einfach nicht anders.«

»Das ist Unsinn«, brummte er und schob mich ein Stück von sich weg. »Weißt du, man kann sich eine Menge einreden, aber den Schmerz nicht, der ist immer echt. Trau dich einfach und lass ihn zu.«

»Meine Mutter«, sagte ich, »sie fehlt mir so.« Ich weinte nicht mehr.

»Du hast sie ja auch gerade erst verloren«, entgegnete Javid. »Was erwartest du eigentlich?«

»Wird es jemals anders?«, fragte ich ihn.

Er nickte mit zusammengekniffenen Lippen. »Irgendwann kommst du besser damit zurecht, glaub mir. Aber ein bisschen liegt es auch an dir selbst.«

Ich sah Javid fragend an.

»Wenn dir erst wirklich klar geworden ist, dass du sie nicht zurückholen kannst, egal, wie sehr du es dir wünschst, dann fängst du an nach vorn zu schauen und dein eigenes Leben zu führen. Vielleicht ist es ein anderes, als du es haben würdest, wenn sie noch da wäre, aber es ist dein Leben, Sofie. Deine Mutter würde nicht wollen, dass du so traurig bist.«

Dieser Spruch war mächtig abgedroschen, aber Javid ließ ich ihn durchgehen. Ich war froh, dass er mich nicht mehr ignorierte, auch wenn ich mich dafür schämte, dass er mich so verheult, so schwach gesehen hatte.

Er fand das verknitterte Foto auf dem Bett und nahm es. »Ist sie das?«

Ich nickte.

»Sie war hübsch.«

»Ich weiß«, sagte ich und nahm das Foto zurück. Sie hat es nicht weitervererbt, dachte ich. Vielleicht dachte Javid gerade dasselbe.

»Dein Vater ist zur ehemaligen Ausgrabungsstätte gefahren«, sagte er nach einer Weile. »Warum bist du nicht mitgegangen? Cape Alava ist sehr interessant.«

Ich versuchte unbemerkt meine Tränen zu trocknen. »Er ist mit dieser Reporterin gefahren«, brummte ich.

Javid musterte mich. »Diese Reporterin heißt Lorraine und ist gut drauf. Ich kenne einige ihrer Artikel. Sie engagiert sich stark für den Umweltschutz.«

»War sie auch da, als ihr den Wal gejagt habt?«, fragte ich provozierend.

»Ja.« Er nickte ernst. »Aber sie hat sich nicht eingemischt. Ihre Reportage war die sachlichste. Ich finde es cool, dass Lorraine Cook in unserem Motel wohnt. Sie ist eine tolle Frau.«

Darauf sagte ich nichts. Javid brauchte nicht zu wissen, dass ich auf Lorraine eifersüchtig war. Vermutlich würde er es nicht verstehen.

»Ich habe jetzt übrigens die Muster für das Kanu fertig«, eröffnete er mir schließlich und nun fiel mir auch auf, wie übernächtigt er aussah. »Wenn du heute nichts anderes vorhast, könnten wir anfangen es zu bemalen.«

Ein freudiger Ruck ging durch meinen Körper und verjagte die Traurigkeit, die mich erfasst hatte. Mit Javid am Kanu zu arbeiten versprach allemal spannender zu werden als Boote im Hafen zu malen. Ich nickte schnell. Das Wetter war miserabel, also würde es mir nichts ausmachen, im Schuppen zu arbeiten. Um ganz ehrlich zu sein: Ich war überglücklich, dass ich den Tag mit Javid verbringen durfte.

»Und deine Mutter hat dich wirklich nicht geschickt?«, fragte ich noch einmal.

Er sah mich an, als wäre ich nicht ganz richtig im Kopf. »Wie kommst du bloß auf so einen Gedanken?«

Verlegen blickte ich auf den Boden. »Ich habe gestern gehört, wie sie zu dir sagte, dass du freundlich sein sollst, weil wir eure Gäste sind.«

Javid zog die Augenbrauen nach oben und grübelte. Dann fing er plötzlich schallend an zu lachen. »Ach, jetzt weiß ich, was du meinst. Mama war sauer, weil ich so viel mit Tyler geschwatzt und mich nicht um die Austins gekümmert habe.«

»Die Austins?«

»Ja, *die Austins* verdammt noch mal. Und jetzt komm mit runter zu mir, dann gebe ich dir ein paar alte Sachen, damit du deine nicht mit Farbe voll schmierst, wenn wir arbeiten.«

Ich bekam von ihm einen alten Kittel, der voller Farbkleckse war, und wir fuhren in die Siedlung am Hobuck Beach. Ich hätte die ganze Fahrt über singen können vor Freude, aber dann hätte Javid mich sicher für völlig übergeschnappt gehalten.

Als ich den Schuppen betrat, hatte ich wieder das komische Gefühl, nicht allein im Raum zu sein. Da war niemand außer Javid, das war offensichtlich. Trotzdem spürte ich eine seltsame Art von Anwesenheit, die mich verunsicherte. Natürlich sagte ich nichts, aus Furcht, ich könnte mich lächerlich machen.

Das Kanu lag unverändert auf den Böcken und das glatte helle Holz der Außenwände rief förmlich danach, bemalt zu werden. Mit den Schablonen aus Pappe, die Javid entworfen und zurechtgeschnitten hatte, und mit einem dicken Bleistift begann er die Muster anzuzeichnen. Es waren drei stilisierte Orcas für jede Seite und ein Donnervogel für den hohen Bug. Ich half ihm die Pappe gegen das Holz zu halten und ab und zu gab er mir den Bleistift, um eine Linie zu ziehen. Verblüfft stellte ich fest, wie gut alles passte.

Javid arbeitete sehr genau und mit angespannter Miene. Manchmal war sein Kopf dabei so dicht an meinem, dass ich seinen warmen Atem im Gesicht spürte und mich nicht mehr richtig auf die Arbeit konzentrieren konnte. Unsere Arme verschlangen sich beim Halten der Schablonen. Auf einmal hielt ich es nicht mehr länger aus, und als Javids Lippen einmal nur wenige Zentimeter von meinen entfernt waren, küsste ich ihn rasch.

Erschrocken wich er zurück und hielt inne. »Nicht hier«, sagte er brüsk, ein verstörtes Flackern in den Augen.

Erstaunt sah ich ihn an. »Warum nicht?« War es nicht gerade das, was er an mir vermisst hatte? Ein bisschen Eigeninitiative.

»Weil . . .« Er kaute auf seiner Unterlippe herum.

»Weil *was*?«

»Weil wir nicht allein sind«, brachte er schließlich mühsam heraus und ich merkte, dass seine Stimme etwas Flehendes hatte. Frag nicht weiter nach, sagte sie mir.

Ich blickte durch den Raum und drehte mich einmal um die eigene Achse. Es war totenstill, ich konnte nur unseren eigenen Atem hören. Und doch war da etwas, ich hatte es schon die ganze Zeit gespürt. »W . . . w . . . wer?«, stotterte ich.

Javid schloss kurz die Augen und stöhnte leise. »Wenn du ein Kanu bauen willst, brauchst du einen spirituellen Helfer, sonst wird aus deinem Vorhaben nichts. Er ist hier im Schuppen. Und er ist schon ein bisschen ungeduldig, weil es so lange dauert, bis das Kanu endlich fertig ist.«

Ach du dickes Ding, dachte ich. Allerdings war ich eher neugierig als befremdet. »Wer ist *Er*?«, wollte ich wissen.

»Keine Ahnung.« Javid hob die Schultern bis zum Kinn. »Er hat keine Gestalt und ich habe ihn auch noch nie gesehen. Er ist einfach nur da und ich fürchte, er mag es nicht, wenn man über ihn redet.«

Das war deutlich und ich wagte nicht Javid weiter nach dem geheimnisvollen Wesen auszufragen. Allerdings war mir nun doch ganz schön unheimlich zu Mute und ich ärgerte mich darüber.

Aber ich glaube, Javid war froh, dass ich ihn nicht

auslachte. Vielleicht hatte er neulich deshalb so gezögert mich mit in seinen Schuppen zu nehmen. Wahrscheinlich hatte er gedacht, ich würde es nicht verstehen, weil ich weiß war. Ich verstand es auch nicht. Mir blieb nichts anderes übrig, als es einfach zu akzeptieren. Das gehörte zu den Lektionen, die ich langsam, aber sicher lernte. Javid lebte in zwei Welten, einer sichtbaren und einer unsichtbaren. Und die eine war für ihn so real wie die andere.

»Es gibt da ein paar Dinge, die ein Kanubauer besser einzuhalten hat, solange er an seinem Kanu arbeitet«, bemerkte er mit verhaltener Stimme. Mir schien, als hätte er neuen Mut gefasst, und ich sah ihn aufmunternd an, damit er weitererzählte. »Mein Vater hat sich nicht mehr die Haare gekämmt, während er den Einbaum mit der Axt bearbeitete, aus Angst, das Ende des Kanus könne sich spalten. Dad hatte kurze Haare«, sagte Javid traurig lächelnd, »da war es nicht so schlimm.«

»Das ist eine seltsame Regel«, bemerkte ich.

»Ja, davon hatten unsere Vorfahren eine Menge. Eine andere besagt, dass ein Mann keusch bleiben muss, während er an einem Kanu baut. Sonst verrottet es, bevor er es zu Wasser lassen kann.« Javid redete mit mir, vermied es aber, mich dabei anzusehen.

Ich schluckte. »Und«, fragte ich, »haltet ihr euch heute noch an diese alten Regeln?«

Er zuckte die Achseln und setzte seine Arbeit am Kanu fort. »Mein Vater hat sich daran gehalten. Er war ein Nachfahre von mächtigen Walfängern und sehr traditionell erzogen. Vor der Waljagd musste er fasten und kalte Meeresbäder nehmen. Das hat er getan, obwohl es nicht ungefährlich war.«

»Aber was ist mit dir, Javid? Wenn dein Vater Nachfahre von mächtigen Walfängern war, dann bist du es auch.«

»Kommt darauf an, wie viel ich weiß und wie wichtig mir eine Sache ist. Manchmal ist es besser, man hält sich an die Traditionen.« Er verfiel in Schweigen. Sein geistesabwesender Blick beunruhigte mich gewaltig.

»Wirst du auch eines Tages Wale jagen?«, fragte ich schließlich.

Javid hörte auf anzuzeichnen und sah mich an. »Ich weiß es nicht, Copper. Das ist eine schwierige Frage, die ich mir auch immer wieder stelle, seit mein Vater tot ist. Davor war es keine Frage für mich, sondern ein Versprechen. Ich würde Walfänger werden, wie er. Meine Vorfahren waren Walfänger und ich habe dieses Privileg geerbt.«

»Privileg?« Das Wort löste ein seltsames Unbehagen in mir aus und den Wunsch nach noch mehr Fragen. Aber würde Javid sie mir auch beantworten können?

Er seufzte laut. »Willst du das wirklich alles wissen, Copper? Wirst du mir immer noch mehr Fragen stellen?«

Ich nickte.

»Dann lass uns draußen ein Stück laufen, okay?«

 16. Kapitel

Der Regen hatte aufgehört, trotzdem war der salzige Wind, der vom Meer herüberwehte, unangenehm feucht. Wir liefen am Strand entlang, die Gesichter dem Wind abgewandt, und Javid erklärte mir die alte Stammesordnung der Makah.

»Früher einmal hat es in unserem Volk drei verschiedene Ränge gegeben«, sagte er. »An erster Stelle standen die Häuptlinge, die in den meisten Fällen auch Walfänger waren. Walfänger besaßen besonderes Wissen und besondere Fähigkeiten, aus diesem Grund hatten sie auch besondere Rechte. Weil sie dazu in der Lage waren, einen Wal anzulocken und zu töten, konnten sie ihr Volk mit Nahrung versorgen und ihm Sicherheit geben. Deshalb gebührte ihnen der oberste Rang. Als Nächstes kamen die einfachen Leute, die sich ihr Überleben mit anderen Fertigkeiten sicherten. Sie waren gute Jäger oder Fischer. Sie waren Korbflechter und Schnitzer. Die Geringsten waren die Sklaven. Sklaven wurden auf Kriegszügen erbeutet. Sie wohnten mit im Haus ihrer Besitzer und mussten alle niedrigen Arbeiten verrichten. Sie hatten überhaupt keine Rechte.«

Ich dachte daran, was mein Vater mir erzählt hatte. Instinktiv fasste ich nach Javids Hand. »Im Museum habe ich etwas gesehen, eine verzierte Steinkeule. Auf dem Schild darunter stand: Sklaventöter.« Ich blieb stehen und sah ihn fragend an. »Das verstehe ich nicht.«

Javid drehte sich zu mir um und der Wind wehte ihm die Haare über das Gesicht. »Wir Makah waren kein armes Volk, Copper. Das Meer gab uns alles, was wir brauchten. Was wir nicht selbst herstellen konnten, tauschten wir bei anderen Stämmen ein. Wenn unsere Vorfahren ein Potlatch feierten, eines unserer Schenkungsfeste, war das eine willkommene Gelegenheit der Privilegierten, ihren Reichtum und ihre Macht zu zeigen. Sie taten das, indem sie wertvolle Sachen verschenkten. Der Beschenkte wurde auf diese Weise gedemütigt, weil er manchmal nicht in der Lage war, sich zu revanchieren. Aber es kam auch vor, dass einer vollkommen pleite war, weil er alles, was er besaß, verschenkt hatte.«

Ich fand die alte Welt von Javids Vorfahren ziemlich merkwürdig. »Und wozu war nun dieser Sklaventöter?«

»Um Sklaven zu töten, Copper.« Er lief weiter und zog mich hinter sich her. »Ich weiß, es klingt barbarisch, aber so war das nun mal. Um seinen Reichtum zu zeigen, konnte ein Häuptling seine Sklaven auf einem Potlatch verschenken. Wenn er sie jedoch tötete, hob das sein Ansehen noch mehr.«

Dass überall auf der Welt Menschen vor langer Zeit seltsame Dinge getan hatten, war mir nicht fremd.

Aber während ich Javid zuhörte, wurde mir doch mulmig zu Mute, denn so vergangen hörte sich das alles gar nicht an. Ein Teil dieser alten Welt schien in den Köpfen der Makah immer noch vorhanden zu sein, Javid nicht ausgeschlossen. Wenn ich nur mehr über ihn erfahren könnte. Viel mehr, als drei Wochen zuließen.

Der Ozean rauschte und Muschelschalen knackten unter meinen Füßen. Eine zankende Möwe flog über unsere Köpfe.

»Bist du jetzt entsetzt?«, fragte er.

»Nicht wirklich«, antwortete ich. »In vielen alten Kulturen haben die Menschen grausame Dinge getan, weil sie es nicht besser wussten. Aber heute ist das anders. Heute wissen wir es besser.«

»Dann hältst du also nichts von Traditionen«, meinte er mit nüchterner Stimme.

»Das habe ich gar nicht gesagt. Aber alles verändert sich, Javid. Auch die Menschen, ihre Ideen und Gedanken, ihre Wünsche. Von starren Traditionen halte ich wirklich nichts.«

Er warf mir einen zweifelnden Blick zu. »Du meinst, auch Traditionen können sich verändern?«

»Ja, klar.«

»Aber sind es dann überhaupt noch Traditionen?«

»Ich denke schon.« Ich musterte ihn von der Seite und merkte, wie er darüber nachdachte. »Feiern die Makah heute noch Potlatches in Neah Bay?«, fragte ich ihn.

»Ja, zum Beispiel zu unseren Festtagen in zwei Wochen.«

»Ich nehme mal an, dass dabei keine Sklaven mehr getötet werden.«

»Blödsinn«, sagte Javid und lachte ärgerlich. Er ließ meine Hand los.

»Also ist euer Potlatchfest eine Tradition, aber eine mit veränderten Bräuchen«, erklärte ich.

»Was verstehst du schon davon?«, brummte Javid. Er wirkte enttäuscht.

»Ich verstehe nicht viel von euren Traditionen«, gab ich zu, »aber ich mache mir so meine Gedanken.«

Javid lief jetzt schneller. Mit den Füßen stieß er Schwemmholzstücke zur Seite. Ich versuchte ihn einzuholen, als er abrupt stehen blieb. »Mein Vater war ein guter Fischer und er kannte das Meer mit all seinen Tücken. Und trotzdem ist er auf diese absurde Weise gestorben: ertrunken, mit dem Fuß im eigenen Netz verfangen. Ich glaube, er ist gestorben, weil er ein Walfänger war.«

»Weil er ein Walfänger war?« Ich sah Javid mit großen Augen an.

Er schüttelte den Kopf und hob die Hand, als sei es zu schwierig, das zu erklären. Ein bisschen verloren stand er da.

»Erklär es mir, Javid, bitte.«

»Walfänger besitzen große Macht«, sagte er schließlich. »Sonst wären sie gar nicht in der Lage, von einem einfachen Kanu aus so ein riesiges Tier mit der Harpune zu töten. Aber diese Macht wird ihnen von anderen geneidet. Manchmal wurden ein Walfänger und seine Familie verhext. Ich glaube, mein Vater ist verhext worden.«

Die letzten Worte klangen düster. Nun war es raus, was ihn schon seit einiger Zeit quälte. Aber auch wenn ich Javids Offenheit zu schätzen wusste, befremdete mich, was er da gesagt hatte. Wenn er vom Wassermonster Sisiutl, von Kupferfrau und unsichtbaren spirituellen Helfern erzählte, hatte ich nur Geschichten im Sinn gehabt. Doch nun musste ich begreifen, dass diese Geschichten ein Teil seines Lebens waren.

»Was deinem Vater passiert ist, war ein Unfall, Javid. Vielleicht hat er sich geirrt und in einem verrückten Augenblick genau das Falsche getan. Kein Mensch ist vollkommen, jeder irrt einmal.«

»Aber vielleicht irre ich auch, wenn ich mich damit abfinde, dass es ein Unfall war.«

»Und was würde das ändern? Er ist tot, Javid«, sagte ich leise, sodass er es kaum verstehen konnte.

»Ja, er ist tot, verdammt noch mal, aber er verfolgt mich in meinen Träumen. Manchmal, in der Nacht, da steht er vor meinem Bett und ich kann hören, wie er zu mir spricht: ›Denk an deine Verpflichtung, Javid‹, sagt er. ›Denk daran, dass du ein Nachfahre von Walfängern bist, das ist wie ein Versprechen. Du musst diese Tradition fortsetzen, du musst das Erbe deiner Großväter bewahren.‹« Javid ballte seine Hände zu

Fäusten, dass die Fingerknöchel weiß hervortraten. »Dann verschwindet er wieder und ich kann nicht mehr schlafen.«

Endlich begriff ich ihn. »Du willst gar kein Walfänger werden, stimmt's?«

»Ich weiß es nicht, Copper. Das ist es ja. Ich weiß es nicht. Ich will meinen Vater nicht enttäuschen, aber mein Traum ist ein anderer. Ich will studieren wie Tyler. Ich will mehr wissen, über das Meer, die Wale, ich . . . ach verdammt, warum ist alles nur so kompliziert?«

»Hast du niemanden, mit dem du darüber reden kannst?«

Javid sah mich verwundert an. »Ich rede doch mit dir.«

»Glaubst du, dass ich die Richtige dafür bin? Ich kann dir nicht helfen. Du brauchst jemanden, der sich mit euren Traditionen gut auskennt. Jemand, der alt ist.«

»Aber du bist Kupferfrau.« Es klang verzweifelt. »Du hast eine alte Seele.«

»Ich hab bloß rote Haare, Javid. Begreif das doch endlich.«

»Vielleicht«, sagte er. »Aber mit dir kann ich reden. Weiß auch nicht, warum.«

»Hast du schon mal mit deiner Mutter über das alles gesprochen?«

Javid nickte. »Ich habe es versucht. Sie hält nichts davon, dass ich in die Fußstapfen meines Vaters trete und die Walfängertradition fortsetze. Ihr tun die Wale Leid. Du hast ja gehört, was sie gesagt hat.«

»Tun sie dir nicht Leid?«

»Doch, irgendwie schon. Aber da ist auch dieses Pflichtgefühl, das Gefühl, ein Makah zu sein und Verantwortung zu haben für das, was noch kommt. Aber nun hör auf zu fragen, Copper«, sagte Javid im gleichen Atemzug.

»Warum?«

»Mein Gehirn braucht eine Pause.«

Wir kamen an diesem Tag nicht mehr dazu, mit dem Bemalen des Kanus zu beginnen. Nach unserem Spaziergang zeichneten wir die Muster fertig an. Schweigend, denn geredet hatten wir genug. Auch mein Hirn brauchte eine Pause, um all das zu verarbeiten, was ich eben erfahren hatte. Ich war glücklich darüber, mit Javid arbeiten zu können, ohne reden zu müssen – *ohne* dass das Schweigen unangenehm wurde.

»Lass uns morgen weitermachen«, sagte er irgendwann. »Es ist schon spät und ich bin ein bisschen k. o. Hab nicht viel geschlafen letzte Nacht.«

Wir fuhren nach Neah Bay zurück, wo die nassen Wolken noch tiefer hingen als am Hobuck Beach. Mein Vater und Lorraine waren auch gerade zurückgekommen. Sie standen bei Freda im Büro und sprachen mit ihr, als wir den Raum betraten.

Ich hatte immer noch Javids Kittel mit den Farbklecksen an und Papa sagte: »Ich wusste gar nicht, dass du was für Rot übrig hast, Sofie. Wie war dein Tag? Bist du zufrieden mit dir?«

»Ja«, sagte ich.

»Zeigst du mir deine Bilder?«, bat Lorraine. »Ich bin wirklich neugierig darauf, was du gemalt hast.«

»Ich habe heute keine Bilder gemalt.«

Mein Vater horchte auf. »Dann ist der Kittel wohl nur Verkleidung?«, fragte er, einen scharfen Unterton in der Stimme. »Wo seid ihr denn gewesen?«

»Ich habe . . . wir waren . . .« Ich zögerte, weil ich nicht wusste, ob Javid gefiel, dass ich erzählte, was er in dem alten Schuppen machte. Vielleicht war es ein Geheimnis und er wollte nicht, dass ein anderer davon erfuhr, nicht einmal seine Mutter.

»Ich bin dabei, ein Kanu zu bemalen«, sagte er schließlich mit genervter Stimme. »Sofie hat mir geholfen.«

Jetzt war mein Vater hellwach. »Du hast ein eigenes Kanu? Das ist wirklich interessant. Willst du damit an diesem Kanutreffen teilnehmen?«

»Vielleicht.«

»Ich würde dein Kanu gerne fotografieren.«

»Das geht nicht«, sagte Javid mürrisch. »Nicht, bevor es fertig ist.«

»Hast du es denn selbst gebaut?«

»Nicht ganz. Mein Vater hat damit angefangen und ich bin dabei, es zu beenden.«

»Ein junger Kanubauer bei der Arbeit«, sagte mein Vater. »Das wäre ein schönes Foto für den Bildband.«

Javid betrachtete meinen Vater misstrauisch. »Mag schon sein. Ich will trotzdem nicht, dass jemand dieses Kanu sieht, bevor es fertig ist.«

»Aber Sofie darf es sehen, sie darf dir sogar beim Bemalen helfen.«

Tja, Papa, dachte ich, ich bin Kupferfrau. Aber davon weißt du nichts. Ich schämte mich für meinen Vater, weil er Javid so in die Enge trieb.

Javid warf seiner Mutter einen Blick zu, in dem er sie um Verständnis bat und um ein wenig Beistand.

Freda sagte: »Seien Sie meinem Sohn nicht böse, Mr Tanner, aber wir Makah haben da unsere Eigenheiten, die einem Fremden vielleicht bizarr erscheinen mögen. Bedrängen Sie Javid nicht, wenn er Ihnen das Kanu nicht zeigen möchte. Ich bin sicher, er hat seine Gründe dafür.«

»Tut mir Leid«, sagte mein Vater, als er merkte, dass er sich falsch verhalten hatte. »Manchmal will ich es nicht wahrhaben, dass ich nicht immer alles vor meine Kamera bekommen kann, was ich mir so wünsche.«

Javid verschwand hinter dem roten Vorhang und Lorraine wandte sich an mich. »Wir haben noch nichts gegessen, Sofie. Hast du Lust, mit uns ins Restaurant zu gehen?«

Ich hatte mal wieder nicht ans Essen gedacht, doch nun spürte ich meinen Magen wütend knurren. »Okay«, sagte ich deshalb. »Warum nicht.«

Wir gingen wieder in »The Cedars«, dasselbe Restaurant, in dem mein Vater und ich am ersten Tag gewesen waren. Nach einer Weile, wir hatten schon bestellt, rückte Lorraine damit heraus, dass sie heute Geburtstag hatte.

»Wie alt bist du denn geworden?«, fragte ich.

»Sechsunddreißig«, sagte sie. »Ganz schön alt, hmm?«

Verdammt! Nur ein einziger idiotischer Satz konnte urplötzlich dieses hilflose Gefühl von Schmerz und Verlassenheit auslösen. Ich schluckte und Tränen schossen mir in die Augen, ohne dass ich etwas dagegen tun konnte. Bevor Papa oder Lorraine es bemerken konnten, flitzte ich nach draußen auf die Straße. Sechsunddreißig Jahre. So alt wäre Mama in einem Monat auch geworden. Ich würgte ein paar Schluchzer hinunter und wischte mir die Tränen aus dem Gesicht. Sechsunddreißig war gar nicht alt. Mama würde nie sechsunddreißig werden.

Regen fiel auf mein Gesicht, aber ich nahm ihn kaum wahr. Ein Indianer im elektrischen Rollstuhl kam an mir vorbeigefahren, und als ich ihm nachsah, entdeckte ich einen kleinen Hund, der unter dem Sitz des Gefährts mitlief. Auf diese Weise wurde er nicht nass. Über den drolligen Anblick musste ich lachen.

Lorraine kam aus dem Restaurant und legte mir eine Hand auf die Schulter. »Tut mir Leid, Sofie«, sagte sie. »Das konnte ich nicht wissen. Natürlich hat mir dein Vater von deiner Mutter erzählt, aber . . .«

»Ist schon gut«, erwiderte ich. »Du hast wirklich keine Schuld. Manchmal ist es eben noch so. Jemand sagt etwas und ich muss losheulen.«

»Verstehe ich gut«, meinte sie und wirkte ehrlich. »Kommst du wieder mit rein? Du wirst sonst ganz nass.«

Ich hatte mich schon auf Lorraines trostreiche Worte eingestellt und mich gewappnet gegen leere Worthülsen, die ich in solchen Situationen meist zu hören bekam. Aber sie sagte nichts dergleichen. Fragte mich nur, ob ich wieder reinkommen wollte.

»Na gut«, antwortete ich und folgte ihr nach drinnen.

An diesem Abend im Restaurant, der noch richtig lustig wurde, lernte ich Lorraine besser kennen und merkte auf einmal, dass ich sie mochte. Es gefiel mir nicht, dass es so war, aber ich konnte nichts dagegen tun. Lorraine Cook war eine faszinierende Frau und es war nicht weiter verwunderlich, dass Papa das noch vor mir bemerkt hatte.

Auch wenn er es versuchte, er war nicht gut genug darin, seine Sehnsucht nach Liebe zu verbergen. Ich sah wohl, wie seine Augen all das zärtlich verfolgten, was Lorraine sagte und mit eindrucksvollen Gesten begleitete. Was dachte er sich eigentlich dabei? Lorraine war Amerikanerin und würde sicher wieder aus seinem Leben verschwinden. Aber dann wurde mir bewusst, dass es ja mit mir und Javid dasselbe war. Er würde auch aus meinem Leben verschwinden.

Und dabei wünschte ich mir so, ihn bei mir behalten zu können. Javids neue, unvermutete Offenheit gab mir das Gefühl, wichtig und wunderbar zu sein. Ich war mir auf einmal sicher, dass er sich nicht nur für meine roten Haare interessierte, sondern wirklich jemanden brauchte, dem er von seinen Zweifeln erzählen konnte. Ein verwegenes Gefühl von Selbstvertrauen hatte von mir Besitz ergriffen. In dieser Stimmung ließ sich das Geturtel von Lorraine und meinem Vater leichter ertragen.

Als ich später in meinem Bett lag, schwirrten Pläne wie bunte Schmetterlinge durch meinen Kopf. Schmetterlinge waren auch in meinem Bauch. Ich war verliebt und wurde geliebt. Das machte die Trauer, die in mir war, weniger schroff und verzweifelt. Wie auf dicken, wattigen Wolken schwebte ich dahin und entfernte mich immer mehr von diesem Zustand, den die Erwachsenen Kindheit nennen. Nur Papa wollte das irgendwie nicht wahrhaben. Für ihn würde ich wohl ewig die kleine Sofie mit den dünnen Armen und Beinen sein, die er auf seinen Schultern getragen hatte, wenn sie müde wurde. Auch jetzt waren meine Beine manchmal müde. Aber ich hatte längst begriffen, dass ich trotzdem weitergehen musste, wenn ich mein Ziel erreichen wollte.

 17. Kapitel

In Gedanken hatte ich mir bereits ausgemalt, wie Javid und ich weiter am Kanu arbeiten würden. Vielleicht konnte ich noch mehr von ihm erfahren, von seinem Vater und den alten Traditionen. Ich freute mich schon so auf die Arbeit im Schuppen, dass ich furchtbar enttäuscht war, als sich am nächsten Morgen herausstellte, dass ich meine Pläne ändern musste.

Onkel Henry brauchte Javid auf seinem Boot. Er wollte zum Fischen ausfahren und der junge Mann, der ihn sonst dabei begleitete, war krank geworden.

»Ich muss Onkel Henry helfen, Copper«, sagte Javid. »Meine Mutter und ich, wir haben ihm viel zu verdanken.« Er stand in Gummihosen in seinem Zimmer und griff nach seiner gelben Öljacke. »Na, komm«, meinte er aufmunternd. »Du wirst auch mal einen Tag ohne mich zurechtkommen.«

Ich tröstete mich damit, dass auch Javid wenig begeistert davon war, mit seinem Onkel fischen fahren zu müssen. Trotzdem schmollte ich ein wenig. Mein missmutiges Gesicht reizte Javid zum Lachen. Er küsste mich, erst heftig und dann so zärtlich, dass ich den Boden unter den Füßen verlor. Ich hielt mich mehr an ihm fest, als dass ich ihn umarmte.

»Du hast mich ja richtig gern, Copper«, sagte er erstaunt.

Ich lauschte seinem flachen Atem nach dem Kuss. »Was hattest du denn gedacht?«

Sein Blick war unergründlich. »Ich weiß nicht. Ich weiß nicht, was du wirklich willst.«

»Weißt du denn, was du willst?«

»Oh ja«, sagte er im Brustton der Überzeugung. »Aber jetzt muss ich los, mein Onkel wartet bestimmt schon.« Javid verschloss sein Zimmer hinter mir und eilte davon.

Ein wenig verloren stand ich da. Vorne, auf der Straße, unterhielt sich mein Vater mit Lorraine. Dann stieg sie in ihren Wagen und fuhr weg. Papa winkte mir und ich ging zu ihm.

»Hat dein Freund heute keine Zeit für dich?«, fragte er und legte einen Arm um meine Schulter.

»Er muss seinem Onkel auf dem Boot helfen«, antwortete ich brummig.

»Lorraine hat heute auch keine Zeit für mich. Sie hat sich mit einigen Leuten vom Stammesrat zu Gesprächen verabredet und wird den ganzen Tag zu tun haben.« Er stupste mir zärtlich unters Kinn. »Was machen wir zwei Übriggebliebenen denn nun?«

Ich zuckte die Achseln. »Ich werde wohl malen.«

»Vielleicht kannst du mir ja auch helfen, Sofie«, schlug er vor. »Das Wetter macht einen ganz guten Eindruck und ich könnte Aufnahmen von den Papageientauchern am Cape Flattery machen. Das wird sicher eine ziemliche Kletterei und ich könnte jemanden brauchen, der mir dabei hilft.«

Ich überlegte eine Weile und fand die Idee gar nicht so schlecht. »Na gut«, sagte ich. »Ich komme mit.«

Mein Vater trug seine Fotoausrüstung in den Wagen und ich packte meine Malsachen zusammen. Mit einem Fotografen unterwegs zu sein konnte sehr schnell anstrengend werden. Zum Beispiel, wenn er irgendwo ein gutes Motiv entdeckt hatte, dann aber noch das passende Licht fehlte und ewig auf die Sonne gewartet werden musste, die sich hinter einer dicken Wolke versteckte.

Darauf wollte ich vorbereitete sein.

Papa kannte den Weg zum Kap. Allerdings fuhr er die asphaltierte Straße, die fast bis zum Parkplatz führte, und nicht den kürzeren Holperweg, den Javid mit mir gefahren war. Ich half ihm beim Tragen seiner schweren Fototaschen und er erzählte mir, dass er mit dem, was er bisher geschafft hatte, zufrieden war. Sehr schnell begann er von Javids Kanu zu sprechen. Der Gedanke daran hatte ihn nicht losgelassen. Wie auch, wenn er selbst einmal von der Idee besessen gewesen war, ein Kanu zu bauen?

Ich erzählte ihm von Javids Vater. Nur so viel, dass ich keine Geheimnisse verriet. »Nach der Waljagd hat er begonnen das Kanu zu bauen. Dann ist er verunglückt und Javid hat es fertig gestellt. Es sieht richtig gut aus, fast wie die im Museum. Nun bemalen wir es noch. Javid hat sich die Muster selbst ausgedacht. An den Bug kommt der Donnervogel, an die Seiten jeweils drei Orcas.«

»Dann ist er also ein richtiger kleiner Künstler?«

»Javid ist ein Künstler, Papa. Er kann auch wunderschön schnitzen.«

»Ja, Freda hat mir erzählt, dass die Masken von Javid sind, die im Aufenthaltsraum hängen. Das hätte ich ihm gar nicht zugetraut. Aber hier in Neah Bay kann vermutlich jeder schnitzen oder Körbe flechten.«

Na toll, dachte ich. Mit dieser Bemerkung hatte mein Vater Javids Können heruntergespielt, als wäre es so etwas Selbstverständliches wie Fahrradfahren. Aber ich hatte keine Lust, mit ihm darüber zu diskutieren. Ich war davon überzeugt, dass Javid eine ganz besondere Begabung hatte, und das nicht nur, was seine handwerklichen Fähigkeiten betraf.

Sollte Papa doch denken, was er wollte. Er machte seine Fotos, die Momentaufnahmen einer fremden Welt waren, während ich diese Welt wirklich erlebte. Dass es so war, hatte ich Javid zu verdanken. Ohne ihn wären die Tage in Neah Bay furchtbar einsam für mich. Ganz besonders jetzt, wo Papa Lorraine gefunden hatte.

Diesmal hatte ich das Gefühl, als zöge sich der Plankensteg zum Kap endlos lange hin. Aber vielleicht lag das auch daran, dass ich mit meinem Vater und nicht mit Javid Ahdunko unterwegs war. Auch bei hellem

Tageslicht blieb es unter dem Dach der Bäume dunkel. Ich konnte jedoch mehr erkennen als an jenem Abend, an dem ich den Pfad das erste Mal gegangen war. Der Küstenwald am Kap mutete wie eine Art Urwald an. Graugrüne Flechten hingen von den Zweigen der Baumriesen wie zottige graue Haarbüschel. War ein morscher Stamm gefallen, blieb er liegen, wo er war, und neue Sämlinge trieben ihre Wurzeln in das verrottende Holz. Die neuen Bäume wuchsen dann in einer geraden Linie auf dem Rücken der gestürzten Stämme, die von den Indianern *Nurse Logs* genannt wurden.

Rasch lief ich weiter. Farne wucherten und Beerensträucher. Moose und großblättrige Bodenpflanzen wuchsen im dämmrigen, ewig feucht-kühlen Unterholz, das den Geruch von Moder ausatmete. Die Farbpalette reichte von erdigem Braun bis Giftgrün und vor meinen Augen verschwamm alles zu einem wilden Durcheinander. Manchmal hatte ich das Gefühl, dieser üppige Wald wolle mit seinen grünen Armen nach mir greifen.

Nach einer Viertelstunde Fußmarsch erreichten wir schließlich die Plattform am Kap. Mit kundigem, abschätzendem Blick sah sich mein Vater um. Wie ich es geahnt hatte, wurde das Fotografieren der Papageientaucher zu einem Abenteuer. Als wir endlich einige der seltenen Vögel entdeckt und ihre Nester ausfindig gemacht hatten, begann mein Vater eine halsbrecherische Kletterei – das Stativ in der linken Hand und die schwere Tasche mit der Fotoausrüstung um den Hals. Die Steilküste war felsig und zerklüftet. Unten schäumte die Gischt, wenn die grünen Wellen gegen den Felsen schlugen.

Trotzdem war mein Vater nicht mehr zu halten. Längst stand er unterhalb der Brüstung und war dabei, die Steilküste ein Stück hinabzuklettern, bis er die richtige Position für sein Stativ gefunden hatte. Seltsamerweise ließen sich die schwarzen Vögel mit der eigenartigen Federhaube und dem orangefarbenen Schnabel davon nicht stören. Sie stießen Warnschreie aus, verließen ihre Gelege aber nicht.

Plötzlich machte mein Vater einen falschen Schritt und rutschte. Ein paar Steine lösten sich, kollerten über den Abhang und plumpsten ins Meer. Ich schrie auf und beugte mich über die Brüstung aus dicken Rundhölzern. »Papa?«, rief ich.

»Keine Angst«, sagte er und blickte zu mir herauf. »Mir wird schon nichts passieren.«

Aus dem Alter, in dem ich solche Beteuerungen glaubte, war ich längst raus. Ich sah sehr wohl, dass ein falscher Tritt genügen konnte, um ihn hinabstürzen zu lassen. Und unten würde er dann auf die Felsen schlagen, die dicht unter der Wasseroberfläche ihre schroffen Spitzen zeigten. Zornig betrachtete ich die schaukelnden Arme des Seetangs im Wasser.

In diesem Moment empfand ich eine verzweifelte Wut auf meinen Vater und zur gleichen Zeit hatte ich große Angst um ihn. Was, wenn ich ihn auch noch verlor? Vielleicht war er nicht mein bester Freund, aber er war mein Vater – der einzige Vater, den ich hatte. Und ich liebte ihn. Liebte ihn so, wie er war, mit all seinen Fehlern und Marotten.

Ich trat vom Geländer zurück, weil ich es nicht mehr mit ansehen konnte. Wo war sein Verantwortungsbewusstsein geblieben? Er überschätzte sich völlig und merkte es nicht. Waren ihm seine verdammten Fotos wichtiger als ich? In diesem Augenblick begriff ich, dass Erwachsensein nicht auch gleichzeitig bedeutete keine Fehler mehr zu machen.

Später saßen wir zusammen auf einer der Holzbänke am Kap und aßen von den Sandwichs, die Freda auf Bitten meines Vaters für uns belegt hatte. Das weiße Brot war weich und schmeckte süßlich, aber das Fleisch war frisch und der Salat dazwischen noch knackig.

Ich hatte meinem Vater seinen Leichtsinn schon halb verziehen und war einfach nur froh, dass er jetzt unversehrt neben mir saß. Die Aufnahmen von den Papageientauchern waren im Kasten und ich hoffte für Papa, dass sie den Einsatz auch wert waren.

»Ich denke, es werden ein paar gute Aufnahmen dabei sein«, meinte er selbstzufrieden.

»Du hättest runterfallen können.«

Er blickte auf, um mich anzusehen. »Hattest du Angst?«

»Ja, zum Teufel. Ich habe nur noch dich.«

»Tut mir Leid.« Er schluckte. »Das wollte ich nicht.«

»Kommt es öfter vor, dass du dich so in Gefahr bringen musst, wenn du deine Fotos machst?«

Papa lächelte kopfschüttelnd. »Ich bin kein Kriegsberichterstatter. Ich mache ganz normale Fotos.«

»Warum lügst du, Papa? Ich bin fünfzehn und nicht blöd.«

Mein Vater rieb sich die Krümel von den Händen. »Manchmal mache ich meine Aufnahmen unter abenteuerlichen Bedingungen, das ist wahr. Es ist mein Beruf, Sofie, und ich liebe ihn.«

»Und was ist mit mir?«

»Du bist das Wichtigste.«

Ein dicker Kloß saß in meiner Kehle.

»Javid musste seiner Mutter versprechen nicht zu ertrinken wie sein Vater«, sagte ich nach einer Weile. »Versprichst du mir, dass du immer wieder zu mir zurückkommen wirst?«

»Ich verspreche es.«

Papa nahm mich in die Arme und für einen Augenblick schien die Welt in Ordnung zu sein.

»Du hast Javid Ahdunko also richtig gern«, sagte er und versuchte beiläufig zu klingen.

Trotzdem war ich wachsam. Ich traute dem Frieden nicht.

»Ich hab ihn lieb«, sagte ich. Das war die Wahrheit.

»Woran hast du eigentlich gemerkt, dass es Liebe ist?«

Woran merkt man, dass es Liebe ist? »Ich möchte immerzu bei ihm sein«, sagte ich.

Papa nestelte auf einmal nervös an der Schlaufe seiner Kameratasche herum. »Na ja«, sagte er, »ich dachte . . . vielleicht sollten wir uns mal unterhalten, über . . . Sex.« Er war so verlegen, dass er mir beinahe Leid tat. »Du kannst mir alles sagen, Sofie, ich meine, du kannst alles fragen . . . alles, was du wissen willst.« Abwartend sah er mich an.

»Mach dir da mal keine Sorgen«, sagte ich. »Mama hat mir längst alles erzählt, was ich wissen muss.«

»So?« Verblüfft sah er mich an.

Ich musste lachen. »Ja, wir haben über alles geredet.«

»Sie kann dich nicht mehr beschützen«, sagte er leise.

»Nein. Du aber auch nicht, Papa.«

»Ich würde es trotzdem gern.«

»Ist Sex etwas, wovor man beschützt werden muss?«, fragte ich.

Er seufzte. »Kommt darauf an.«

»Worauf?«

»Ich will nicht, dass du schmerzliche Erfahrungen machst, Sofie.«

»Ich glaube, das kannst du nicht verhindern, Papa. Aber ich werde auf dein Angebot zurückkommen, wenn ich Fragen haben sollte. Außerdem brauchst du dir keine Sorgen zu machen. Solange Javid an seinem Kanu baut, darf er keinen Sex haben, sonst verfault das Boot.«

»Was?« Papa verschluckte sich an seinem Sandwich und hustete.

»Makah-Zauber«, erklärte ich achselzuckend. Ich legte meinen Kopf an seine Schulter und er beugte seinen zu mir herüber. So saßen wir eine Weile still.

Irgendwann richtete er sich auf und sagte: »Ich hab nicht gedacht, dass es mal so kommen wird.«

»Du meinst, das mit Mama?«

»Ja.«

»Niemand hat das gedacht. Sie selbst am allerwenigsten. Sie wollte so gerne noch bei uns sein.«

»Es tut mir Leid, dass ich so wenig von dir weiß, Sofie«, sagte mein Vater. »Ich war nie da. Auf einmal wird mir klar, wie viel ich verpasst habe.«

Sollte doch noch ein richtiges Team aus uns werden?, dachte ich. Ob es wohl an Lorraine lag, dass mein Vater plötzlich Verständnis für Dinge zeigte, auf die er sonst mit Ärger reagiert hatte?

»Auf jeden Fall finde ich es schön, dass wir heute hier zusammen am Kap waren«, sagte er.

»Ja«, erwiderte ich. »Das finde ich auch.«

Papa verschwand am Abend in Lorraines Zimmer. Ich schlich auf Zehenspitzen die Holzstufen hinab und klopfte leise an Javids Tür. Er öffnete und zog mich hinein. »Schön, dass du noch mal kommst, Copper. Ich hatte Sehnsucht nach dir.«

Hatte er das wirklich gesagt?

Ich erzählte ihm kurz von meinem Tag und merkte,

dass er vollkommen erschöpft war und müde. Aber er lächelte, als er mir zuhörte, und seine Augen glänzten. Dass mein Vater versucht hatte mich aufzuklären, erzählte ich ihm allerdings nicht.

»Hast du morgen Zeit für mich?«, fragte er, als ich meinen Bericht beendet hatte.

Wollte er mich auf den Arm nehmen? »Ich möchte so gerne Ozette sehen«, sagte ich.

»Da gibt es nicht mehr viel zu sehen«, sagte er. »Du wirst enttäuscht sein.«

»Bestimmt nicht.«

Javid hob die Schultern. »Na gut. Wir können mit dem Schlauchboot hinfahren, dann ist es nicht so weit.«

18. Kapitel

Das gute Wetter hielt sich auch noch am folgenden Tag. Mein Vater und Lorraine hatten von einem Vertreter des Stammesrates eine Einladung bekommen, die stammeseigene Fischzuchtanlage zu besichtigen. Sie wollten sich vor Ort die derzeitigen Projekte und dazugehörigen Probleme erklären lassen. Papa fragte gar nicht erst, ob ich ihn und Lorraine begleiten wollte. Dafür war ich ihm sehr dankbar. Die Fischzuchtanlage interessierte mich nicht, und selbst wenn: Javid hatte versprochen mir Ozette zu zeigen!

Leise, damit die anderen es nicht hören konnten, schmiedeten wir unsere Pläne. Javid schlug vor zunächst einige Zeit am Kanu zu arbeiten und später mit dem Schlauchboot bis zur Ausgrabungsstelle zu fahren. Als mein Vater und Lorraine fort waren, brachen auch wir auf. Javid drückte mir den Autoschlüssel in die Hand. »Hier«, forderte er mich auf. »Heute fährst du.«

»Was?« Verdattert blickte ich ihn an. »Aber ich kann überhaupt nicht Auto fahren.«

Er grinste breit. »Dann wird's Zeit, dass du es lernst.«

»Aber . . . ?«

»Nun mach schon, Copper, es ist wirklich nichts dabei. Der Pickup ist zwar alt, hat aber eine Automatikschaltung. Du kannst gar nichts falsch machen.«

Mit weichen Knien und zitternden Händen setzte ich mich hinters Steuer. Nachdem Javid den Zündschlüssel umgedreht und die Bremsen gelöst hatte, folgte ich mechanisch seinen Anweisungen. Der Kleinlaster fuhr wie von selbst und ich brauchte bloß noch zu lenken und zu bremsen. Es war kinderleicht und ein euphorisches Gefühl überkam mich, als ich den Pick-up langsam aus Neah Bay herauslenkte.

»Na also!« Javid verschränkte zufrieden die Arme vor der Brust. »Du kannst es doch.«

Den restlichen Vormittag arbeiteten wir konzentriert an der Bemalung des Kanus. Inzwischen hatten wir beide Routine bekommen und die Arbeit ging uns gut von der Hand. Javid war zufrieden mit dem Tempo, in dem wir vorankamen, obwohl er langsamer arbeitete als ich. Diese Ruhe lag in seinem Blut und machte mich manchmal nervös. Das Fest rückte immer näher und ich bekam langsam Panik, wenn ich sah, wie viel wir noch zu tun hatten. Wenn es nach mir gegangen wäre, hätte ich Tag und Nacht durchgearbeitet, bis das Kanu fertig war. Aber Javid kannte keine Eile. Er blieb ruhig und gelassen.

»Den ganzen Tag zu arbeiten ist nicht gut«, erklärte er mir. »Man muss den Kopf noch freihaben für andere Dinge, sonst wird die Arbeit zur Qual, und was du tust, wird schlecht. Das bringt gar nichts.«

Gegen Mittag hörten wir auf am Kanu zu arbeiten und machten uns mit dem Schlauchboot auf den Weg nach Ozette. Diesmal war ich praktischer gekleidet, mit knielangen, dünnen Stoffhosen, einem T-Shirt und wasserfesten Sandalen. Es war herrlich warm und ich hatte vorsichtshalber meinen Strohhut dabei. Bisher hatte ich mich nicht getraut ihn aufzusetzen, aber nun riet Javid mir dringend dazu. Als ich es schließlich widerstrebend tat, konnte er sich ein Lachen kaum verkneifen. »Jetzt siehst du aus wie ein Walfänger!«

Wir hielten nach den Orcas Ausschau und meine Hoffnung, sie würden uns entdecken, erfüllte sich. Es dauerte nicht lange und die schwarzen Flossen tauchten auf. Granny, Conny und Lopo umkreisten uns wie immer in einiger Entfernung, aber Bob und Mora kamen in parallelen Sprüngen auf uns zu.

»Wie machen sie das nur?«, rief ich begeistert.

»Mit ihrem Sonar koordinieren sie ihr Schwimmen«, antwortete Javid, »deshalb kommen sie sich nicht in die Quere. Mit Hilfe dieser Schallwellen können sie sogar Spalten im Eis finden und sich gegenseitig auf Gefahren oder Nahrungsquellen aufmerksam machen.«

Ein Quietschen, Pfeifen und Wimmern begann. Es waren seltsame Kreischtöne, die mich an Urwaldstimmen denken ließen. Manchmal klang ihr Heulen auch wie das Echo eines Wolfsrufs.

Javid lachte kopfschüttelnd. »Verstehst du, was sie uns sagen wollen?«

Ich sah ihn mit großen Augen an.

»Sie freuen sich über unseren Besuch, Copper. Besonders Bob und Mora sind interessiert an allem, was um sie herum passiert.«

Bob schlug seine große Schwanzflosse auf die Wasseroberfläche und bespritzte uns mit einer Ladung Meereswasser. Dann tauchte er schnell ab, wie ein Lausbub, der anderen einen Streich gespielt hatte. Javid war klatschnass geworden und ich musste schallend lachen. Die Schreie, die aus dem Meer zurückkamen, klangen wie eine Nachahmung meines Gelächters.

Die beiden Orcas schwammen um das Schlauchboot herum, sie tauchten ab in die Tiefe, rieben sich am steinigen Meeresboden und kamen wieder an die Oberfläche, um ihre gewaltigen Lungen mit Luft zu füllen.

»Schau dir Lopo, Conny und Granny an«, sagte Javid und wies auf die drei Wale, die es vermieden, dem Schlauchboot allzu nahe zu kommen. »Irgendwie trauen sie dem Frieden nicht. Granny hat die Verantwortung für ihre kleine Familie. Von ihren Entscheidungen, die auf ihrem Wissen und ihren Erfahrungen beruhen, hängt das Leben der anderen ab. Diese Walschule hat einen gemeinsamen Dialekt, den nur die fünf verstehen können. Deshalb kommt es auch nie zu Vermischungen mit anderen Walgruppen.«

»Ist das nicht Inzucht?«

Javid zog die Mundwinkel nach unten. »Keine Ahnung, wie sie das regeln. Aber irgendwie scheint es zu funktionieren.«

Ich genoss es, die Wale um mich zu haben, ihre Sympathie und ihre Neugier zu spüren. Von Seekrankheit war diesmal keine Spur. Mit Javid Ahdunko in diesem kleinen, schaukelnden Schlauchboot zu sitzen, auf dem Pazifischen Ozean und umgeben von den schnellsten Tieren des Meeres, gab mir mein Selbstvertrauen zurück.

Noch eine ganze Weile umkreisten uns die schwertförmigen Rückenflossen, wurden wir von Bob und Mora geneckt und ausgelacht. Dann warf Javid den Motor an und steuerte an Land – dorthin, wo man einst die Überreste des alten Dorfes Ozette gefunden hatte. Die Orcas folgten uns noch ein Stück. Alle fünf schwammen parallel zum Boot neben uns her, bis ihnen das Ufergewässer zu flach wurde und sie mit ihrem unverkennbaren Kreischen Abschied nahmen und wieder aufs offene Meer hinausjagten.

Hinter Cape Alava gingen wir an Land und zogen das Schlauchboot auf den mit Kieseln durchmischten Sand. Weit genug, dass die steigende Flut es nicht mit sich nehmen konnte. Javid gab mir ein Zeichen, dass ich ihm folgen sollte. Er führte mich auf eine Insel, die auf der Karte als Cannonball Island eingezeichnet war, bei den Makah aber Tsakawahyah Island heißt. Man konnte sie nur bei Ebbe trockenen Fußes erreichen.

»Dort oben haben die Leute von Ozette ihre Toten begraben«, klärte Javid mich auf und schickte sich an den steilen Berg hinaufzuklettern. Mutige Kiefern wuchsen auf der felsigen Kuppe, die sich mit ihren Wurzeln im Gestein festkrallten.

Ich hielt ihn zurück. »Ich sollte dort nicht hingehen.«

»Warum nicht?«

»Deswegen.« Ich wies auf ein Schild am Fuß des Felsens, auf dem stand, das hier eine Begräbnisstätte war, die nur Stammesmitglieder betreten durften.

»Aber du gehörst doch jetzt zu mir.«

Das klang wunderbar, aber ich mochte den Grabhügel dennoch nicht besteigen und Javid akzeptierte es. Wir setzten uns auf einen Baumstamm am Fuße des Felsens und Javid erzählte mir vom Leben der alten Makah, wie es sich vor mehr als 500 Jahren hier abgespielt hatte.

»Überall auf dem Strand lagen die Kanus«, sagte er. »Es waren unzählige. Manche wurden nur für den einfachen Fischfang nahe der Küste genutzt. Sie waren nicht groß, nur so wie meines ungefähr. Dann gab es große Kanus, die für Reisen zu befreundeten Stämmen gebraucht wurden, und natürlich die Walfangkanus. Sie mussten so groß sein, dass mindestens acht Mann darin Platz hatten und auch die vielen Walfanggerätschaften untergebracht werden konnten. Seile, Harpunen und Schwimmer.« Javid gestikulierte, als wolle er mit den Händen reden. Ohne Pinsel malte er Bilder in die Luft, die vor meinen Augen Farbe bekamen und lebendig wurden, als sähe ich einen Film.

Er erzählte von Häuptlingen, denen alles gehörte, was an den Strand kam. »Das Strandrecht beinhaltete den Leichnam eines Wals genauso wie einen angespülten Baumstamm. Eine am Strand gefundene Dentaliumschnecke gehörte dem Häuptling, ebenso wie der entflohene Sklave in einem Kanu.«

Javid führte mich an die Stelle, wo die alten Zedernhäuser mit den Totempfählen gestanden hatten. »Die Bewohner von Ozette sind in der Nacht von der Schlammlawine überrascht worden«, sagte er. »Für die meisten gab es kein Entrinnen. Das halbe Dorf wurde unter einer dicken Lehmschicht begraben.«

»Das muss schrecklich gewesen sein.«

»Ja, das muss es wohl. Die Wissenschaftler haben anhand der gefundenen Stücke rekonstruieren können, wie es passiert ist. Die Schlammlawine umschloss die Häuser wie ein lautloses Ungeheuer. Es war Sisiutl, möchte ich wetten. Kinder hatten tags zuvor am Strand Fische gequält. Sie haben lebendigen Fischen den Rücken aufgeschnitten und heißes Öl in ihre Wunden gegossen. Das hat den Geist des Meeres erzürnt.«

»Aber ein paar Leute müssen doch etwas gemerkt haben«, sagte ich.

»Das nehme ich an. Aber es war Nacht und alles ging sehr schnell. Diejenigen, die in ihren Häusern eingeschlossen waren, kamen nicht mehr heraus. Die Schlammmassen stiegen an und drückten gegen das

Gebälk der Häuser. Die alten Langhäuser unserer Vorfahren hatten dicke Balken und hielten dem Druck lange stand. Aber dann klappten sie wie Kartenhäuser in sich zusammen. Ein Teil der Einrichtung und auch einige Menschen wurden auf das Meer hinausgeschleudert. Der Rest blieb unter einer dicken Lehmschicht begraben.«

»Was wurde aus den anderen?«, fragte ich. »Sind die Übriggebliebenen nach Neah Bay übergesiedelt?«

»Ja«, sagte Javid, »aber erst 400 Jahre später. 1917 gab es einen Erlass der weißen Regierung, dass alle Indianerkinder zur Schule gehen sollten. Die nächste Schule stand in Neah Bay. Also siedelten die Familien mit Kindern notgedrungen in den größeren Ort um. Nur ein Mann blieb noch ein paar Jahre alleine hier, bis er schließlich auch aufgab.«

Wir waren zurück zum Strand gelaufen, wo kaum noch etwas darauf hindeutete, dass hier einmal Menschen gelebt hatten. Ranger hatten auf dem hohen Ufer ein kleines Zedernplankenhaus nachgebaut, in dem sich ein Berg Walknochen befand und eine Gedenktafel für die ehemaligen Bewohner des Dorfes angebracht war. Javid deutete auf die Knochen. »Manche sind über zweitausend Jahre alt, haben die Wissenschaftler festgestellt.«

»So alt?« Ehrfürchtig betrachtete ich die grün bemoosten Knochen.

Er nickte. »So lange leben wir Makah hier oben an der Küste und genauso lange jagen wir Wale.«

Die riesigen Knochen hatten all die Jahre hier gelegen und eine Menge gesehen. Was würden sie wohl erzählen, wenn sie sprechen könnten? Wussten sie die Wahrheit über jene Nacht von Ozette?

Javid verschwand auf einmal im angrenzenden Wald und kam mit einer Hand voll orangeroter Beeren zurück, die wie Himbeeren aussahen. »Die sind für dich«, sagte er und schob sie mir in den Mund. Sie schmeckten säuerlich und waren warm von Javids Händen. »Salmonberries«, klärte er mich auf. »Unsere Vorfahren haben sie mit Walöl gegessen.«

Ich verzog das Gesicht und er lachte. »Zugegeben, unser Geschmack hat sich mit den Jahren verändert. Manchen hat nicht mal das Walfleisch geschmeckt, als es nach unserer Jagd verteilt worden war. Sie kannten das einfach nicht mehr.« Javid erzählte vom Potlatch nach der Waljagd und wie das Walfleisch und -fett unter den Angehörigen des Stammes verteilt worden war.

»Hast *du* Walfleisch gegessen?«

»Na klar. Mein Vater war einer der Walfänger gewesen und brachte ein besonders großes Stück Fleisch und Walfett nach Hause. Er kannte noch die alten Rezepte von seiner Mutter und hat das Fleisch danach zubereitet.«

»Und wie schmeckt es?«

»Ein bisschen wie Elch. Aber es ist viel dunkler. Ich fand es okay.«

Ich hatte noch nie Elch gegessen, konnte mir also nichts darunter vorstellen. Aber irgendwie war ich mir sicher, dass ich keinen Bissen runterbringen würde, wenn ich vorher wusste, dass es Walfleisch war, was auf meinem Teller lag.

»Da wir einmal beim Essen sind«, meinte Javid, »kannst du vielleicht ein bisschen Holz für ein Feuer zusammentragen? Ich will noch mal versuchen ein paar Fische zu fangen.«

Ich machte mich daran, trockenes Treibholz zusammenzusuchen, wovon genug am Strand herumlag. Dabei wäre ich beinahe über ein totes Robbenbaby gestolpert, das ohne Kopf in einem Tangberg lag. Erschrocken taumelte ich einen Schritt zurück, überwand aber dann meinen Ekel, um es mir genauer anzusehen.

Javid war neugierig geworden und kam zu mir herüber. Mit einem Stock drehte er den Kadaver um. »Das waren mit Sicherheit die Orcas«, sagte er.

Der silbrige Körper des Robbenbabys war gerade mal so lang wie mein Unterarm und der Anblick des toten Tieres machte mich traurig.

Javid merkte es. »So ist das nun mal in der Natur«, sagte er. »Fressen und gefressen werden. Wenn Mora einen leeren Magen hat, kann ihr Baby nicht richtig wachsen und hat später nur schlechte Überlebenschancen.«

»Ich habe ja gar nichts gesagt«, murmelte ich und fuhr fort Feuerholz zusammenzulesen.

Von einem Felsen aus warf Javid seine Angelsehne ins ruhige Meer. Es war mir ein Rätsel, wie er es machte, aber nach einer Dreiviertelstunde lagen vier große silbrige Fische auf der Kiesbank.

Mit ein paar wenigen sicheren Handgriffen entfachte Javid das Feuer. Er nahm die Fische aus und zerteilte sie. Das Filet spülte er im Meer sauber und schob es auf grüne Spieße, die er zurechtgeschnitzt hatte. Die Spieße steckte er in den Sand, schräg gegen die Glut des Feuers, sodass der Fisch langsam garen konnte.

Javid Ahdunko würde auch ohne Supermarkt eine ganze Weile zurechtkommen, dachte ich, ganz im Gegensatz zu mir. Ich hatte keine Ahnung, welche Beeren essbar waren und welche nicht. Ich wusste nicht, wie man Fische im Meer fängt und wie sie über dem offenen Feuer zubereitet wurden.

»Was denkst du?«, fragte er, als er meinen entrückten Blick bemerkte.

»Ich frage mich, wie die Makah heute leben würden, wenn die weißen Einwanderer nicht gekommen wären.«

Javid stieß verblüfft Luft durch die Zähne. »Das frage ich mich auch oft. Aber darauf gibt es keine Antwort, Copper. Auf jeden Fall wäre heute auch nicht mehr alles so, wie es vor 500 Jahren war. Wir Makah hätten uns wahrscheinlich auch ohne den Einfluss der Weißen verändert. Nur eben nicht so schnell.«

Er drehte die Spieße herum, damit der Fisch auch von der anderen Seite garen konnte. »Mit großer

Wahrscheinlichkeit würden sehr viel mehr Makah in Neah Bay leben, als es heute der Fall ist«, nahm er das Thema wieder auf. »Ende des 18. Jahrhunderts kamen die ersten weißen Händler zu uns und schleppten Krankheiten ein, denen wir nichts entgegenzusetzen hatten. Windpocken, Masern und dergleichen. Zwei Drittel unseres Volkes starben an diesen Krankheiten. Ihre aufgedunsenen Körper säumten den Strand«, Javid machte eine weit schweifende Geste in Richtung Ozean, »bis die Flut sie schließlich mit sich nahm.«

Vor meinen Augen sah ich die Männer, Frauen und Kinder liegen, dahingerafft von Krankheiten aus Europa, die heute jedes Kind durchmachte, ohne Schaden zu nehmen. Obwohl ich Hunger hatte und der Fisch schon köstlich duftete, verging mir der Appetit.

»Wieso hasst du die Weißen nicht?«

Javid zuckte die Achseln. »Um ehrlich zu sein, mag ich sie nicht besonders. Das wird uns Indianern wohl mit der Muttermilch mitgegeben. Aber man kann nicht jeden Weißen, der nach Neah Bay kommt, für unsere Toten verantwortlich machen. Die Händler von damals, die die Krankheiten einschleppten, sind mausetot. Genauso wie unsere Vorfahren, die den Krankheiten zum Opfer fielen. Vieles ist schief gelaufen zwischen Indianern und Weißen, aber jetzt ist es an der Zeit, dass wir Makah uns auf unsere eigene Stärke besinnen und nicht mehr länger die Opfer sind.«

»Ich bin auch weiß«, sagte ich. »Zu Hause sehen

mich die Leute schief an, weil ich in ihren Augen ein seltsamer Vogel bin. Hier sehen die Leute durch mich hindurch, weil ich eine weiße Haut habe.«

»Vorurteile gibt es überall«, meinte Javid. »Was hast du denn gedacht, als du zum ersten Mal durch die Straßen von Neah Bay gefahren bist?«

»Ich dachte, dass das Wetter und die grauen Häuser gut zu meiner Stimmung passen«, sagte ich. »Und ich habe mich gefragt, was ihr Makah wohl für Menschen seid.«

»Das war alles?«

»Na ja. Ich wusste schon vorher, dass die meisten Indianer nicht reich sind.«

»Woher wusstest du das denn?«

»Wir lernen es in der Schule.« Langsam begann das Gespräch unangenehm zu werden, weil Javid mir mit seinen Fragen bewusst machte, wie wenig ich mich auf diese Reise vorbereitet hatte.

»Ihr lernt also da drüben in Europa, dass die amerikanischen Ureinwohner arm und bemitleidenswert sind«, sagte er und sein Gesicht zeigte Verärgerung. »Aber wir sind gar nicht arm, Copper. Sieh dich doch um! Uns gehört der Strand, ein Stück Regenwald und das Meer. *I want the sea. That's my country,* hat einer der Häuptlinge von Ozette gesagt. Wir Makah sehen sogar im Himmel den Ozean. Das Sternbild, das ihr Weißen *Großer Bär* nennt, heißt bei uns *Rochen*. Ich fühle mich nicht arm, Copper. Weil ich Fische fangen und sie auf einem Feuer braten kann, wann und wo ich will. Weil ich in einem Schlauchboot zwischen Walen sitzen kann, weil . . .«

Ich schlug die Augen nieder. »Du brauchst mir das nicht zu erklären«, unterbrach ich ihn. »Ich habe es längst begriffen.«

»Ja.« Javid nickte. »Ich weiß. Deshalb mag ich dich auch.« Er zog einen Spieß aus dem Sand und reichte ihn mir. »Lass dir den Fisch schmecken, Copper.«

Ich musste noch lange über Javids Worte nachdenken. Das Gefühl, kein Recht auf seine Zuneigung zu haben, weil irgendwann vor einigen hundert Jahren die Weißen so viel Leid über sein Volk gebracht hatten, verschwand nie ganz. Vielleicht war das auch der Grund dafür, dass ich so zurückhaltend blieb. Er dagegen schien unser Gespräch schnell vergessen zu haben.

Wir verzehrten genüsslich den Fisch und Javid erzählte weiter aus dem Leben seiner Vorfahren, als wäre er dabei gewesen. »Im Winter«, sagte er, »schien es, als ob Wald und Meer miteinander redeten. Das Lied der Wellen wurde vom Lied der Zweige in den Bäumen beantwortet. Das war die Zeit der Zeremonien und der Maskentänze.«

Mir schien, als wäre Javids Sprache reicher als die anderer Menschen. Aber vielleicht lag das auch daran, dass er mit dem ganzen Körper redete und ich so gerne seine Stimme hörte.

Vor meinen Augen entstanden Bilder dieser vergangenen Welt und ich vergaß die Zeit. Aber irgendwann war das letzte Stück Treibholz heruntergebrannt und es wurde kühl am Strand. Ein perlmuttfarbener Abendhimmel schmückte das Meer. Javid hatte sich zu mir auf den Baumstamm gesetzt und war nahe an mich herangerückt. Ach, könnte ich nur die Zeit anhalten.

»Ich wünschte, ich müsste nicht zurück nach Berlin«, murmelte ich niedergeschlagen.

»Du kannst ja wiederkommen.«

Ich sah ihn traurig an.

Javid schüttelte den Kopf und lachte über mein Gesicht. »Ich meine es ernst, Copper! Komm wieder nächsten Sommer. Du kannst bei mir wohnen, musst nur den Flug irgendwie aufbringen. Ich hole dich in Seattle vom Flughafen ab. Sind bloß fünf Stunden Fahrt bis dorthin.«

»Mein Vater würde das nie erlauben«, sagte ich bekümmert.

»Aber versuchen kannst du es doch, oder?«

Ich sah ihn schräg von der Seite an. »Wirst du in einem Jahr noch an mich denken?«

»Klar«, erwiderte er, ohne zu überlegen. »Ich werde immer an dich denken.« Er beugte sich zu mir herüber und gab mir einen langen Kuss.

 ## 19. Kapitel

Meinem Vater erzählte ich, wir hätten den ganzen Tag am Kanu gearbeitet. Obwohl es schon Abend war, als wir ins Motel zurückkehrten, und meine Sachen nach Holzfeuer rochen, nahm er mir die Geschichte ab. Er vertraute mir und ich bekam Gewissensbisse, weil ich ihn belogen hatte.

Alles hat seinen Preis, dachte ich. Mir war klar, dass Papa mir niemals erlauben würde mit einem Schlauchboot aufs Meer hinauszufahren. Schon gar nicht, wenn er erfuhr, von wem wir da draußen Besuch bekamen.

Am darauf folgenden Tag war der Himmel grau und es nieselte. Obwohl kaum Wind herrschte, war das Meer unruhig und wechselte ständig seine Farbe. Aber mir war das Wetter recht, denn im Schuppen wartete noch eine Menge Arbeit auf uns.

Papa und Lorraine sah ich nur kurz zum Frühstück. Sie hatten sich wieder eine längere Tour vorgenommen und keiner von beiden versuchte mich zu überreden sie zu begleiten. Das Stammesfest rückte immer näher und ich hatte meinem Vater klargemacht, dass wir noch viel zu tun hatten, bis das Kanu fertig sein würde. Aus unerfindlichen Gründen schien Papa das zu akzeptieren.

Javid und ich arbeiteten den ganzen Vormittag ohne Pause am Kanu. Dann erlahmte meine rechte Hand und ich konnte den Pinsel nicht mehr halten. Javid ging es wohl ähnlich, denn auch er legte seinen Pinsel zur Seite und sagte: »Genug für heute.«

Nachdem wir die Pinsel gereinigt und alle Farbtöpfe geschlossen hatten, liefen wir zum Strand. Freda hatte uns ein großes Lunchpaket mitgegeben und wir setzten uns auf eine der verwitterten Baumruinen, um Mittag zu essen.

Es hatte zwar aufgehört, zu regnen, aber das Meer war immer noch in Aufruhr, besonders jetzt, wo die Flut einsetzte. Die Brecher wühlten den Sandboden auf, bevor sie ans Ufer schlugen. Der Lärm war unglaublich. Kaum zu begreifen, dass wir uns gestern noch mit einem kleinen Schlauchboot auf dieses Ungeheuer gewagt hatten.

Die Seeluft machte Appetit und wir aßen unsere Sandwichs, die Freda mit kaltem Hühnerfleisch und Käse belegt hatte. Javid registrierte erleichtert, dass ich kräftig zulangte.

»Danke, dass du mir hilfst«, sagte er kauend. »Schließlich bist du nicht zum Arbeiten hier.«

»Ich weiß nicht, warum ich hier bin«, erwiderte ich. »Und ich empfinde es nicht als Arbeit. Es macht mir Spaß, das Kanu zu bemalen.« Weil ich gerne mit dir zusammmen bin, wollte ich sagen, tat es aber nicht. Ich sagte es nicht, aber vielleicht konnte Javid es in meinen Augen lesen.

»Du würdest eine prima Indianerin abgeben, Copper«, meinte er lächelnd.

»Ich bin aber keine«, erwiderte ich.

»Nein«, sagte Javid. »Aber wir kommen doch trotzdem ganz gut zurecht, oder?« Er grinste und packte die restlichen Brote wieder in seinen Rucksack. Dann stand er auf und streckte seine Hand nach meiner aus. »Komm, lass uns zurückgehen. Sieht so aus, als würde es gleich wieder anfangen, zu regnen.«

Wir liefen zurück zur Siedlung, und als wir um den Schuppen bogen, stand ein Wagen davor. Es war Tyler McCarthys rostiger blauer Thunderbird. Die Schuppentür stand sperrangelweit offen. Javid ließ mich los, bevor er sein geheimes Refugium betrat. Drinnen war es dunkel, aber wir sahen Tyler reglos vor dem Kanu stehen. Er trug ein rotes Tuch auf dem Kopf und im Dämmerlicht des Schuppens sah er ziemlich verwegen aus.

Eine ganze Weile sagte niemand von uns etwas. Bis Tyler sich schließlich rührte. »Das ist unglaublich, Mann. Wie hast du das bloß geschafft?«

Javid zog an der Strippe und die beiden Glühbirnen erhellten den Raum. Tyler blinzelte.

»Ich habe meinem Vater lange genug zugesehen«, sagte Javid. »Den Rest habe ich nachgelesen und mir angeeignet.«

»Was hast du damit vor?«

»Ich will die anderen Kanus begleiten, wenn sie Neah Bay wieder verlassen.«

Tyler nickte anerkennend. »Du warst schon immer ein guter Paddler. Trotzdem ist es verrückt.«

»Du warst auch ein guter Paddler, Tyler«, erwiderte Javid.

»Hab schon lange in keinem Kanu mehr gesessen.«

»Dann wird es Zeit.«

»Du meinst, ich kann . . . ist das dein Ernst?« Tylers Augen begannen zu leuchten.

Javid hob die Schultern. »Warum nicht? Ich kann das Kanu schließlich nicht alleine paddeln. Ich brauche einen zweiten Mann.«

Tyler machte einen Schritt auf Javid zu, als wolle er ihn umarmen, aber dann legte er ihm nur die Hand auf die Schulter. »Ich werde mitkommen, alter Junge, ist Ehrensache.«

Ich stand schweigend im Hintergrund, darauf gefasst, nun wirklich abgeschrieben zu sein. Das Kanu war Javids und mein Geheimnis gewesen. Nun wusste mein Vater davon, Freda und jetzt auch noch Tyler McCarthy, den ich immer noch nicht leiden konnte. Bald würde es ganz Neah Bay wissen.

Tyler lief um das Kanu herum und berührte es ehrfürchtig. Mich schien er überhaupt nicht wahrzunehmen.

»Hast du denn schon Paddel?«, fragte er.

Javid schüttelte den Kopf. »Nein, Paddel habe ich noch nicht. Erst muss das Boot fertig werden, das ist das Wichtigste.«

Nun wurde Javids Freund ganz aufgeregt. »Ich werde mich um Paddel kümmern«, sagte er. »Kannst dich auf mich verlassen.«

»Okay.« Javid trat einen Schritt zur Seite, sodass Tyler mir nun direkt gegenüberstand. »Sofie hilft mir beim Bemalen des Bootes.«

»Oh.« Tyler schluckte. »Ich verstehe. Ihr beiden wollt lieber allein sein.«

Natürlich wollte ich lieber mit Javid allein sein, aber Tyler jetzt fortzuschicken wäre kindisch gewesen. »Wir sind sowieso fertig für heute«, hörte ich mich sagen.

»Dann lasst uns zu mir fahren«, schlug Tyler vor. »Ich habe eine Menge neuer CDs, die du noch nicht gehört hast.«

Ich hatte keine Lust, zu Tyler zu fahren, aber die Alternative wäre ein langweiliger Nachmittag im Motelzimmer gewesen, denn es hatte wieder zu regnen begonnen. Javid schloss den Schuppen ab, dann fuhren wir Tylers Thunderbird hinterher nach Neah Bay zurück. Das Haus, in dem Javids Freund wohnte, stand in einem der letzten Wohnviertel am Waldrand. Wilde Heckenrosen überwucherten eine alte Feuerwehr, die gleich neben dem Haus ihre letzte Ruhestätte gefunden hatte. »Sie gehört Grandpa«, sagte er entschuldigend. »Als sie ausrangiert wurde, musste er auch gehen. Waren beide zu alt für ihren Job.«

Das Haus war noch nicht alt, aber die weinrote Farbe blätterte von den Brettern und das Schindeldach hatte eine Reparatur bitter nötig. Ein ausrangiertes Toilettenbecken stand neben dem Hauseingang, eingekeilt von einem Gestell mit verbogenen Bettfedern, einem alten Sessel, aus dem das Schaumgummipolster quoll, und Plastikeimern mit angetrockneter Farbe.

Drinnen roch es nach angebrannten Kartoffeln. Als wir an der offenen Küchentür vorbeigingen, sah ich, wie sich der Abwasch in der Spüle und auf dem Tisch stapelte. Besonders anheimelnd war es nicht in Tylers Zuhause, aber Javid schien das nichts auszumachen.

Tyler McCarthy führte uns zielstrebig in sein Zimmer am Ende des dunklen Flures. Es war nicht groß und ziemlich spartanisch eingerichtet. Ein Bett, ein Tisch mit zwei Sesseln, ein abgeschabter Kleiderschrank und ein Holzregal mit Büchern. Das Bett war ungemacht und Tyler legte schnell ein Webdecke darüber. Auf beiden Sesseln türmten sich Kleidungsstücke, die er in seinen Schrank stopfte. »Setzt euch doch!«, sagte er grinsend.

Wir versanken in den Sesseln und Tyler ließ sich auf seinem Bett nieder. Er legte eine der CDs ein, die sich auf seinem Nachtschrank stapelten. Die raue Männerstimme sang eine traurige Ballade, ein Liebeslied. Das hatte ich nicht erwartet.

»John Trudell«, klärte uns Tyler auf. Er nahm die CD-Hülle und zeigte uns das Cover. »*Bonedays*, sein neuestes Album.«

Die Musik war ein Mix aus Country, Blues und indianischen Klängen. Was ich vom Text verstand, waren bittere Worte und schöne Bilder.

»Seine Frau, seine drei Kinder und seine Schwiegermutter sind bei einem Feuer ums Leben gekommen«, erzählte Tyler. »Seitdem macht er Musik und schreibt Gedichte. Trudell ist ein verdammt guter Mann.«

Ich versuchte mir vorzustellen, was dieser Mann verloren hatte. Und er lebte weiter, hatte einen Weg gefunden, seinem Schmerz und seiner Verzweiflung Ausdruck zu verleihen. Seine Musik erinnerte mich daran, dass wir selbst dafür verantwortlich waren, was aus unserem Leben wurde.

Auf einmal fühlte ich mich gar nicht mehr so unwohl in Tylers Zimmer. »Kann ich euch zeichnen?«, fragte ich aus einer spontanen Eingebung heraus.

Javid und sein Freund sahen sich einen Augenblick sprachlos an. Dann meinte Tyler grinsend: »Na klar, warum nicht?«

Ich holte meinen Zeichenblock aus der Tasche und setzte mich in den Sessel zurück, von wo aus ich beide gut im Blick hatte. Tyler setzte sich in Pose, was er aber nicht lange durchhielt. Er und Javid hatten sich viel zu erzählen. Ich lauschte ihrem Gespräch und versuchte sie mit Feder und Tusche aufs Papier zu bannen.

Zeichnen war nicht unbedingt eine meiner Stärken. Ich malte lieber und hatte die Feder arg vernachlässigt. Mit Pinsel und Farbe konnte man kleine Fehler leicht wieder ausmerzen, aber jeder Tuschestrich saß, wo er war.

Nach anfänglicher Unsicherheit wurde ich immer mutiger. Ein Blatt nach dem anderen verschwand in meiner Mappe. Tylers Gesicht war einfacher zu zeichnen als Javids, weil es markantere Züge hatte. Seine Augen lagen eng beieinander und die Nase war schief, wahrscheinlich hatte er sich irgendwann einmal das Nasenbein gebrochen. Tyler hatte einen harten Mund mit einem bitteren Zug auf den Lippen. Meine Porträtzeichnungen hatten große Ähnlichkeit mit ihm, einfach, weil es leicht war, sein Wesen zu erfassen.

Javid dagegen war viel hübscher. Seine Gesichtszüge wirkten beinahe symmetrisch und durch die großen Augen und seine vollen Lippen sah er auf jedem Blatt aus wie ein Mädchen, wenn ich mein Werk kritisch betrachtete.

Wir hörten andere CDs. Eine Zeit lang drangen Männerstimmen aus der Küche, aber dann war es wieder still im Haus. Ich zeichnete und die Jungs erzählten. Natürlich lauschte ich auch.

Irgendwann stand Alisha in der Tür wie ein Geist. Ihr Blick wanderte von Tyler über Javid zu mir und wieder zu Tyler zurück.

»Hi, Baby«, sagte Tyler, »komm doch rein.« Er sprang auf und zog sie an der Hand zu sich aufs Bett. »Tut mir Leid, aber ich hab ganz vergessen, dass ich dich abholen sollte. Javid und ich, wir hatten uns so viel zu erzählen.«

Javid stand auf. »Schieb mich nicht vor, Tyler. Verabredungen mit seiner Freundin vergisst man nicht so einfach. Wozu hast du deine schicke Uhr?«

Verdutzt über die Rüge seines Freundes starrte Tyler auf seine blinkende Armbanduhr. »Ach, verdammt noch mal, jetzt ist sie ja schließlich hier. Lass uns zusammen irgendwo was trinken gehen, okay?«

Javid zog mich am Handgelenk aus dem Sessel, dabei fielen sämtliche Zeichenblätter aus meiner Mappe und verteilten sich auf dem Fußboden. Alisha bückte sich als Erste, um sie aufzuheben. Nachdenklich starrte sie auf ein besonders gelungenes Porträt von Tyler. Mit überheblichem und gleichzeitig unsicherem Blick sah er ihr vom Blatt entgegen.

»Kann ich das behalten?«, fragte Alisha. »Es gefällt mir.«

»Es gehört dir«, sagte ich und kniete nieder, um die restlichen Blätter aufzusammeln. Javid half mir dabei. Ich verstaute die Mappe in meiner Tasche und sah Javid abwartend an.

»Gehen wir?«, fragte er.

Ich nickte.

»He, was ist nun mit uns?«, brauste Tyler auf. »Ich dachte, wir wollten was trinken gehen.«

»Ich muss nach Hause«, sagte Javid. »Hab meiner Mutter versprochen ihr noch was zu helfen.«

In einer enttäuschten Geste breitete Tyler die Hände aus. »Na dann eben bis morgen«, sagte er. »Wirst du am Vormittag in deinem Schuppen sein?«

Javid nickte. »Ja, wir werden dort sein.«

Wir brauchten nur um drei Straßenecken zu fahren, dann waren wir wieder vor dem Motel. Das Auto meines Vaters stand noch nicht da und ich war froh darüber.

»Isst du mit uns?«, fragte Javid, als ich ausstieg.

»Wenn deine Mutter nichts dagegen hat.«

»Warum sollte sie?«

Javid war irgendwie verstimmt und ich wusste nicht, warum. Diesmal hatte er mir wirklich zur Seite gestanden in Tylers Gegenwart. Ich war mir sicher, dass er seiner Mutter keine Hilfe versprochen hatte, sondern deshalb nicht mit Tyler einen trinken gegangen war, weil ich nicht mitgekonnt hätte. Javid wollte vermeiden, dass ich Ärger bekam.

»Ich will euch nicht zur Last fallen«, sagte ich.

Ein Lächeln huschte über sein Gesicht. »Das kannst du gar nicht, Copper.« Er beugte sich zu mir herüber und küsste mich. Es war ein wilder, beinahe verzweifelter Kuss, bei dem er sich an mir festhielt, als würde es ihn sonst ins Nirgendwo treiben. »Ich hol dich, okay?« Er wartete meine Antwort nicht ab und ging einfach.

Ich stand da und wusste nicht, wie ich mich fühlen sollte.

Oben in meinem Zimmer sah ich neugierig in den Spiegel. Dieser Kuss von Javid war anders gewesen als die zuvor. In ihm hatten Sehnsucht gelegen und unaussprechliche Wünsche. Natürlich hatte ich mich auch diesmal nicht verändert. Dasselbe spitze Gesicht, dieselben Augen, derselbe Mund. Ich war immer noch fünfzehn und furchtbar unerfahren. Auch ich hatte Wünsche, wusste aber nicht, wohin sie mich führen würden. Regionen meines Körpers, auf deren Stimmen ich bisher nicht gehört hatte, meldeten sich zu Wort. Meine heimlichen Gedanken verunsicherten mich gewaltig.

Ich duschte und zog frische Sachen an. Als ich meine Tuschezeichnungen noch einmal begutachtete, klopfte es. Freda stand vor der Tür. Sie überreichte mir eine Ladung frische Handtücher und zwei Rollen Toilettenpapier. Ich trug alles ins Bad und brachte ihr die benutzten Handtücher zurück.

»Brauchst du noch irgendetwas, Sofie?«, fragte sie mit einem freundlichen Lächeln.

Ich schüttelte den Kopf. »Alles ist bestens.«

Sie entdeckte die Zeichnungen auf dem Tisch und betrachtete sie interessiert.

»Tyler ist mir besser gelungen als Javid«, kritisierte ich meine Arbeit.

»Bei Tyler warst du ehrlicher. Bei Javid fehlte dir dazu der Mut.«

Vielleicht hat sie Recht, dachte ich.

»Kommst du mit?«, fragte Freda. »Das Abendessen ist fertig. Javid hat gekocht.«

 ## 20. Kapitel

Ich begleitete Freda nach unten, und als wir durch die Eingangstür traten, kam uns ein köstlicher Duft entgegen. Javid hantierte in der Küche. Er trug eine blau gestreifte Schürze und das Haar hatte er zu einem Zopf geflochten. Er wirkte gestresst, aber als er mich sah, lächelte er.

Wir mussten uns setzen und er füllte mit einer Kelle Suppe in die tiefen Teller. Rötliche Fleischstücke, Kartoffeln, Lauch. »Lachssuppe«, sagte er. »Lasst es euch schmecken.«

Javid setzte sich zu uns, nahm aber seine Schürze nicht ab. Die Suppe war noch sehr heiß, deshalb pusteten wir alle, worüber wir schließlich lachen mussten.

»Du wirst sicher genug haben von Fisch, wenn du wieder zu Hause bist«, sagte Freda zu mir.

»Oh nein«, entgegnete ich. »Er schmeckt ja jedes Mal anders. Ihr habt so viele verschiedene Arten, den Fisch zuzubereiten.«

»Das haben wir unseren Vorfahren zu verdanken. Fisch war ihre Hauptnahrung, und damit es nicht jeden Tag dasselbe gab, ließen sie sich bei der Zubereitung etwas einfallen.«

»Warum haben sie eigentlich nicht gejagt?«, fragte ich. »In den Wäldern gibt es doch Wild.«

»Sie haben gejagt«, sagte Freda. »Aber niemand ging gern tief in die dunklen Wälder jenseits unserer Dörfer. Da trieben gefährliche Geister ihr Unwesen.«

»Im Meer doch auch«, bemerkte ich. »Javid hat mir von Sisiutl erzählt.«

»Das stimmt.« Freda nickte. »Aber mit den Geistern des Meeres kamen wir Küstenbewohner einfach besser zurecht.«

Als Hauptspeise servierte uns Javid gebratene Putenfiletstreifen, Kartoffeln und ein Gemüse, das wie dünne Rhabarberstängel aussah. Ich kostete und es schmeckte wie eine Mischung aus Broccoli und Spargel.

»Was ist das?«, fragte ich.

»Junge Farnwedel«, klärte Javid mich grinsend auf. »Schon unsere Vorfahren haben sie gegessen. Fast alles, was sie zum Leben brauchten, konnten sie aus dem Wald und aus dem Meer holen. Wir gehen stattdessen in den Supermarkt.«

Freda schmunzelte, sagte aber nichts. Zum Nachtisch gab es Salmonbeeren mit Honig, und als wir das Geschirr abräumten, fragte Freda, wie weit wir mit dem Kanu vorangekommen waren.

»Ganz gut«, antwortete Javid. »Wir werden es schon schaffen. Heute ist Tyler im Schuppen aufgetaucht. Er will sich um die Paddel kümmern.«

»Ich habe ihn zu euch geschickt«, sagte Freda. »Er hat nach dir gesucht und schien mir ein bisschen verloren. Ich hoffe, er hat euch nicht gestört.«

»Hat er nicht, Mom. Aber irgendwie kam er mir seltsam vor. So war er früher nicht.«

Freda räumte das Geschirr in die Spüle. »Ich denke, er ist auf der Suche nach sich selbst, Javid. Erst wollte er unbedingt fort von hier und wie ein Weißer leben. Und nun merkt er, dass es da draußen in der Welt der Weißen auch nicht so toll ist, wie er es sich erhofft hatte. Ich bin froh, dass du ihm eine Chance gegeben hast.«

Javid zuckte die Achseln. »Tyler war nie besonders zuverlässig. Heute hat er Alisha versetzt und sie hat es ihm mächtig übel genommen. Vielleicht vergisst er sein Versprechen, sich um die Paddel zu kümmern, ja auch.«

Auch am nächsten Morgen schlüpfte ich wieder in den beklecksten Kittel und fuhr mit Javid in die Siedlung Waatch. Das Kanu schien schon auf uns zu warten. Javid begrüßte es jedes Mal, wenn er den Schuppen betrat. Als wäre es ein lebendiges Wesen.

Wir arbeiteten an der Bemalung und ich merkte, dass Javid immer nervöser wurde, je weiter der Vormittag voranschritt. Wenn er ein Motorengeräusch hörte, unterbrach er seine Arbeit und lauschte. Zweimal fragte er mich nach der Zeit, was er sonst nie getan hatte.

»Er wird schon noch kommen«, sagte ich, obwohl ich froh darüber war, dass Tyler McCarthy nicht kam.

»Du kennst Tyler nicht«, brummte Javid. »Auf ihn ist einfach kein Verlass.«

»Aber du magst ihn trotzdem.«

»Was heißt *trotzdem*?«, brauste Javid auf. »Natürlich mag ich ihn, er ist mein bester Freund. Klar hat er seine Fehler, aber die haben wir doch alle, oder?«

Erschrocken über seinen plötzlichen Unmut, zuckte ich zusammen. Ich suchte nach den richtigen Worten, um nicht wieder ins Fettnäpfchen zu treten, aber Javid redete schon weiter. »Tyler hat es nie leicht gehabt. Seine Mutter verließ die Familie, als er fünf war, sein Vater ist ein Säufer. Die Großeltern haben ihn aufgezogen, aber dann ist die Großmutter gestorben. Er lebt mit seinem Vater und dem kranken, alten Großvater in diesem Haus und ich kann gut verstehen, dass er dort wegwollte. Er hat sein Ziel erreicht, aber irgendwie ist er jetzt auch nicht glücklicher.«

»Vielleicht hat er gemerkt, dass er dem, was er ist, nicht davonlaufen kann«, sagte ich.

»Vielleicht hast du Recht, Copper. Aber es gefällt mir nicht, wie er mit Alisha umgeht, schließlich ist sie meine Kusine.«

»Liebt er sie denn wirklich?«

»Er liebt sie«, sagte Javid bestimmt. »Er weiß nur noch nicht, dass er sie verlieren kann, wenn er so weitermacht.«

»Rede doch mal mit ihm«, schlug ich vor. »Vielleicht hört er auf dich.«

»Ich kann's versuchen«, meinte Javid, »aber ich glaube nicht, dass ihm das gefallen wird.«

Gegen Mittag hörten wir auf zu arbeiten. Tyler war nicht gekommen und Javid hatte deshalb furchtbar schlechte Laune. Ich hatte meinem Vater versprochen ihn und Lorraine am Nachmittag zu den Sol Duc Hot Springs zu begleiten, einer natürlichen Schwefelquelle, die zu einem öffentlichen Bad mitten im Regenwald ausgebaut worden war. Also musste Javid mich zum Motel zurückfahren.

Im selben Augenblick, als er die Schuppentür abschloss, hielt Tylers Thunderbird neben dem Pick-up. Tyler stieg aus und mit freudestrahlendem Gesicht holte er zwei Hölzer von der Rückbank, die grob an Paddel erinnerten.

Javids Miene hellte sich augenblicklich auf.

»Mann, es war vielleicht kompliziert, das geeignete Holz aufzutreiben«, seufzte Tyler. »Großvater ist mit mir bei einer Menge Leuten gewesen, bis wir das richtige hatten. Echte Erle.«

Javid begutachtete die Hölzer, aus denen einmal Paddel werden sollten. »Sieht gut aus«, sagte er. »Ist aber noch eine Menge Arbeit.«

»Ich krieg das schon hin, mach dir da mal keine Gedanken.«

Javid schloss den Schuppen wieder auf. »Okay, drinnen sind Werkzeuge, wenn du etwas brauchst. Ich will nur Sofie nach Neah Bay fahren, dann komme ich wieder.«

»Okay, Mann. Bis dann.«

Tyler war also doch noch gekommen und Javid wirkte wie ausgewechselt. Er pfiff und sang vor sich hin und donnerte wie ein Verrückter über die Straße nach Neah Bay. Ich hatte wenig Lust, mit meinem Vater und Lorraine den Nachmittag in einem heißen Schwefelbad zu verbringen. Andererseits tat es Tyler und Javid vielleicht gut, wenn sie mal allein miteinander reden konnten.

Papa und Lorraine genossen den Nachmittag im Bad, während ich mit meinen Gedanken ständig bei Javid war. Er und Tyler kamen sich wieder näher. Das Geheimnis des Kanus teilten wir nun schon miteinander. Aber würde Javid seinem Freund auch von den Orcas und unseren Schlauchbootausflügen erzählen?

Ich hatte die Hoffnung nicht aufgegeben, die Wale wieder zu sehen. Ob Bob, Granny, Lopo, Conny und Mora wohl noch da waren? Manchmal hatte ich richtig Sehnsucht nach ihnen.

Vielleicht würde das Wetter am nächsten Tag besser werden und der Ozean wieder ruhig sein. Vielleicht konnten wir am Nachmittag mit dem Schlauchboot rausfahren, um nach unseren Freunden Ausschau zu halten. Aber was, wenn Tyler McCarthy dann noch im Schuppen saß und an seinen Paddeln schnitzte? Was, wenn er mitwollte?

Obwohl wir erst spät von den Sol Duc Hot Springs zurückkehrten, klopfte ich noch an Javids Tür. Niemand antwortete. Von Freda erfuhr ich, dass er nicht nach Hause gekommen war.

Erschöpft vom langen Sitzen im heißen Wasser, legte ich mich gleich schlafen. Ich hatte Javid nur ein paar Stunden nicht gesehen und schon fehlte er mir. Was sollte nur werden, wenn ich erst wieder in Deutschland war?

Am nächsten Tag erschien Tyler kurz nach uns im Schuppen. Javid und er hatten bis in die Nacht an den Paddeln gearbeitet und nun konnte man schon gut ihre endgültige Form erkennen. Am oberen Ende hatten sie einen Griff und unten liefen sie ungewöhnlich spitz zu. Das sei typisch für Makah-Paddel, klärte mich Tyler auf.

Javid sagte mir, dass sie noch lange nicht fertig waren. Während wir an der Bemalung des Kanus arbeiteten, schnitzte und schliff Tyler an den Paddeln. Er war ganz bei der Sache und wirkte weniger unruhig als an dem Nachmittag in seinem Zimmer. Jetzt hatte er ein Ziel.

Sein Verhalten mir gegenüber hatte sich auch verändert. Irgendwie schien er meine Anwesenheit und sogar meine Hautfarbe akzeptiert zu haben. Ich schrieb diesen Sinneswandel Javid zu, der seinem Freund vermutlich ins Gewissen geredet hatte.

Es wurde Mittag und der Himmel klarte auf. Die Sonne kam hervor und das Meer war ruhig wie ein kleiner See. Sehnsüchtig suchte ich die Linie am Horizont nach den schwarzen Flossen ab, aber mit bloßem Auge konnte ich nicht viel erkennen.

Zur Mittagszeit erschien Alisha mit einem großen Picknickkorb am Schuppen und wir fuhren in Tylers Thunderbird auf den Archawat Peak. Javid musste seinem Freund mächtig ins Gewissen geredet haben, denn Tyler war überaus höflich zu Alisha.

Der Nachmittag wurde ganz lustig, obwohl zu Anfang die verpasste Gelegenheit, die Wale zu sehen, meine Stimmung trübte. Aber Tyler hatte einen so trockenen Humor, dass er uns mehrmals dazu brachte, in schallendes Gelächter auszubrechen.

Alisha offenbarte uns, dass ich die halbe Mädchenwelt von Neah Bay gegen mich aufgebracht hatte.

»Warum?«, fragte ich entgeistert.

»Du weißt es wirklich nicht?« Sie bog den Kopf in den Nacken und lachte. »Sie sind eifersüchtig, weil du ihnen den begehrtesten Jungen aus dem ganzen Ort weggeschnappt hast.«

Javid wurde tatsächlich rot unter seiner braunen Haut. »Red bloß nicht solchen Unsinn, Alisha«, sagte er. »Sie glaubt dir das sonst noch.«

»Es ist die Wahrheit, Javid. Nur dass du dich nicht um die Gefühle der Mädchenwelt von Neah Bay scherst. Du hast ja bloß dein Kanu im Kopf.«

»Und die Mädchen haben nur irgendwelche Klamotten und ausgefallene Frisuren im Kopf, mit denen sie dann aussehen wie Monster«, entgegnete er unwirsch und zog eine Grimasse.

Alisha prustete erneut los. »Und dich haben sie im Kopf, Javid!«

»Ich bin ja nicht mehr lange da«, sagte ich in einem plötzlichen Anflug von Traurigkeit. »Dann haben sie ihn wieder für sich.«

Alisha musterte mich stirnrunzelnd. »He Sofie, so war das nicht gemeint.«

»Lasst uns doch einfach den Tag genießen«, schlug Tyler vor. »Wer weiß schon, was morgen sein wird? Ich finde es absolut bemerkenswert, das Javid sich überhaupt für eine Frau interessiert. Dachte manchmal schon, er wäre vielleicht schwul.«

Darüber konnte er sich ausschütten vor Lachen. Sogar Javid lachte kopfschüttelnd mit. Er legte den Arm um meine Schulter und danach erzählten wir von anderen Dingen.

Der Himmel präsentierte sich wolkenlos und es war beinahe windstill am nächsten Morgen. Ich nahm es als gutes Zeichen und hoffte, Javid und ich würden am Nachmittag aufs Meer hinausfahren können, um nach unseren Orcas zu suchen. Aber dann fiel mir ein, dass Mittwoch war und Javid seinen Vormittag damit zubringen musste, die Mülltonnen von Neah Bay zu leeren.

Da war nichts zu machen.

Am Nachmittag würden wir dann am Kanu weiterarbeiten müssen, das sah ich schweren Herzens ein. Das Fest rückte näher und die Bemalung des Kanus war noch nicht fertig. Die Muster mit Farbe auszufüllen war komplizierter, als ich zuerst angenommen hatte. Es erforderte Geschick mit dem Pinsel und eine Menge Zeit und Geduld.

Während Javid Mülltonnen leerte, verbrachte ich meinen Vormittag am Hafen und versuchte es noch einmal mit den Booten. Und diesmal hatte ich das Gefühl, als ob mir die Skizzen gelingen würden. Irgendwann machte es sogar richtigen Spaß. Wie lebendige kleine Wesen schaukelten die Boote auf meinem Zeichenpapier.

Zu Mittag aß ich gemeinsam mit meinem Vater und Lorraine im »The Cedars« und am Nachmittag fuhren die beiden nach Forks, weil Lorraine etwas über das Holzfällermuseum schreiben wollte. Javid hatte nach der Arbeit geduscht und sich umgezogen. Er trug jetzt wieder sein dunkelrotes T-Shirt mit den großen gummierten Buchstaben. THINK INDIAN prangte auf seiner Brust.

Als ich ihn fragte, ob Tyler heute auch wieder kommen würde, um an den Paddeln zu arbeiten, sagte er: »Tyler will heute seinen Großvater aus dem Krankenhaus holen. Er hat den ganzen Vormittag damit zugebracht, das Haus zu entrümpeln und zu putzen. Und ehrlich gesagt, ich habe heute auch keine Lust mehr, zu arbeiten. Meinetwegen können wir zu den Orcas rausfahren, wenn du willst. Vielleicht sind sie ja noch da und Mora hat ihr Baby bekommen.«

Ich stieß einen kleinen Jauchzer aus und umarmte ihn spontan. Javid lächelte kopfschüttelnd über meine Freude. »Manchmal denke ich, du magst die Orcas mehr als mich.«

»Das stimmt nicht«, beteuerte ich. »Aber vielleicht hat Mora wirklich schon ihr Baby! Ich würde es so gerne noch sehen, bevor ich wieder nach Deutschland muss. Ich habe noch nie ein Walbaby gesehen.«

 21. Kapitel

Ich durfte wieder den Pick-up fahren, was mir inzwischen großen Spaß machte. Ich hatte kein Problem mehr damit, das große Gefährt zu steuern. Was Papa wohl sagen würde, wenn er mich so sehen könnte? Bei dem Gedanken an sein verblüfftes Gesicht musste ich lachen.

Im Schuppen roch es stark nach Farbe. Die Bemalung am Kanu war getrocknet und schon jetzt sah es wunderschön aus. Javid konnte seinen Stolz nicht verbergen, wenn er es betrachtete. Und ich wurde jedes Mal traurig, weil ich wusste, dass ich ihn nicht wieder sehen würde, wenn er das Kanu erst bestiegen hatte und mit den anderen davongefahren war. Ich beneidete Tyler McCarthy, weil er Javid auf seiner Reise begleiten durfte.

Aber noch war das Kanu nicht fertig. Die Bemalung am Bug, der Donnervogel, fehlte vollkommen. Eine Woche blieb uns, um den Bug zu bemalen und die Paddel fertig zu stellen, an denen Tyler schnitzte. In einer Woche war es dann so weit: Die Makah-Festtage mit dem großen Kanutreffen in Neah Bay würden beginnen. Obwohl dieses Fest Abschied bedeutete, fieberte ich ihm mit derselben Aufregung entgegen wie Javid und Tyler. Freda, mein Vater, Lorraine und all die anderen aus dem Ort würden zum ersten Mal sehen, was Javid Schönes geschaffen hatte. Und ich hatte ihm dabei geholfen.

Wir holten das Schlauchboot aus dem Schuppen und schleppten es über den Strand zur Wasserlinie. Javid überprüfte sorgfältig, ob es auch dicht war. Das tat er jedes Mal. Dann trug er den Motor heran und füllte Benzin in den Tank. Die Sonne schien, nur ein paar einzelne Wolken waren am Himmel zu sehen. Das Meer war ruhig und ich hätte gern auf die Schwimmweste verzichtet, in der ich mich jedes Mal eingezwängt fühlte wie in einem Korsett. Aber Javid bestand darauf, dass ich sie mir umband.

»Lass dich nicht täuschen vom Meer«, sagte er. »Es kann in einem Augenblick ganz friedlich sein und im nächsten zum Ungeheuer werden und dich verschlingen.« Er lächelte. »Denk an Sisiutl.«

Ich vertraute Javid, deshalb band ich mir die Schwimmweste um. Außerdem gefiel es mir, wenn er sich um mich sorgte.

Als wir an diesem Nachmittag hinausfuhren, merkte ich, dass ich mit einem Mal vor vielen Dingen keine Angst mehr hatte. Vor dem Meer nicht und den Orcas, und vor Javid auch nicht. Und was immer ihn dazu bewog, mich zu mögen, ich akzeptierte es einfach und suchte nicht mehr nach einer Begründung.

Javid warf den Motor an und bald hatten wir die Brandung hinter uns gelassen. Salzkristalle legten sich auf unsere Haut, während wir nach den schwarzen Rückenflossen der Orcas Ausschau hielten. Diesmal dauerte es länger als sonst, bis wir sie fanden. Die kleine Gruppe unter Grannys Führung hatte sich an der Küste entlang ein ganzes Stück nach Süden bewegt und wir erreichten sie erst in der Nähe von Cape Alava. An dieser Stelle war das Meer übersät von kleinen Felseninseln verschiedener Größe, die wie seltsam vermummte Gestalten aus dem Wasser ragten. Die Küstenlinie war durch Flussarme unterbrochen, in denen hunderte Möwen nach etwas Essbarem suchten.

»Hier gibt es eine Menge Lachse«, sagte Javid und wischte sich mit dem Handrücken die salzige Nässe aus dem Gesicht. »Wahrscheinlich ist Granny mit ihrer Familie deshalb bis hierher gezogen. Sie fangen die Lachse ab, bevor sie sich auf den Weg zu ihren Laichplätzen in den Flüssen machen können. Unter Wasser können die Wale die Bewegung der Fischschwänze hören und finden auf diese Weise ihre Beute.« Er deutete auf die kleine Walgruppe. »Sieh nur, wie geschickt sie es anstellen.«

Die Orcas schlugen mit ihren Schwänzen und ihren Brustflossen aufs Wasser, stießen ein lautes Kreischen aus und trieben so die Lachse zusammen. Die alte Walkuh und ihre Tochter Conny waren bei dieser Jagdtechnik besonders erfahren. Sie ließen aber Mora, die ihr Kalb zu meinem großen Bedauern noch nicht geboren hatte, meist den Vorrang, wenn es ums Fressen ging. Streit gab es keinen. Die fünf teilten sich ihre

Beute redlich, bis sie satt waren. Zwischendurch tauchten sie auf, um ihre Lungen mit Luft zu füllen.

Es dauerte lange, bis sie endlich genug hatten, aber für mich war die Zeit wie im Fluge vergangen. Ich konnte mich nicht satt sehen an ihrem Geschick und ihrer Schnelligkeit und schon gar nicht an ihrer fremdartigen Schönheit.

Schließlich kamen Mora und Bob zu uns, um zu spielen, während Lopo, Conny und Granny in gewohnter Entfernung von ihrem reichlichen Mahl ausruhten. Bobs Kopf tauchte neben dem Schlauchboot aus dem Wasser, so nah, dass ich ihn anfassen konnte, wenn ich das wollte. Schließlich tat ich es. Seine Haut war seidig glatt, wie Glas. Als ich ihn berührte, durchzuckte mich ein eigenartiges Gefühl von Größe und Unendlichkeit. Der Orca stieß klickernde Laute aus und zu gerne hätte ich gewusst, was er mir damit sagen wollte. Es schien ihm zu gefallen, von mir gestreichelt zu werden.

Und dann passierte etwas, das sogar Javid verblüffte. Bob fing an Laute auszustoßen, die wir bisher noch nicht gehört hatten. Es war eine länger dauernde Abfolge von Tönen, die er in Abständen wiederholte. Nach einer kurzen Zeit fielen die anderen in diesen Walgesang ein. Es war ein richtiges Konzert, ein Orcakonzert und vor Überraschung und Freude liefen mir Tränen über die Wangen.

»Sie singen«, flüsterte ich. Meine Kehle wurde eng.

»Ja«, meinte Javid. »Ich habe schon davon gehört,

dass auch Orcas Gesänge haben. Aber ich habe selbst noch nie so einen Schwertwalgesang gehört. Die Wissenschaftler haben noch nicht herausgefunden, aus welchem Grund sie singen und was sie damit bezwecken. Vielleicht bleibt es ihr Geheimnis.« Nach einer kurzen Pause fragte er: »Wusstest du eigentlich, dass sie klassische Musik lieben?«

»Willst du mich veralbern?« Ich lächelte ungläubig.

»Ich veralbere dich nie, Copper, hast du das noch nicht gemerkt? Schwertwale mögen wirklich klassische Musik. In Seattle werden oft Hafenkonzerte veranstaltet und dabei haben sie es herausgefunden. Danach ist dann sogar ein Schiff mit einem Chor an Bord rausgefahren, der für die Wale gesungen hat. Sie haben ihnen alles Mögliche vorgespielt: afrikanische Musik, russische Gesänge, christliche Hymnen und Kinderlieder. Aber *Amazing Grace* hat ihnen am besten gefallen. Sie kamen immer wieder zurück, um es zu hören.«

»Das ist ja verrückt.«

»Horch nur!«, sagte Javid.

Die Wale steckten ihre Köpfe aus dem Wasser und ich konnte ihre kräftigen, kegelförmigen Zähne in den geöffneten Mäulern sehen. Ihre Laute wurden immer wunderlicher. Was sie da von sich gaben, erinnerte mich an etwas. »Es hört sich an wie Charlie Parker«, sagte ich. Charlie Parker war ein schwarzer Jazzmusiker und mein Vater besaß alle Platten von ihm.

»Ja«, meinte Javid. »Das stimmt. Es klingt fast wie

sein Stück *How deep is the Ocean*. Hey, das zieht dir doch glatt die Socken aus! Wir hören Meeresradio.«

Ich musste lachen. »Meinst du nicht, dass sie am besten wissen, wie tief der Ozean ist?«

»Das nehme ich mal an. Vielleicht wollen sie sich über uns lustig machen.«

»Was wohl die alten Seefahrer gedacht haben, als sie solche Gesänge zum ersten Mal hörten?«, fragte ich nachdenklich.

»Wahrscheinlich haben sie geglaubt, dass die Geister der Tiefe nach ihnen rufen.« Tatsächlich hörte es sich an wie Geistermusik, wenn ich die Augen schloss. Aber wenn ich den Walen bei ihrem Gesang zusah, wusste ich, dass es ihnen einfach Freude machte und vielleicht gar keinen bestimmten Zweck hatte, außer, dass es ihre Gefühle ausdrückte.

»Vielleicht hätte ich lieber als Wal geboren werden sollen«, dachte ich laut. »Ihr Leben ist viel einfacher als unseres.«

»Das glaube ich nicht, Copper. Unsere Welt verändert sich und ihre verändert sich auch. Und wie wir müssen sie sich diesen Veränderungen anpassen. Sie müssen um ihr Futter kämpfen und haben Probleme mit der Verschmutzung der Meere. Ich glaube, ihre Sorgen sind genauso groß wie unsere.«

»Ja, vielleicht hast du Recht«, seufzte ich.

»Onkel Henry hat mir erzählt, dass sich ihr Gesang über die Jahre verändert«, sagte Javid. »Wahrscheinlich müssen sie dauernd neue Worte erfinden, für

Dinge, die sie noch nicht kennen, und neue Gefahren, die plötzlich auftauchen und von denen sie noch nie etwas gehört haben.«

»Du meinst, sie erzählen sich etwas, wenn sie singen?«

»Ja, na klar. Wir Menschen glauben bloß, dass wir die wichtigsten und klügsten Lebewesen auf der Welt sind. Aber vielleicht stimmt das gar nicht. Vielleicht können wir von den Walen eine Menge lernen.«

Wie um Javids Gedanken zu bekräftigen, steckten alle Orcas ihre Köpfe jetzt weit aus dem Wasser und blieben eine ganze Weile in dieser Stellung, während die glitzernden Wellen um ihre schwarz-weißen Körper tanzten. Dann tauchten sie unter, hoben ihre Schwanzflossen in die Höhe und schlugen sie in einem langsamen Takt auf das Wasser, dass es spritzte.

Ich klatschte in die Hände. Es war mein Applaus für ihren wunderschönen Gesang und die eindrucksvolle Vorstellung. Die Köpfe der Wale tauchten wieder aus dem Wasser und mit einigen fröhlichen Lauten verabschiedeten sie sich von uns. In einer Reihe schwammen die Orcas aufs offene Meer hinaus, wo sich in der Ferne ein großer Frachter langsam nach Süden bewegte.

»Sie haben ein neues Spielzeug entdeckt«, bemerkte Javid und zeigte auf das Schiff am Horizont. Tatsächlich schienen die Wale den Frachter als Ziel zu haben. Nass und glücklich sah ich unseren Freunden nach.

Nur langsam wurde mir bewusst, dass die Tropfen, die ich abbekam, nicht aus dem Meer, sondern von oben kamen. Ich warf einen Blick in den Himmel. Graue Wolken vertrieben die weißen. Sie ballten sich und rissen wieder auseinander und schienen von irgendwoher Dunkelheit anzuziehen. Gleich darauf fing es richtig an, zu regnen. Auch Javid warf einen besorgten Blick in den Himmel. Heute waren wir so von dem Spiel und dem Gesang der Wale abgelenkt gewesen, dass selbst seine Wachsamkeit nachgelassen hatte. Ihm war nicht aufgefallen, wie die dunklen Wolken sich zusammengebraut hatten und auf einmal von Norden her Wind aufkam.

Aber als Javid die Gefahr erkannte, handelte er sofort. »Halt dich gut fest, Copper«, sagte er. »Wir müssen schnell an Land. Das wird ein Sturm.«

Ich sah die Falten auf seiner Stirn, aber auch wenn ich ihn noch nie so besorgt gesehen hatte, machte ich mir keine Gedanken. Javid kannte das Meer und das Ufer war greifbar nah. Was sollte uns schon passieren? Außer dass wir nass wurden, was wir ohnehin schon waren.

Natürlich hatte ich keine Ahnung, wie schnell das Wetter sich hier ändern konnte. Schon schäumten die Wellen beängstigend und unser kleines Schlauchboot tanzte hilflos wie ein Spielzeugboot auf ihnen. Wind und Regen wurden stärker, der Himmel begann zu brodeln und die Wellen kamen jetzt direkt vom Ozean auf uns zugerollt.

»Halte dich fest und schließ die Augen!«, schrie Javid mir durch den schwarzen, strömenden Regen zu. Die Seekrankheit packte mich wieder und diesmal übergab ich mich über den Rand des Schlauchbootes ins Meer. Schneller, als ich denken konnte, war mein Magen leer. Aber auch ohne Inhalt krampfte er weiter.

Mit steifen Fingern klammerte ich mich an die harten Stricke des Bootes, um nicht von einer Welle fortgerissen zu werden. Mir war immer noch speiübel. Mit weit aufgerissenen Augen starrte ich auf Himmel und Meer, die plötzlich eins zu werden schienen. Was für Farben!, schoss es mir durch den Kopf. Dieses irre Grün, das ich nie vergessen würde, weil es mit dem Schlagen der Wellen verbunden war. Die tosende Brandung rollte mit Macht auf das nahe Ufer zu und Javid versuchte so gut er konnte das Boot in diese Richtung zu steuern.

Die Wellen, schäumend und hungrig, wühlten den Meeresboden auf. Ich dachte an die Geschichte von Sisiutl, dem Furcht erregenden Ungeheuer im Ozean, das wir vermutlich durch irgendetwas erzürnt hatten und das uns jetzt seine ganze Macht zeigen wollte. Sisiutl sucht nach denen, die ihre Angst nicht beherrschen können, hatte Javid erzählt und mir geraten dem Ungeheuer ins Gesicht zu sehen, mich von ihm nicht erschrecken zu lassen.

Ich versuchte es, auch wenn mich das große Kraft kostete. Das Schlauchboot drehte sich auf den Wellen, aber Javid brachte es jedes Mal auf den richtigen Kurs zurück. Keine Ahnung, wie er das anstellte. Der Strand war schon zum Greifen nah. Blitze zuckten am Himmel und ihr weißes Licht schoss wie kaltes Feuer herab. Die Angst kam mit einer weiteren gründunklen Welle – wie der geöffnete Rachen von Sisiutl – und schon wollte ich hilflos meine Augen schließen. Doch plötzlich stieß das Schlauchboot gegen das sandige Ufer. Javid war mit einem Satz draußen, um es ein Stück weiter an Land zu ziehen, bevor die nächste Welle es wieder auf das Meer hinausschleudern konnte.

»Spring raus, los komm schon!«, brüllte er durch den Sturm, und als ich nicht reagierte, zerrte er grob an meinem Arm, bis ich draußen war. Ich hatte überhaupt keine Kraft mehr und blieb liegen, wo ich war, obwohl ich Javids warnende Worte hörte.

Die nächste Welle, die den Strand überspülte, griff nach mir und drohte mich ins Meer zu ziehen. Unglaublich, was für eine Kraft das Wasser hatte und wie hilflos ich mich fühlte. Ich schluckte einen sandigen Schwapp Salzwasser, hustete und spuckte.

Auf einmal wurde ich hochgehoben und vom Ufer weggetragen. Ehe ich mich versah, saß ich im Sand, angelehnt an einen großen, moosbewachsenen Stein. Javid rannte zum Boot zurück, um es so weit über das Ufer zu ziehen, bis es von den Wellen und der Flut nicht mehr fortgespült werden konnte. Zur Sicherheit band er es mit den Tauen an eine große Wurzel, die noch zur Hälfte fest im Boden verankert war.

Ich kauerte erschöpft auf dem nassen Sand, als er von einer neuen, riesigen Welle überspült wurde. Javid schnappte meine Hand und riss mich nach oben. »Mach jetzt bloß nicht schlapp, Copper.« Er zog mich vom Wasser fort. »Komm!«, sagte er. »Nicht weit von hier ist eine Hütte. Da können wir bleiben, bis der Sturm vorüber ist.«

22. Kapitel

Um uns herum war es stockfinster geworden und im strömenden Regen konnte ich kaum erkennen, wohin Javid mich zog. Salzwasser brannte in meinen Augen und Sand knirschte zwischen meinen Zähnen. Nur weg vom Meer, dachte ich. Nur weg von Sisiutl, dem Ungeheuer, in dessen Ungnade wir gefallen waren.

Ich war so nass und kalt und klamm, dass mich meine letzten Kräfte schnell verließen. Meine Beine fühlten sich an, als hätte ich Blei in den Schuhen. Aber Javid zog mich und schob mich, als wäre ich ein Fliegengewicht. Schließlich erreichten wir den Waldrand und nun sah ich auch die Hütte. Es war ein windschiefes Etwas, gebaut aus dicken Zedernplanken. Zu meiner großen Erleichterung war die Tür nicht verschlossen, als Javid daran rüttelte. Er schob mich ins Innere der Hütte und verriegelte die Tür hinter sich. Einen Augenblick lehnte er erschöpft dagegen, heftig atmend, während kalte Rinnsale aus seinen Kleidern flossen.

»Das war knapp«, japste er. »Verdammt, ich hätte es wissen müssen.«

»Aber vor ein paar Minuten war alles ganz noch ganz friedlich gewesen«, sagte ich matt. Die Arme um meinen Leib geschlungen, lehnte ich zitternd an der

Wand. Die Beine knickten mir weg und ich ließ mich auf eine Holzbank sinken. In der Hütte war es trocken und es roch nach gedörrtem Fisch.

»Ja, ich habe mich auch täuschen lassen«, erwiderte er, »aber ich hätte es besser wissen müssen.« Das klang ziemlich zerknirscht.

»Jetzt sind wir ja in Sicherheit«, versuchte ich ihn und mich zu trösten.

Javid nickte. »Ja, zum Glück gibt es diese Jagdhütte, sonst würden wir ganz schön alt aussehen. Ich mach uns gleich ein Feuer, dann können wir die nassen Klamotten trocknen.«

Tatsächlich hatte die Hütte einen Kamin und daneben lag säuberlich aufgestapelt genügend Holz, um ein Feuer eine ganze Weile brennen zu lassen. Javid wusste auch, wo Streichhölzer zu finden waren, und bald prasselte ein gemütliches Feuer im Kamin. Der Duft von Zedernholz durchzog den Raum.

Mit klammen Fingern quälte ich mich aus meiner Schwimmweste, da wandte Javid seine Aufmerksamkeit wieder mir zu. »Du musst auch die anderen nassen Sachen ausziehen, Copper, sonst wirst du krank.«

»Was ist mit dir?«, fragte ich trotzig.

»Ich werde mich auch ausziehen, wenn du nichts dagegen hast«, antwortete er und ich sah die vertrauten spöttischen Funken in seinen schwarzen Augen. Wir quälten uns aus den nassen Sachen und hängten sie über die Stangen an der Decke. Javid hatte sich bis auf seine Shorts ausgezogen, während ich immer noch mein T-Shirt trug, das wie alles andere klatschnass war. Er zeigte darauf und sagte: »Das wird auch ausgezogen.«

»Ich habe aber gar nichts drunter«, protestierte ich zähneklappernd und rieb mir die nackten Oberarme.

»Hey«, meinte er grinsend, »dann ist heute ja mein Glückstag.«

Ich öffnete den Mund und schloss ihn wieder. Verschämt drehte ich mich von Javid weg und zog das nasse Hemd aus. Es war ein Gefühl, als ob ich mich häutete. Als ob ich mein letztes Geheimnis preisgab.

Mit vor der Brust verschränkten Armen drehte ich mich wieder zu ihm um. Javid hielt eine rot gemusterte Decke auf und legte sie um meine Schultern. Die Decke war alt, sie kratzte und roch verräuchert, aber sie war trocken und wärmte augenblicklich.

So stand ich barfuß vor dem Kamin und genoss die Wärme, die er anfing auszustrahlen. Javid legte neue Scheite aufs Feuer, bis es prasselte und hell aufloderte.

Erst als das Klopfen und Vibrieren in meinem Inneren nachließ, wurde ich mir der Urgewalten bewusst, die da draußen tobten. Der Sturm schleuderte Regentropfen, Tannennadeln und Zweige gegen die Scheiben des kleinen Fensters auf der Nordseite. Die Balken der Hütte ächzten und knarrten bedrohlich, als wollte sie jeden Augenblick über uns zusammenbrechen und uns dem dunkelgrünen Sturm preisgeben.

Das Tosen des Meeres drang bis zu uns herauf. Blitze zuckten in Abständen und krachender Donner folgte, der in bedrohliches Fauchen überging. Noch nie in meinem Leben hatte ich einen so zornigen Sturm erlebt. Land, Himmel und Meer vereinigten sich in einem düsteren, wilden Tanz.

Ich stand neben Javid vor dem kleinen Fenster und starrte in die heulende Finsternis hinaus. Kurz darauf merkte ich, dass er auffallend blass war und einen seltsamen Ausdruck im Gesicht hatte, als hätte er einen Geist gesehen.

»Was ist denn los?«, flüsterte ich.

Statt einer Antwort schüttelte er nur den Kopf, als könne ich das, was er da draußen gesehen hatte, sowieso nicht begreifen. Seine Augen verengten sich zu schmalen Schlitzen. Ich ging näher an die Scheibe heran, bis ich sie fast mit der Nase berührte. Aber ich konnte nichts anderes erkennen als dunklen Sturm, der die Grenze zwischen Land und Meer mit seiner Macht verwischte.

Plötzlich zuckte ein besonders heller Blitz und ich glaubte meinen Augen nicht zu trauen. Da draußen am Meeresufer standen lange Zedernhütten, nur sekundenlang in das kurze, grelle Licht des Blitzes getaucht.

»Was war das?«, entfuhr es mir überrascht. »Wo sind wir hier eigentlich?«

Wieder erleuchtete ein Blitz das Ufer und ich sah Totempfähle, die sich wie drohende Riesenfinger in den Himmel streckten. Kanus lagen am Ufer und aus den Dachluken der Zedernhäuser stieg Rauch. Ein altes Dorf – lebendig gewordene Vergangenheit. Das war nicht möglich.

Ich wandte meinen Kopf und an Javids erschrockenem Gesichtsausdruck konnte ich erkennen, dass er dasselbe sah. Und dass er Angst hatte. Irgendetwas ging hier nicht mit rechten Dingen zu.

»Es ist Ozette.« Javids Stimme klang heiser.

»Aber . . .?« Ozette gab es nicht mehr, das wusste ich genauso gut wie er. Wie war das nur möglich? Hielt Sisiutl, das Ungeheuer des Meeres, uns zum Narren?

Noch einmal blitzte es und erleuchtete die Szenerie des alten Dorfes für einen Augenblick so taghell, dass es sich in seiner ganzen Schönheit in mein Gedächtnis brannte. In ungläubigem Schweigen verharrten wir hinter dem kleinen Fenster und warteten auf einen weiteren Blitz, damit er für uns die alte Welt in seinem Licht noch einmal auftauchen ließ. Aber sosehr wir unsere Nasen auch an die Scheibe pressten, das Gewitter zog weiter und das seltsame Dorf blieb in der Dunkelheit verschwunden. Wir wagten nicht uns zu rühren.

»Ozette gibt es nicht mehr«, sagte ich schließlich leise.

Javid öffnete den Mund, um etwas zu sagen, aber heraus kam nur ein Krächzen. Er räusperte sich und versuchte es noch einmal. »Es war Ozette, da bin ich mir ganz sicher . . . Dass wir es gesehen haben, hat . . . es hat bestimmt etwas zu bedeuten.« Javid stand noch so unter dem Eindruck des eben Gesehenen, dass er nicht weitersprechen konnte. Dafür begannen seine Zähne zu klappern. Er hatte nichts an außer seinen klammen Shorts und er fror. Javid hatte Angst, das konnte ich in seinen Augen sehen. Vor dem Meer und dem wilden Sturm hatte er sich nicht gefürchtet, aber der Anblick des alten Dorfes traf ihn bis ins Mark.

»Setzen wir uns ans Feuer«, schlug ich vor und er nickte apathisch. Vor dem Kamin stand eine niedrige Bank, die nur aus einer einfachen Zedernbohle bestand. Darauf hockten wir uns nieder, eingehüllt in die wärmende Decke.

Javids nackte Haut brannte an meiner, obwohl er kalt war wie ein Fisch. Ich konnte an nichts anderes denken als an ihn und mich unter dieser alten Decke und dass wir beide fast nichts anhatten. Aber ich wusste auch, dass Javid an Ozette dachte, das alte Dorf. Wir hatten es beide im Licht der Blitze gesehen, obwohl es gar nicht mehr da war.

Javid wurde endlich warm und hörte auf zu zittern. »Es kann gar nicht da sein«, sagte er. Nachdenklich starrte er ins Feuer.

»Aber was haben wir *dann* gesehen?«

Er hob die Schultern, was ich an meiner Haut spürte. Es war ein glattes, wunderbares Gefühl.

»Vielleicht hat es was mit unserer Einbildungskraft zu tun«, vermutete er. »Vielleicht war die Luft so geladen bei diesem furchtbaren Gewitter, dass irgendetwas uns Bilder vorgegaukelt hat.«

»*Irgendetwas?*«, murmelte ich.

»Hast du eine bessere Erklärung?«, brummte er ungehalten.

»Hast du vergessen, wo ich herkomme?«, brummte ich zurück. »Ich habe für gar nichts, das hier geschieht, eine Erklärung. Nach dem, was ich eben erlebt habe, weiß ich nicht mal mehr, ob es dich und mich überhaupt gibt. Oder ob wir auch bloß in unserer Einbildung existieren.«

Javid wandte mir sein Gesicht zu und sah mich verwundert an. Da entdeckte ich wieder die vertrauten kleinen Funken in seinen Augen. Oder war es der tanzende Widerschein des Feuers?

»Du und ich«, sagte er mit fester Stimme, »wir sind das einzig Wirkliche in dieser Nacht.« Es klang, als müsse er sich selbst davon überzeugen. Er beugte sich zu mir herüber und küsste mich. Seine Lippen schmeckten salzig. Erst waren sie weich, dann wurde sein Mund fordernder. Bis eben hatten wir noch beide die Decke zusammengehalten, aber nun hatte Javid diese Aufgabe mir überlassen und ich spürte seine warme Hand wandern.

Ich zog meinen Kopf zurück. »Wenn mein Vater uns so sieht, bringt er dich um.«

Javid lachte leise. »Vor morgen früh kommt niemand hierher, glaub mir. Es hat wenig Sinn, nach uns zu suchen, bevor der Sturm nicht nachgelassen hat.« Er löste sich aus der Umarmung der warmen Decke und legte neue Scheite auf das fast heruntergebrannte

Feuer. Die Flammen leckten am Holz, es summte und knackte und wurde wieder heller im Raum. Schatten tanzten über die Wände wie Geister.

Ich wusste, mein Vater würde sich große Sorgen machen und all seine Angst, die er um mich ausstand, später an mir auslassen. Es würde natürlich herauskommen, dass Javid und ich mit dem Schlauchboot auf dem Meer gewesen waren. Ich hatte unsere Abmachung gebrochen.

»Können wir nicht über Land zurückgehen?«, fragte ich in der Hoffnung, die Sache doch noch irgendwie geradezubiegen.

Als Antwort wehte der Sturm einen großen Ast krachend gegen die Tür und ließ die Wände der Hütte knacken. Funken stoben aus dem Kamin und verglühten vor unseren Füßen.

»Bist zur Ozette-Rangerstation sind es fast vier Meilen durch den Wald, Copper. Es ist stockdunkel und wir könnten uns verirren. Außerdem stehen da viele tote Bäume, die in so einem Sturm jederzeit umstürzen können.« Er schüttelte den Kopf. »Nein, hier sind wir im Augenblick am sichersten. Meine Mutter wird deinen Vater schon beruhigen.«

Javid befühlte mein T-Shirt, dass auf der Holzstange über seinem Kopf hing. Er sagte: »Es ist noch nicht trocken. Darf ich trotzdem wieder mit unter die Decke kommen?«

Als ich sie ihm diesmal öffnete, waren seine Augen und seine Gedanken ganz bei dem, was er sah. Anstatt sich neben mich zu setzen, sah er mich einfach nur an und ich ließ die Arme wieder sinken.

Javid hockte sich vor mir nieder und sagte: »Du bist Kupferfrau, Sofie. Deshalb hast du Ozette gesehen. Weil du keine Angst vor Sisiutl, dem Ungeheuer des Meeres, hattest. Du hast ihm ins Gesicht gesehen, obwohl es dich verschlingen wollte. Dabei hast du etwas gefunden, was dir niemand mehr nehmen kann: die Wahrheit, Copper. Deine Wahrheit.«

Javid berührte meine Haare, die noch feucht waren und sich nun in der Wärme wild zu kringeln begannen. »Sisiutl hat dich mit Magie gesegnet, Sofie, deshalb hast du Ozette gesehen.«

»Und was hat das zu bedeuten?«, fragte ich beklommen.

»Du hast eine wunderbare Kraft geschenkt bekommen. Deine Magie kann manchmal stark und manchmal weniger stark sein. Aber niemand wird deiner Wahrheit je wieder etwas anhaben können, sie ruht in dir. Deshalb wirst du nie wieder allein sein.«

Das hörte sich verdammt gut an. Ein dicker Kloß saß in meiner Kehle und ich spürte Tränen aufsteigen. Es waren Tränen der Erleichterung und der Freude.

»Und was ist mit dir?«, fragte ich. »Warum hast du Ozette gesehen?«

»Das ist eine andere Geschichte und ich möchte jetzt nicht darüber reden. Lass uns lieber ein bisschen schlafen, wer weiß, was uns morgen früh erwartet.«

Vor noch nicht allzu langer Zeit war ich der festen Überzeugung gewesen, dass die Nacht meine beste Zeit war, weil da nichts von mir verlangt wurde. Ich konnte mich hemmungslos meinen Träumen hingeben, mir Geschichten ausdenken, in denen die Wirklichkeit keine Rolle spielte, und alle meine Wünsche gingen in Erfüllung. Doch dies war eine fremde Nacht in einem fremden Land und ich war von einer wilden, namenlosen Unruhe erfüllt. Ich spürte neue Kräfte in mir und hatte das Gefühl, als wüchsen mir Flügel.

In der Hütte gab es eine breite Bank mit einer dünnen Matratze, die von Jägern vermutlich als Schlafstatt benutzt wurde. Dort hatte Javid auch die Decke gefunden. Sein eigenes T-Shirt war inzwischen trocken geworden und er gab es mir, damit ich was anzuziehen hatte. Mit einem Lächeln versicherte er mir, dass er selbst nicht fror, wenn ich ihm nur etwas von der Decke überlassen würde.

Wir legten uns auf die Schlafstatt und ich ließ mich widerstandslos von Javid umarmen. Zuerst glaubte ich, an Schlaf wäre nicht zu denken, so eng, wie ich an seinem warmen Körper lag, seinen Herzschlag in meinem Rücken. Einen Arm hatte er um meine Taille geschlungen, auf seinem anderen lag mein Kopf.

»Ich wusste doch, dass heute mein Glückstag ist«, murmelte er. Ich spürte Javids warmen Atem an meinem Ohr und lag wie gelähmt vor Scheu und einem unbekannten Verlangen. »Ich wünschte, das Kanu wäre schon fertig.« Sein Flüstern drang wie weiche Gischt in meine Gedanken.

Das also war es, was ihn so zurückhaltend sein ließ. In diesem Augenblick wusste ich nicht, ob ich dankbar sein sollte oder traurig, dass Javid sich an die alten Traditionen seines Volkes hielt. Ich genoss es einfach, in seinen Armen zu liegen und von seinem Körper gewärmt zu werden.

Der Sturm ließ irgendwann nach und es wurde ruhig im Dunkeln bis auf den Rhythmus unseres Atems. Nach einer Weile war ich eingeschlafen.

Ein furchtbares Stöhnen riss mich aus dem Schlaf. Es war Javid, der einen schlimmen Traum zu haben schien. »Nein«, sagte er immer wieder, »ich kann nicht, Dad. Nein, Dad.«

Ich rüttelte ihn so lange, bis er endlich aufwachte und hochschreckte. Verstört blickte er mich durch das Dunkel hindurch an, als wäre ich ein Geist. Das Feuer war niedergebrannt und der Sturm hatte sich verzogen. Mondlicht erhellte den Raum durch das kleine Fenster.

»Du hast nur geträumt«, versuchte ich ihn zu beruhigen.

Stöhnend ließ er sich auf die Matratze zurückfallen. »Mein Vater«, sagte er. »Ich habe wieder von ihm geträumt. Er hat gesagt, dass ich Ozette sehen durfte, wäre ein Zeichen, eine machtvolle Vision. Er hat mich gedrängt endlich mein Versprechen zu erfüllen.«

»Welches Versprechen?«

»Ein guter Walfänger zu werden«, drangen seine Worte aus der Dunkelheit zu mir.

»Hast du ihm das denn versprochen?«

»Ja«, flüsterte Javid. »Als ich noch klein war und ihn vorbehaltlos bewunderte. Er hat mir die alten Geschichten seiner Vorfahren erzählt, die alle Walfänger waren. Und er sagte mir, dass ich sein ganzer Stolz wäre und die Linie fortsetzen müsse, damit unser Volk weiterbestehen könne.«

»Hast du denn geglaubt, was er sagte?«

»Damals schon.«

»Und heute?«

»Ich weiß nicht.« Seine Stimme war nur noch ein entferntes Flüstern. Die Nacht schwieg. »Manchmal kommt es vor, dass die alte Lebensweise mich ängstigt, einfach, weil ich eine Menge nicht verstehe.«

»Aber niemand zwingt dich einen Wal zu töten, wenn du es gar nicht willst«, sagte ich voller Überzeugung.

»Vielleicht hast du Recht. Trotzdem komme ich mir wie ein Verräter vor.«

»Ich kann dir gar nicht helfen, oder?«, fragte ich traurig.

»Ich fürchte, nein. Weil du bald wieder weg sein wirst, Copper. Dann muss ich in meiner Welt allein zurechtkommen.«

»Und ich in meiner«, sagte ich.

 23. Kapitel

Ein dröhnendes, ohrenbetäubendes Knattern dicht über der Hütte riss uns am Morgen aus dem Schlaf. Wir schreckten gleichzeitig nach oben und sahen uns mit weit aufgerissenen Augen an. Noch ehe ich begriff, was überhaupt los war, rüttelte jemand an der Tür.

»Hallo, ist da jemand?«, fragte eine Männerstimme.

Javid sprang mit einem gewaltigen Satz von der Schlafstelle. Mit wenigen Schritten war er an der Tür und schob den Riegel zurück. Ein junger Parkranger in braungrüner Uniform trat in die Hütte und musterte Javid von oben bis unten. »Bist du Javid Ahdunko?«, fragte er.

»Ja, der bin ich.«

Der Ranger warf einen Blick an Javid vorbei in die Hütte und registrierte meine Anwesenheit. Ich zog mir die Decke unters Kinn.

»Jemand verletzt?«

»Nein«, antwortete Javid. »Wir sind okay.«

Der Uniformierte zückte sein Sprechfunkgerät und machte eine Durchsage. »Hier ist Hank Moran von der Ozette-Rangerstation. Ja, ich habe sie gefunden, den Jungen und das Mädchen. Es geht ihnen gut, niemand ist verletzt. Sie haben die Nacht in der alten

Jagdhütte verbracht. Okay, ich bringe sie zurück. Over.«

Hank grinste mich an und packte seinen Rucksack auf den alten Holztisch. »Bestimmt habt ihr Hunger?«, fragte er, sichtlich erleichtert uns gefunden zu haben. »Das war ein nettes Unwetter heute Nacht und eure Eltern haben sich mächtig Sorgen gemacht.«

Während der Ranger ein Paket Sandwichs auspackte und eine Thermoskanne mit heißem Tee, schlüpften Javid und ich in unsere Sachen. Der Schreck saß mir noch so in den Gliedern, dass ich kein Wort hervorbrachte, während es in Javids Hirn vermutlich schon gewaltig arbeitete.

»Woher wussten Sie, dass wir hier sein könnten?«, fragte er Hank.

»Der Hubschrauberpilot hat das Schlauchboot am Ufer gesehen und da lag die Möglichkeit nahe, dass ihr es bis in die Hütte geschafft habt. Sehr vernünftig von euch, nicht durch den Wald zu laufen. Da sind heute Nacht einige Bäume umgestürzt.«

Javid warf mir einen »Siehst-du-Blick« zu. »Wieso haben Sie uns gleich mit einem Hubschrauber suchen lassen?«, wollte er von Hank wissen. »Das war doch bestimmt die Idee von Mr Tanner.«

Der Parkranger reichte mir ein Sandwich und einen Becher mit dampfendem Pfefferminztee. Aufmunternd nickte er mir zu. »Nein, keine Angst, der Hubschrauber war nicht euretwegen unterwegs. Er ist im Einsatz, weil heute Nacht vor der Küste ein chinesischer Tanker mit einem Frachtschiff kollidiert ist. Das Schlimmste konnte vorerst verhindert werden, aber aus dem Frachter sind fast 4 000 Liter Altöl ausgelaufen, die sich nun auf die Küste hier zubewegen.«

Javid, der inzwischen auch ein Sandwich in sich hineinschlang, hörte auf zu kauen. »Was sagen Sie da?«

»Du hast schon richtig gehört«, meinte der Mann. »Wenn kein Wunder geschieht, haben wir in ein paar Tagen den ganzen Dreck am Strand.«

Sofort fielen mir die Orcas ein. Mora, die ihr Kalb nun vielleicht in einer schmierigen, stinkenden Öllache gebären musste. Der schöne Shi-Shi Beach, bedeckt von einer schwarzen Teerschicht. Verendete Fische, Vögel mit verklebtem Gefieder und abgestorbene Kelpwälder, die niemandem mehr als Nahrung oder Versteck dienen konnten.

Ein Blick zu Javid genügte und ich wusste, dass er dieselben Gedanken hatte. Er stürzte zur Tür hinaus und blieb draußen wie angewurzelt stehen. Ich lief ihm nach. Die Welt um uns herum war verschwunden. Dichter, weißgrauer Nebel verschlang alle fernen Dinge vollkommen. Und von dem, was nahe war, konnte man nur noch schemenhafte Konturen erkennen.

Auch der Ranger war vor die Tür getreten. »Verdammter Mist«, fluchte er. »Der Nebel hat uns gerade noch gefehlt. Das Navigationssystem des Tankers ist ausgefallen und er driftet mit 30 000 Litern Heizöl an Bord in Richtung Küste. Bei dieser Sicht kann der

Hubschrauber nicht mehr fliegen, es ist zu gefährlich. Und der Schleppdampfer kann auch nicht auslaufen.«

Er sah uns beide zerknirscht an. »Nun haben wir wirklich ein Problem.«

Nachdem Javid das Schlauchboot begutachtet hatte, brachte er es mit Hanks Hilfe noch ein Stück in Sicherheit. Es war beschädigt, aber er hoffte, dass wenigstens der Motor nichts abbekommen hatte. Das Boot würde Javid wieder flicken können.

Zu dritt machten wir uns auf den Weg zur Rangerstation. Hank lief voran, gefolgt von Javid, und zum Schluss kam ich. Auf dem nebeldurchzogenen Weg durch den Küstenwald ins Landesinnere fragte Javid den Parkranger, ob vor der Küste Orcas gesichtet worden wären.

»Ja«, sagte Hank. »Der Hubschrauberpilot hat tatsächlich etwas von drei oder vier Schwertwalen erzählt, die sich in der Nähe des chinesischen Tankers aufhielten.«

»Mist«, schimpfte Javid. »Ich dachte, sie hätten sich bei dem Unwetter vielleicht eine ruhigere Gegend gesucht.«

»Nicht die Orcas«, erwiderte Hank. »Sie tauchen ab und kommen erst wieder, wenn der Hokuspokus vorbei ist.«

»Aber wenn alles voller Öl ist, warum verschwinden sie dann nicht einfach?«, fragte ich aus dem Hintergrund. »Sie müssen doch merken, dass ihnen durch das stinkende Zeug Gefahr droht.«

»Nein«, sagte Hank. »Auch wenn die Schwertwale ziemlich schlaue Wesen sind – Umweltkatastrophen sind in ihrem Hirn nicht einprogrammiert. Sie haben gute Augen und ein gutes Gehör, aber ihr Geruchssinn ist nicht besonders ausgeprägt. Sie sind nicht in der Lage, die Gefahr zu erkennen.«

Hank hatte einen ziemlich forschen Schritt drauf und bald ließ ich das Reden sein, weil ich Seitenstechen bekommen hatte. Manchmal mussten wir über gefallene Bäume klettern, die der Sturm von ihren toten Wurzeln gebrochen hatte. Es wäre wirklich lebensgefährlich gewesen, wenn wir versucht hätten diesen Weg in Sturm und Dunkelheit zu gehen.

Der Wald tropfte pausenlos, schwerer Nebel wogte in Schwaden durch die Bäume. Als ein großer Vogel vor uns aufflatterte, erschrak ich. Es war eine dunkle, triefende Welt des Zwielichts. Ich dachte an Tylers Geschichten, und auf einmal konnte ich verstehen, warum die alten Makah einen Häuptling Tageslicht angebetet hatten. So viele Tage im Jahr war der Himmel von grauen Wolken bedeckt und durch das Dach der Bäume im Küstenwald drang fast nie ein Sonnenstrahl. Die Menschen hier sehnten sich nach Sonne und Licht. Manchmal war die Erklärung so einfach.

In Gedanken versunken, wanderten wir schnellen Schrittes durch den feuchten Wald, die meiste Zeit über einen Plankensteg wie am Cape Flattery. Der

Sturm, die vergangene Nacht, ja selbst dieser von grauen Nebelschwaden durchzogene Geisterwald kamen mir so unwirklich vor, dass ich Mühe hatte, mich auf die bevorstehende Begegnung mit meinem Vater einzustellen. Es kam mir vor, als hätte ich ihn tagelang nicht gesehen. Vermisst hatte ich ihn allerdings auch nicht, dafür war gar keine Zeit gewesen.

Mir wurde ganz schlecht, wenn ich nach vorn dachte. An die Auseinandersetzung mit meinem Vater und daran, dass ich bald wieder zu Hause sein würde, in Berlin. Dann musste ich mich aufs Neue mit den Jungs und Mädchen aus meiner Klasse herumschlagen. Ich würde zur Schule gehen, meine Besuche auf dem jüdischen Friedhof fortsetzen, den Malzirkel besuchen und Flötenstunden nehmen.

Alles würde genauso weitergehen wie vor dieser Reise nach Neah Bay, aber ich würde nicht mehr dieselbe sein. Ich hatte Sisiutl in die Augen geblickt und Magie geschenkt bekommen.

Diese Magie spürte ich tatsächlich in mir. Auch wenn ich daran zweifelte, dass ich sie von einem Meeresungeheuer bekommen hatte. Viel eher glaubte ich daran, dass die Liebe dafür verantwortlich war. Die Liebe hielt ich für mächtiger als jedes Ungeheuer.

Das Kreischen von Motorsägen schreckte mich aus meinen Gedanken. Einige Parkranger hatten mit den Aufräumungsarbeiten am Plankensteg begonnen. Grinsend machten sie uns den Weg frei und wechselten ein paar Worte mit Hank, der ihnen sagte, wie viel Arbeit noch auf sie wartete.

Wir erreichten schließlich die Rangerstation von Ozette, einen flachen Bau im Blockhausstil. Auf dem Parkplatz sah ich unseren roten Chevrolet stehen und wappnete mich gegen das Donnerwetter, das gleich auf mich niedergehen würde.

 24. Kapitel

Mein Vater, der drinnen von einer netten Beamtin einen Kaffee bekommen hatte, während er wartete, kam auf uns zugestürzt. Er umarmte mich kräftig, drückte mich so fest, dass ich bald keine Luft mehr bekam. Dabei hörte ich Schluchzer in ihm aufsteigen, die er aber zu unterdrücken versuchte, als müsse er sich dafür schämen. Als er mich auf Armeslänge von sich streckte, sah ich, dass er unendlich froh war mich heil wiederzuhaben. Er sah müde aus, vermutlich hatte er die ganze Nacht nicht geschlafen.

Mit einem Mal bekam ich ein furchtbar schlechtes Gewissen.

»Bist du in Ordnung Sofie?« Seine Stimme überraschte mich. Sie klang sanft und besorgt, wo ich doch harte Vorwürfe erwartet hatte.

»Ich bin okay«, antwortete ich mechanisch.

Lorraine kam aus dem Office der Rangerstation und im gleichen Moment bemerkte ich, dass Papa sich Javid zuwandte. Vielleicht war ich im Augenblick von seinem Ärger verschont geblieben, aber Javid würde er nicht einfach so davonkommen lassen, dafür kannte ich meinen Vater zu gut. Dass er mit mir in einem winzigen Schlauchboot auf den wilden Pazifik hinausgefahren war, sich mitten unter die Killerwale gewagt und dabei noch einen nahenden Sturm übersehen hatte, so viele Fehler würde mein Vater ihm nie verzeihen.

Mit einem Schritt war ich an Javids Seite. Ich schob meine Hand in seine und er hielt sich daran fest.

»Es tut mir Leid, Mr Tanner«, kam Javid meinem Vater zuvor. »Ich hätte sehen müssen, dass ein Sturm aufzieht, und eher umkehren. Dann hätten wir es vielleicht bis in die Siedlung Waatch zurückgeschafft und Sie hätten sich nicht solche Sorgen um ihre Tochter machen müssen.«

Mein Vater machte eine aggressive Bewegung auf Javid zu und ich stellte mich flugs vor ihn. »Ich konnte dir nicht sagen, dass wir rausfahren, um die Wale zu beobachten, weil du es mir sonst nicht erlaubt hättest«, sagte ich schnell. »Javid wollte mich gar nicht mitnehmen, ich musste ihn erst dazu überreden. Wenn du sauer bist, dann schimpfe mit mir.«

Mein Vater holte tief Luft und Wut blitzte kurz in seinen Augen auf. »Ich kann dich nicht verantwortlich machen«, schrie er mich an, »weil du dir der Gefahr überhaupt nicht bewusst warst.« Er stach mit dem Finger nach Javid, der mich unsanft zur Seite schob und nun meinem Vater wieder direkt gegenüberstand. »Aber er musste es wissen. Er ist hier aufgewachsen und weiß sehr wohl, wie plötzlich das Wetter umschlagen und aus dem friedlichen Pazifik ein Ungeheuer werden kann. Er hat es gewusst und ist trotzdem mit dir da rausgefahren.«

Javid, der – wie er mir später erzählte – noch nie in seinem Leben angeschrieen worden war, schwieg mit zusammengekniffenen Lippen. Sein Gesicht war eine starre Maske. Doch inzwischen kannte ich ihn ganz gut. Die weißen Funken, die in seinen Augen glommen, waren diesmal Ausdruck seines Zorns.

»Was hast du dir bloß dabei gedacht, meine Tochter derart in Gefahr zu bringen?«, donnerte ihn mein Vater aufgebracht an.

»Hör auf, Papa!«, sagte ich gequält.

»Ich wollte nicht, dass Sofie was passiert«, erwiderte Javid mit bemerkenswerter Ruhe. »Und ihr kann auch gar nichts passieren, weil sie viel stärker ist, als Sie vielleicht glauben, Mr Tanner. Sofie hat Respekt vor den Dingen, die sie nicht kennt oder nicht versteht. Aber sie hat keine Angst und vor allem belügt sie sich nicht selbst.«

Auf diese Weise erfuhr ich, was Javid über mich dachte. Papa starrte ihn mit offenem Mund an, als frage er sich, ob er richtig verstanden hatte. Schon wollte er wieder loswettern, da nahm Lorraine ihn am Arm und sagte: »Die beiden sind ganz erschöpft, Frank, sie haben sicher eine schlaflose Nacht hinter sich. Lass sie doch erst einmal zur Besinnung kommen.«

Mein Vater ließ seine Arme sinken wie zwei lahme Flügel.

»Okay«, sagte er schließlich. »Fahren wir erst einmal nach Hause. Über alles andere reden wir dann später.«

Nur widerwillig stieg Javid in das Auto meines Vaters und ich konnte seine Verachtung richtig spüren. Dass es so kommen würde, hatte ich nicht gewollt.

Während der Fahrt zurück nach Neah Bay, es waren ungefähr 30 Meilen, saßen Javid und ich jeder in seiner Ecke auf dem Rücksitz. Wir schauten einander verstohlen an, wenn wir dachten, dass der andere gerade nicht herübersah. Es fielen keine Worte mehr.

Ich hätte Javid gerne berührt, wenigstens seine Hand gehalten, aber die angespannte Stimmung im Wagen ließ das nicht zu. Ich malte mir aus, welche neuen Regeln dieses Ereignis für mich nach sich ziehen würde, und fragte mich, ob mein Vater es fertig bringen würde, mir den Umgang mit Javid zu verbieten. Ich war schließlich erst fünfzehn, und wenn er es von mir verlangte, würde ich ihn auf seinen Fototouren begleiten müssen.

Weil ich so sehr mit mir selbst und Javid beschäftigt war, wurde mir erst kurz vor Neah Bay bewusst, dass sich zwischen Lorraine und meinem Vater etwas verändert hatte. Da war eine seltsame Vertrautheit zwischen ihnen, die nur ich bemerken konnte.

Seltsamerweise war ich nicht einmal sauer, auch nicht enttäuscht oder gekränkt. Ich fühlte gar nichts dergleichen. Es war mir egal. Er hatte Angst um mich gehabt und sich von einer schönen Frau trösten lassen. Dass er wie alle anderen Männer war, konnte ich ihm nicht zum Vorwurf machen.

Und außerdem hatte ich andere Sorgen.

Ein Ölteppich bewegte sich auf die Küste zu, ausgerechnet im bevorzugten Jagdgebiet unserer Orcaschule. Wir mussten versuchen sie irgendwie zu vertreiben, ehe sie Schaden nehmen konnten. Wenn es dafür nicht schon zu spät war. Fieberhaft grübelte ich darüber nach, was wir unternehmen konnten, um unsere Freunde zu retten.

Freda Ahdunko kam aus ihrem kleinen Büro gelaufen, als wir aus dem Auto stiegen. Sie umarmte zuerst mich mit vertrauter Herzlichkeit und dann ihren Sohn, was Javid sichtlich peinlich war. Nicht der kleinste Vorwurf kam aus ihrem Mund. Das wunderte mich nicht, denn ich hatte nichts anderes erwartet.

Freda hatte einen kleinen Imbiss vorbereitet und so saßen wir nun alle zusammen in dem kleinen Aufenthaltsraum. Sie bat Javid darum, ihr zu erzählen, wie alles gekommen war. Seinem missmutigen Gesicht nach zu urteilen, wäre Javid am liebsten gleich in seinem Zimmer verschwunden, aber er respektierte die Bitte seiner Mutter. Mit knappen Worten berichtete er ihr, was geschehen war, wobei er alles ausließ, was Anlass zu noch mehr Besorgnis geben könnte. Kein Wort von aufgepeitschten grünen Brechern, klatschnassen Kleidern, dem kaputten Boot und unserem knappen Entkommen. Keine Silbe von Sisiutl, dem Ungeheuer des Meeres, von Kupferfrau und der alten

Siedlung Ozette, die uns im Licht der Blitze erschienen war. Danach ging er, ohne mit uns zu essen.

Wenig später stand ich allein mit Papa in meinem Zimmer. Seine Erleichterung über meine Unversehrtheit war längst überlagert vom Ärger über meinen Ungehorsam und Javids fehlende Reue. Wahrscheinlich hatte Papa gedacht, Javid Ahdunko würde sich bei ihm tausendmal entschuldigen und um Verzeihung bitten. Stattdessen hatte er es nur ein einziges Mal getan. Im Stillen bewunderte ich seine Würde.

»Du wolltest, dass ich dir vertraue und dich respektiere«, sagte mein Vater aufgebracht, »und wir hatten eine Abmachung. Du hast sie nicht eingehalten, Sofie, und beinahe hättest du diesen Leichtsinn mit deinem Leben bezahlt.«

»Es tut mir Leid«, sagte ich, »wirklich. Es tut mir Leid, dass ich dir etwas verschwiegen habe, aber es war mir wichtig, Papa. Ich musste die Wale einfach sehen, weil ich solche Sehnsucht nach ihnen hatte. Und im Gegensatz zu dir waren sie erreichbar für mich.«

Keine Ahnung, warum ich das sagte, auch wenn es die Wahrheit war. Meine Worte mussten ihn ärgern und ich hätte sie mir auch verkneifen können, aber nun standen sie zwischen uns im Raum.

»Du machst mir Vorhaltungen?«, fragte er lauernd. »Das ist doch wohl nicht dein Ernst. Ich habe dich auf diese Reise mitgenommen, damit wir einander wieder näher kommen. Aber du hattest von Anfang an kein Interesse daran. Du hast nur Augen für diesen Indianerjungen, der dir den Kopf verdreht und dir sonst was erzählt. Wahrscheinlich glaubst du auch noch alles, was er dir sagt.«

In diesem Moment, als ich den mitleidigen Blick in seinen Augen sah, hasste ich ihn. Er war drauf und dran, alles kaputtzumachen, aber das wollte ich nicht zulassen. Auf einmal spürte ich die Magie, von der Javid gesprochen hatte. Mein besorgter, wütender, ungerechter Vater würde mich nicht aus der Fassung bringen.

Schweigend wandte ich mich von ihm ab und sah aus dem Fenster. Er nahm mich unsanft an der Schulter und drehte mich zu sich herum. »Stimmt was nicht, junge Dame?«, fragte er wütend. »Ich rede mit dir.«

»Ich bin müde und würde jetzt gerne duschen«, sagte ich, ohne mit der Wimper zu zucken.

»Ein wenig Reue wäre vielleicht angebracht.«

»Ich habe gesagt, dass es mir Leid tut. Wie oft willst du es noch hören, bis du mir endlich glaubst?«

Mürrisch sagte mein Vater: »Für heute hast du Hausarrest. Morgen fahren Lorraine und ich nach La Push und du wirst uns begleiten. Ich wecke dich rechtzeitig.«

Seine Worte klangen bitter und duldeten keinen Widerspruch. In der Tür drehte er sich noch einmal um. »Dieses T-Shirt, das du da anhast, gehört das nicht Javid?«

Ich sah an mir herunter. THINK INDIAN, prangte der gummierte Aufdruck über meiner Brust. Ich war nicht dazu gekommen, es ihm wiederzugeben.

»Was auch passiert ist in dieser Hütte«, sagte Papa kopfschüttelnd, »ich will es nicht wissen.« Die Stimme versagte ihm.

Ich war so enttäuscht von ihm, dass ich nicht einmal fähig war mich zu verteidigen. Nachdem mein Vater das Zimmer verlassen hatte, setzte ich mich auf mein Bett und ließ mich nach hinten fallen. Ich fühlte mich vollkommen erschöpft. Weniger von den Ereignissen als vom Kampf mit meinem Vater. Dass er so wenig Verständnis hatte, so wenig Vertrauen, ernüchterte mich. Er war nicht wie meine Mutter und würde es nie sein, auch wenn ich mir das insgeheim erhofft hatte. In diesem Augenblick fehlte sie mir so sehr, dass meine Sehnsucht zu einem Knoten in der Brust wurde, der furchtbare Schmerzen ausstrahlte. Ich krümmte mich, aber ich weinte nicht. Ich hielt sie aus, bis sie langsam nachließen und ich wieder klar denken konnte.

Ich musste eingeschlafen sein, denn als ich auf meine Armbanduhr sah, war es schon kurz vor 18 Uhr. Es war dunkel und stickig im Zimmer. Diffuses graues Licht sickerte durch die Vorhänge. Ich ging zum Fenster und schob es auf. Feuchte Luft quoll herein, warmer grauer Nebel, der draußen alles verschlang und aus Neah Bay eine Gespensterstadt machte. Die Straße, die Häuser, die Bäume und das Meer, alles war von einem einheitlichen Grau.

Seit dem Morgen hatte sich das Wetter nicht geändert. Das bedeutete, der Tanker trieb vielleicht immer noch vor der Küste und niemand konnte etwas dagegen tun. Ich musste unbedingt herausfinden, wie die Dinge sich entwickelt hatten.

Schnell duschte ich und zog frische Sachen an, dann ging ich nach unten zu Freda, in der Hoffnung, Javid dort zu finden. Aber er war nicht da.

»Er ist am Nachmittag zu Tyler gegangen«, sagte Freda. »Sie wollen versuchen das Schlauchboot zu reparieren.«

Ich nickte betrübt.

Freda, die gerade das Abendessen zubereitete, fragte: »Hast du Hunger, Sofie? Du hast doch bestimmt den ganzen Tag noch nichts Richtiges gegessen?« Ich nickte noch einmal und sie drückte mir einen frischen Salatkopf in die Hand. »Kümmere dich um den Salat, dann bin ich schneller fertig und wir können zusammen essen. Javid kommt sicher später, wir werden ihm etwas aufheben.«

Ich mochte Freda sehr gern. Auf gewisse Weise erinnerte sie mich an meine Mutter. Freda hatte dieselbe Ruhe und Selbstverständlichkeit einigen Dingen gegenüber. Eigenschaften, die ich an Mama so gemocht hatte.

In einem Anflug von Kühnheit stellte ich mir vor hier zu bleiben, in Neah Bay, und zusammen mit Javid und seiner Mutter das Motel zu betreiben. An so etwas zu denken war natürlich Unsinn. Zumal ich von Javid wusste, dass er ganz andere Pläne hatte. Aber zum ersten Mal kam mir die Idee, hierher zurückzukehren, wenn ich alt genug war, um mein Leben selbst zu bestimmen.

Während ich den Salat zubereitete, kümmerte sich Freda um das Hühnchen und den Reis. Ich hatte wirklich großen Hunger und es duftete so verführerisch aus der Backröhre, dass mir das Wasser im Mund zusammenlief. Meinen Appetit hatte ich wieder und auch sonst fühlte ich mich sehr lebendig. Das hatte ich Javid zu verdanken. Auf einmal sah ich die Welt mit Augen, die er mir geöffnet hatte.

»Dein Vater ist mächtig sauer auf Javid«, sagte Freda.

Ich horchte auf. »Hat Javid das erzählt?«

Sie lächelte kopfschüttelnd. »Nein, mein Sohn spricht nicht über solche Dinge, jedenfalls nicht mit mir. Aber dein Vater war bei mir und hat mich gebeten mit Javid zu reden.«

Meine Augen wurden rund und groß. Nun war er zu weit gegangen.

Freda legte mir eine Hand auf die Schulter. »Wir Makah sind in Liebesangelegenheiten anders als ihr Weißen«, sagte sie. »Wir reden nicht über diese Dinge, wir respektieren sie einfach. Ich möchte meinem Sohn nicht verbieten mit dem Mädchen zusammen zu sein, das er mag.« Ich ließ das Messer fallen und umarmte

Freda. Sie drückte mich an sich und strich mit ihrer Hand mein Rückgrat auf und ab. »Ich vertraue Javid«, fuhr sie fort. »Deshalb weiß ich, dass er nie etwas tun würde, was du nicht auch möchtest.«

Ich löste mich von ihr. »Das stimmt«, sagte ich, »aber mein Vater sieht das anders. Ich muss morgen mit ihm und Lorraine nach La Push fahren, obwohl ich überhaupt keine Lust dazu habe. Viel lieber würde ich Javid helfen die Orcas aus der Nähe des Ölteppichs zu vertreiben.«

»Ist es das, was er vorhat?« Freda musterte mich eindringlich mit ihren schrägen schwarzen Augen.

Ich zuckte die Achseln. »Genau weiß ich es nicht. Aber eine der drei Walkühe ist trächtig und ihr Kalb wird sicher bald geboren werden. Wenn sie in den Ölteppich geraten . . .«

»Das ausgelaufene Öl ist noch weit vor der Küste«, unterbrach mich Freda. »Und sieh dir diesen Nebel an. Solange er anhält, kann die Küstenwache nichts unternehmen und die Leute vom Umweltamt auch nicht. Und Javid kann erst recht nichts ausrichten mit seinem lecken Schlauchboot.«

Da hatte sie wohl Recht.

Das Hühnchen war fertig und sie holte es aus der Röhre. Dazu gab es Wildreis von den Ojibwe-Indianern aus Kanada und grünen Salat mit Sojakernen und Wildzwiebelschalotten. Es war tröstlich, bei Freda in der kleinen, gemütlichen Küche zu sitzen und mit ihr knuspriges Hühnchen zu essen. Im Augenblick konnte ich mir nichts Besseres vorstellen, außer natürlich, Javid wäre hier.

»Im Übrigen ist La Push sehr schön«, tröstete sie mich beim Essen. »Bestimmt kommt ihr auch nach Rialto Beach. Allerdings glaube ich nicht, dass sich das Wetter ändern wird. Dein Vater will doch bestimmt Fotos machen.«

»Wahrscheinlich«, sagte ich. »Aber das ist nicht mein Problem.«

»Wie die Orcas nicht sein Problem sind.«

»Ja«, sagte ich. »Jeder muss sich um das kümmern, was ihm wichtig ist.«

»Vielleicht wäre es einfacher, wenn jeder von euch etwas Interesse zeigen würde an dem, was der andere tut und was ihm wichtig ist«, bemerkte Freda. »Dein Vater denkt, es interessiert dich überhaupt nicht, was er macht.«

»Das stimmt nicht«, protestierte ich. »Ich weiß, dass mein Vater gute Fotos macht. Schließlich wären wir sonst nicht hier.«

»Na siehst du. Würde dein Vater keine guten Fotos machen, hättest du Javid gar nicht kennen gelernt und die Orcas auch nicht.«

Ich sah Freda an und entdeckte dieselben lustigen Funken in ihren Augen, die ich aus Javids Blick kannte, wenn er sich über mich amüsierte. Ich konnte nie böse sein deswegen.

»Ist das die Art und Weise, wie ihr Makah die Dinge seht?«, fragte ich leise.

Freda lachte ihr warmes Lachen. »Keine Ahnung, ob alle Makah das tun, aber ich schon, und ich bin schließlich eine Makah. Glaub mir«, sagte sie, »die Dinge ab und zu auch mal auf diese Weise zu sehen hilft über große Hürden hinweg. Wenn du dich mal verirrt hast, Sofie, folge einfach deinen Gefühlen.«

»Warst du überhaupt nicht böse auf Javid?«, fragte ich sie. »Hattest du keine Angst, das Meer könnte ihn holen wie . . .«

»Wie seinen Vater, meinst du?« Sie schüttelte den Kopf. Ihre freundliche Stimme zögerte kurz. »Nein, ich war nicht böse auf ihn. Ich habe mir große Sorgen um euch beide gemacht, aber ich wusste auch, dass Javid nichts Unüberlegtes tun würde. Er hat mir versprochen nicht zu ertrinken und Javid hält seine Versprechen.« Auf einmal sah sie mich seltsam an und fragte: »Hat er dir von seinem Vater erzählt?«

»Ja«, sagte ich. »Er hat mir erzählt, dass er ein Walfänger war und beim Fischfang ertrunken ist. Er vermisst ihn.«

»Ich weiß. Ich vermisse ihn auch. Und doch muss es ohne ihn weitergehen. Ich habe gelernt dankbar dafür zu sein, dass ich ihn kennen lernen durfte und er mir einen Sohn geschenkt hat.«

»Hast du mal daran gedacht, wieder zu heiraten?«, fragte ich.

Freda sah mich merkwürdig an und sagte nichts.

»Tut mir Leid«, stotterte ich. »Ich hätte das nicht . . . es war falsch, dich . . .«

»Schon gut«, unterbrach sie mein Gestammel. »Natürlich denke ich manchmal darüber nach. Aber bisher hat es kein Mann geschafft, mein Herz zu erobern. Es ist noch bewohnt, weißt du?« Sie lächelte traurig.

»Mein Vater hat sich ziemlich schnell getröstet.«

»Und nun bist du gekränkt, weil du das Gefühl hast, er hätte deine Mutter verraten.«

»Sie ist erst im Februar gestorben.«

»Ich weiß«, sagte sie. »Er hat mir davon erzählt.«

»Er hat es dir erzählt?«

»Ja. Dein Vater brauchte jemanden zum Reden und ich habe ihm zugehört. Er hat deine Mutter sehr geliebt, Sofie. Aber manchmal ist die Einsamkeit größer als die Liebe zu einem Menschen, der nur noch in unserer Erinnerung lebt.«

Javid kam spät zurück und ich saß immer noch mit seiner Mutter in der Küche. Sie wärmte ihm das Essen in der Mikrowelle auf und er erzählte, dass er mit Hilfe seines Freundes Tyler das Schlauchboot geflickt hatte. »Allerdings hat der Motor doch was abgekriegt. Wenn der Nebel sich verzogen hat, muss ich Onkel Henry bitten das Boot mit mir zu holen.«

»Wie geht es Tylers Großvater?«, fragte Freda.

»Ganz gut. Er ist wieder zu Hause und läuft ein paar Schritte jeden Tag«, sagte Javid kauend. »Tyler sagt, er hätte die Operation und auch den Krankenhausaufenthalt gut überstanden.« Dann wandte er sich an mich. »Ich habe mit dem Parkranger gesprochen, der uns gefunden hat. Er sagt, die *Tiguna Pass*, der chinesische Tanker, driftet stündlich vier Meilen näher an die Küste heran. Im Hafen von Neah Bay liegt ein Schleppdampfer bereit, der den Tanker in die Seestraße von Juan de Fuca schleppen soll. Aber bei diesem Nebel und dem unruhigen Wasser kann der Dampfer nicht auslaufen und außerdem wäre es unmöglich, das Schlepptau am Tanker zu befestigen. Ein Hubschrauber der Küstenwache steht bereit, um den Ölteppich mit Chemikalien zu besprühen, damit sich das Zeug schneller auflöst. Aber er kann auch nicht fliegen, der Nebel ist einfach zu dicht.« Er klang resigniert.

»Sind Chemikalien für die Tiere nicht genauso gefährlich wie das Altöl?«, fragte ich.

Javid hob die Schultern. »Das habe ich Hank auch gefragt, aber er sagte, das Öl wäre gefährlicher. Die Chemikalien sind wasser- und fettlöslich, hat er mir erklärt. Sie setzen die Oberflächenspannung des Wassers herab, dadurch sinkt das schwere Öl in die Tiefe.«

»Es ist also nicht wirklich weg, nur nicht mehr sichtbar«, bemerkte Freda mit gerunzelter Stirn.

»So ungefähr.«

»Der Fish & Wildlifeservice hat ein Fischfangverbot ausgesprochen, solange niemand sagen kann, wie groß der Schaden wirklich ist«, eröffnete sie uns. »Also wird es erst einmal keinen Fisch mehr geben.«

»Ach, deshalb die Hühnerbeine«, brummte Javid müde.

Einige Zeit später, es war kurz vor Mitternacht, stand mein Vater in der Tür und bestand darauf, dass ich ins Bett ging, damit ich am nächsten Tag ausgeschlafen sein würde. Ich protestierte nicht, weil es nichts gebracht hätte als weiteren Ärger. Ich bedankte mich bei Freda für das köstliche Essen und gab Javid vor aller Augen einen Kuss auf den Mund, als ich ihm eine gute Nacht wünschte.

 25. Kapitel

Obwohl ich all meine neu gewonnene Magie aufwandte, um den Nebel über Nacht einfach verschwinden zu lassen, war er am nächsten Morgen immer noch da. Genauso dicht und grau und nass wie am Vortag.

Pünktlich um neun Uhr saßen Lorraine, mein Vater und ich in wetterfester Kleidung im Auto, bereit zur Abfahrt nach La Push. Ich hatte mächtig schlechte Laune und Papa schien auch nicht viel besser drauf zu sein. Nur Lorraine versprühte ungehemmt Heiterkeit, die trotz des Wetters nicht mal aufgesetzt wirkte. Wahrscheinlich war sie eine Frohnatur und nichts konnte ihrer positiven Lebenseinstellung etwas anhaben.

Von diesem Ausflug in das kleine Reservat der Quileute-Indianer ist mir vor allem der Nebel im Gedächtnis geblieben, der alles zu einer grauen Masse verschmelzen ließ, was links und rechts der Straße existierte. Häuser, Strommasten und wild wuchernder Wald. Wir kamen durch das Holzfällerstädtchen Forks und Lorraine erzählte mir, dass man hier lieber nicht mit einem Greenpeace-T-Shirt herumlaufen sollte, sonst hätte man ziemlich schnell Ärger am Hals. Der ganze Ort lebte von der Holz verarbeitenden Industrie, für die ständig riesige, uralte Bäume gefällt wurden, was natürlich die Naturschützer zu häufigen Protestaktionen auf die Straße rief.

Später bogen wir nach rechts auf eine schmale Teerstraße, die dem Quileute River folgte und direkt ans Meer und ins Reservat führte. »Die Quileute hatten eine eigene Sprache«, sagte Lorraine, die sich in diesem abgelegenen Zipfel Amerikas sehr gut auszukennen schien. »Und sie waren umgeben von Stämmen, mit denen sie nicht verwandt waren. Deshalb übernahmen sie den Namen, den die Franzosen ihrem Dorf gaben. La bouche heißt nichts anderes als – der Mund, das Delta des Quileute River.«

Ich sah nicht viel von La Push, merkte nur, dass es viel kleiner war als Neah Bay. Es gab dort nichts, was unsere Aufmerksamkeit gefesselt hätte. Die Menschen schienen sich in ihren Häusern verkrochen zu haben und Nebelschwaden strichen die leeren Straßen entlang.

Einige Meilen, nachdem wir La Push wieder verlassen hatten, fuhr mein Vater auf einen Parkplatz und holte seine Fotoausrüstung aus dem Wagen. Missmutig stieg ich aus. Er führte Lorraine und mich einen glitschigen Pfad durch den vor Nässe triefenden Wald bis zum berühmten Rialto Beach. Wir waren die Einzigen, die bei diesem Wetter hierher kamen, und da man die Schönheit des Strandes hinter den Nebelwänden nur erahnen konnte, langweilte ich mich fürchterlich.

Aber mein Vater hatte nicht vor unverrichteter Dinge wieder zu verschwinden. Wie immer hatte er seine Tasche mit den verschiedenen Objektiven dabei, mit denen er bei jeglichem Wetter gute Aufnahmen machen konnte. Er behauptete, der Nebel gehöre zu diesem Stück Erde wie der Regenwald und der Ozean und deshalb würde er Nebelfotos machen.

Ich stand da und blickte verdrießlich drein. Was mein Vater vorhatte, konnte dauern. Er war kein Freund von Schnappschüssen, er war ein Pedant. Bevor die Kamera nicht hundertprozentig richtig stand, das geeignete Objektiv auf der Linse steckte und alles perfekt auf das gewünschte Motiv ausgerichtet war, würde er nicht auf den Auslöser drücken.

»Na komm!«, sagte Lorraine und legte mir freundschaftlich den Arm auf die Schulter. »Ich glaube, dein Vater wird hier einige Zeit zu tun haben. Und brauchen tut er uns auch nicht dazu.«

Sie winkte meinen Vater zu, als er gerade im Nebel zu verschwinden drohte, und rief: »Wir warten im Auto auf dich, es wird uns hier zu nass.«

Er nickte abwesend, schon ganz besessen von den Bildern, die er vor Augen hatte, und warf ihr den Autoschlüssel zu. Nun hatte ich die Wahl, mit Lorraine zu gehen oder meinem Vater beim Fotografieren zuzusehen.

Ich entschied mich für Lorraine. Sie erschien mir in diesem Moment das kleinere Übel. Auf dem Rückweg vom Strand zum Parkplatz, der immerhin knapp zwei Meilen durch triefenden Wald führte, erzählte sie mir, dass sie von einer Zeitschrift den Auftrag bekommen hatte, einen Artikel über den verunglückten Tanker zu schreiben und die Auswirkungen des Ölteppichs auf die Küste und seine Bewohner zu dokumentieren.

»Vor Neah Bay passiert dauernd irgendwas«, sagte sie. »Erst über Silvester wäre es beinahe zu einer Katastrophe gekommen. Fast jeden Monat wird der Küstenwache die Havarie eines größeren Schiffes hier vor der Küste von Oregon oder Washington gemeldet. Bisher konnte der in Neah Bay stationierte Schlepper *Barbara Foss* Schlimmeres verhindern, aber nun soll das Schiff aus dem Ort abgezogen werden.«

»Das verstehe ich nicht«, sagte ich, inzwischen keuchend vor Anstrengung, denn Lorraine hatte einen flotten Schritt. »Wieso wollen sie das Schiff abziehen, wenn es doch dauernd gebraucht wird?«

»Ganz einfach. Die *Barbara Foss* wird vom Staat Washington unterhalten. Für jeden weiteren Tag, die sie am Eingang der Seestraße stationiert ist, zahlt der Gouverneur 7 000 Dollar. Das passt ihm natürlich nicht und so versucht er den Nutzen des Schleppers für die Region herunterzuspielen. Was sind schon 4 000 Liter Altöl und ein driftender Tanker mit 30 000 Litern Heizöl an Bord vor einer Küste, an der sowieso nur Indianer leben?«

»Und Wale«, sagte ich japsend.

»Ja, Wale auch, und Robben und seltene Vögel. Fische, Muscheln und Pflanzen.« Lorraine hielt einen Zweig fest, damit er mir nicht ins Gesicht schlug. »Damals, vor zwölf Jahren, als der Öltanker *Exxon Valdez* vor Alaska auf ein Riff lief, wurde ich hingeschickt, um eine Reportage zu schreiben. Es war mein erster großer Auftrag. Aber das ist nicht der einzige Grund, warum ich die Sache nicht vergessen kann: Zweitausend Kilometer schwer verschmutzte Küste, tausende tote Seeotter und hunderttausende tote Vögel kann man nicht so einfach verdrängen. Da gibt es Langzeitschäden, die bis heute niemand absehen kann. Viele Tierbestände haben sich seit dem Unfall noch nicht wieder erholt. Darunter Seehunde, Schwertwale und verschiedene Vogelarten. Die giftigen Ölrückstände haben sich in manchen Pflanzen und Muscheln angereichert, die wiederum anderen als Nahrung dienen. Schon kleinste Mengen Öl können zu Missbildungen im Erbgut von Heringen und Lachsen führen.«

Ich war beeindruckt. »Du weißt eine ganze Menge über solche Dinge.«

»Es ist mein Spezialgebiet«, sagte Lorraine.

»Vor der Küste hält sich eine kleine Orcaschule auf«, erzählte ich ihr. »Es sind *Transients*, Durchreisende. Eine Walkuh ist trächtig, wahrscheinlich wird sie ihr Junges bald zur Welt bringen. Ich fürchte, das ausgelaufene Altöl könnte ihnen gefährlich werden.«

»Deine Sorge ist berechtigt«, antwortete Lorraine. »Wissenschaftler haben in der Unterhautfettschicht von *Transient*-Schwertwalen eine Höchstkonzentration von chemischen Giftstoffen festgestellt. DDT und PCB sind industrielle Chemikalien, die in Amerika inzwischen verboten sind, in vielen asiatischen Ländern aber weiterproduziert und -verwendet werden. Es dauert ungefähr eine Woche, bis der Wind sie von dort an die amerikanische Küste trägt. Inzwischen weiß man, dass PCB mit der Muttermilch übertragen wird und die Bildung von Vitamin A verhindert, was sich alarmierend negativ auf die Überlebensrate der Schwertwalkälber auswirkt.« Lorraine blieb stehen und drehte sich zu mir um. »Sie sind also sowieso schon stark belastet. Deshalb stehen ihre Chancen schlecht, wenn sie in den Ölteppich geraten oder verseuchte Fische fressen.«

»Javid und ich, wir wollen versuchen sie zu verjagen«, vertraute ich ihr in einem Anflug unerwarteter Sympathie an.

»Wie wollt ihr das denn anstellen, bei diesem Nebel? Mit eurem Schlauchboot?«

Ich musterte Lorraine eindringlich, suchte nach Zeichen von Spott in ihrem Gesicht oder im Klang ihrer Stimme. Aber da war nur unerwartetes Mitgefühl.

»Das Schlauchboot ist kaputt, der Motor hat was abgekriegt«, sagte ich resigniert.

»Euer kleines Abenteuer war wohl doch nicht so harmlos, wie Javid es geschildert hat, hm?«

Mit zusammengekniffenen Lippen schüttelte ich den Kopf.

Sie lächelte und lief weiter. »Na, lass das bloß nicht

deinen Vater wissen. Er ist wirklich sauer auf dich und deinen Freund.«

»Glaubst du, er wird mich die restlichen Tage zwingen ihn beim Fotografieren zu begleiten?«

Wir hatten den Parkplatz erreicht und Lorraine schloss den Wagen auf. »Er hat davon gesprochen und ich habe versucht es ihm auszureden. Du bist zu alt für solche Erziehungsmaßnahmen. Aber«, sie drohte mir mit dem Zeigefinger, »wehe, du erzählst deinem Vater, was ich dir verraten habe.«

Wir kuschelten uns in die Sitze und Lorraine holte eine Thermoskanne mit heißem Tee aus ihrem Rucksack.

»Magst du meinen Vater?«, fragte ich sie.

»Ja«, sagte sie. »Ich mag ihn. Traurige Männer üben eine magische Anziehungskraft auf mich aus. Das ist manchmal nicht leicht.«

»Wenn er wieder lachen könnte, vielleicht kämen wir dann besser miteinander aus«, sagte ich leise.

»An dem Tag, als das Unwetter war«, erzählte Lorraine, »hat dein Vater gelacht. Ich dachte, er hätte es geschafft. Aber dann warst du mit Javid verschwunden und er wurde zum traurigsten Mann der Welt.«

»Hast du mit ihm geschlafen?«

Sie sah mich an, gar nicht überrascht, dass ich ihr eine solche Frage stellte. »Ja«, sagte sie. »Es hat ihm geholfen, die Nacht durchzustehen. Er ist bald verrückt geworden vor Angst, vor allem weil er nichts tun konnte.«

Ich nickte.

»Bist du sauer deswegen?«, fragte sie.

Achselzuckend sagte ich: »Es wundert mich, dass ich es nicht bin.«

»Vielleicht, weil du es verstehst, Sofie. Du lässt deine Trauer zu, deshalb bist du schon viel weiter als dein Vater. Er kämpft und wehrt sich gegen seine Gefühle. Er liebt dich verzweifelt, kann es aber nicht ausdrücken. Im Augenblick zeigt sich seine Liebe in seiner Eifersucht und seinem Groll.«

»Eifersucht hat was mit Besitzdenken zu tun, nicht mit Liebe«, bemerkte ich. »Liebe ist bedingungslos.«

»Er wird schon noch dahinter kommen. Lass ihm einfach ein bisschen Zeit.«

»Javid und mir bleiben aber nur noch zehn Tage.« Verzweifelt sah ich Lorraine an.

»Mach dir mal keine Gedanken, wir kriegen das schon hin.«

Hatte sie eben *wir* gesagt? Hatte ich in Lorraine Cook unerwartet eine Verbündete gefunden?

»Hast du eigentlich Kinder?«, fragte ich sie.

Lorraine schüttelte den Kopf und lächelte. »Nein. Deshalb weiß ich ja so gut über Erziehung Bescheid.«

Beinahe bedauerte ich, dass mein Vater zurückkam, denn ich hätte noch ewig mit Lorraine weiterreden können. Aber Papa sollte nicht wissen, wie gut ich mich mit ihr verstand, und deshalb verschwand ich wie ein Schatten auf den Rücksitz und schwieg.

Wir fuhren zurück auf den Highway 101 und aßen tellergroße Holzfällersteaks in einem rustikalen Restaurant in Forks. Mein Vater erzählte von seinen Nebelfotos, die er für gelungen hielt, und tat so, als wäre alles in bester Ordnung. Das war es natürlich nicht. Dennoch hielt ich es für besser, den Mund zu halten und ihn nicht zu provozieren, auch wenn ich vielleicht Lorraine auf meiner Seite gehabt hätte. Ich wollte es nicht darauf ankommen lassen.

Es war Nachmittag, als wir nach Neah Bay zurückkehrten. Mein Vater wollte sein Filmmaterial sortieren, Lorraine an ihrem Artikel arbeiten. Ich klopfte zaghaft an Javids Zimmertür, aber er war nicht da. Auch Freda nicht. Alisha saß Kaugummi kauend in dem kleinen Büro des Motels und hörte Powwow-Musik. Als sie mich sah, stellte sie die Musik leiser.

»Hi«, begrüßte ich sie. »Weißt du, wo Javid ist?«

Alisha schüttelte den Kopf. »Nein, keine Ahnung. Er und Tyler haben irgendwelche Geheimnisse. Wahrscheinlich sind sie zusammen und hecken etwas aus.«

Ich glaube, Alisha war traurig, weil sie sich ausgeschlossen fühlte. Dieses Gefühl kannte ich sehr gut und sie tat mir Leid.

»Musst du wieder Freda vertreten?«, fragte ich.

»Ja, sie ist auf dem Friedhof.«

»Geht sie oft dorthin?«

Alisha presste die Lippen zusammen und schüttelte den Kopf. »Nein. Nur dann, wenn sie nicht mehr weiterweiß.«

Am Samstag bekam ich die Erlaubnis von meinem Vater, mit Javid in die Siedlung Waatch zu fahren und das Kanu weiterzubemalen. Er tat so, als würde ihn dieses Zugeständnis unendliche Überwindung kosten, und ich fand sein Verhalten äußerst kindisch.

Mir war klar, dass Lorraine sich für mich eingesetzt hatte. Möglicherweise war ja ihr Motiv, mir zu helfen, nicht ganz uneigennützig. Denn wenn ich mit Javid zusammen war, hatte mein Vater mehr Zeit für sie. Es war mir egal, von mir aus konnte sie ihn haben. Im Augenblick war es mir am liebsten, wenn ich ihn nicht sah und nichts mit ihm zu tun hatte.

Javid hatte am Freitag lange an seinem Kanu gearbeitet und war ein gutes Stück vorwärts gekommen. Nur der Kopf des Donnervogels musste noch auf die beiden Seiten des Bugs gemalt werden. Wir machten uns gleich an die Arbeit.

Es war nicht leicht, wieder mit Javid zusammen zu sein und mit ihm zu arbeiten. Seit jener Sturmnacht hatten wir uns nur kurz gesehen und kaum geredet. Jetzt fiel es uns beiden schwer, wieder damit anzufangen. Ich hatte das Gefühl, als würde Javid etwas bedrücken. Vielleicht war es das ungewisse Schicksal der Orcas, vielleicht war es aber auch etwas anderes.

»Was ist denn los?«, fragte ich schließlich.

»In einer Woche ist das Stammesfest«, antwortete Javid niedergeschlagen. »Wenn wir keine Fische fangen dürfen und unsere Küste ölverseucht ist, kommen die Kanus vielleicht nicht.«

»Wirklich?« Erschrocken sah ich ihn an.

»Na, was denkst du denn? Es sollte ein großes Ereignis werden, etwas, das anderen Stämmen Hoffnung schenken soll. Wenn unsere Strände ölverseucht sind, war alles umsonst. Auch unsere Arbeit am Kanu«, sagte er. Die Bitterkeit in seiner Stimme machte mir Angst.

»Nein«, protestierte ich. »Das darf nicht sein. Du hast das Kanu fertig gebaut und bemalt. Es wird wunderschön und es ist dein Kanu.«

»Ich tue es für meinen Vater.«

»Nein, Javid«, widersprach ich ihm. »Du tust es für dich.«

Er sah mich mit seinen großen schwarzen Augen an und sagte: »Du gibst wohl niemals auf, was?«

»Das hab ich von dir gelernt«, flüsterte ich.

Später gingen wir zum Strand, um frische Luft zu atmen und ein Stück zu laufen. Der Nebel wallte in dichten Schwaden über die Tangberge. Eifersüchtig hüllte er alles ein und ließ keinen Blick auf das Meer zu, wo die *Tiguna Press* immer noch gen Strand driftete und in den flacheren Küstengewässern auf ein Riff zu laufen drohte.

Wie blind standen wir am Küstenstreifen, lauschten vergeblich auf die vertrauten Kreischlaute der Orcas, wenn sie Lachse jagten oder spielten. Vielleicht waren sie längst fort und wir machten uns umsonst Sorgen. Aber mein Gefühl sagte mir, dass sie noch da waren, irgendwo da draußen. Und dass sie in großer Gefahr waren.

Javids Hand war warm und fest und so konnte ich nichts dagegen tun, dass ich mich gut fühlte. Ich war glücklich, trotz der großen Bedrohung, die da draußen im Nebel verborgen lag. Obwohl ich großen Ärger mit meinem Vater hatte und obwohl unser Abreisetag grausam schnell näher rückte, war ich glücklich. Was war bloß los mit mir?

 ## 26. Kapitel

Es dauerte eine Weile, bis ich begriff, wo ich war. Ich hatte von meiner Mutter geträumt und ihr von Javid erzählt. Als ich wach wurde, schien alles leichter. Mein Zimmer war heller als an den vorangegangenen Tagen. Ich stand auf und sah aus dem Fenster. Der Nebel war nicht mehr grau, sondern weiß und leicht. Wenig später zog er in gespenstischen Schwaden die bewaldeten Berge hinauf, wo die Sonne ihn endgültig verschluckte. Klar und friedlich lag Neah Bay im strahlenden Sonnenschein und ich fand den Ort auf einmal wunderschön – als hätte der Nebel alles Trostlose mit sich genommen.

Nach dem Frühstück liefen Javid und ich zum Hafen. Die Hälfte der Bewohner hatte sich dort versammelt, um den Schlepper *Barbara Foss* auslaufen zu sehen. Am Morgen hatten wir die gute Nachricht im Radio gehört: Der Wind hatte in der Nacht gedreht und den Tanker wieder ein Stück auf das offene Meer hinausgetrieben. Auch der Ölteppich, der inzwischen aus verklumpten schwarzen Teerstücken bestand, war von der Küste weggetrieben und von den Strömungen weiter draußen verteilt worden. Nun war es wenigstens nicht mehr notwendig, den Hubschrauber mit den Chemikalien einzusetzen.

Was blieb, war die Sorge um unsere Orcas. Javid nervte seinen Onkel Henry so lange, bis er mit der *Victoria* nach Ozette rausfuhr und mit ihm und Tyler das Schlauchboot barg. Ich wäre so gerne mitgefahren, aber in diesem Fall ließ sich mein Vater nicht erweichen. Auch Lorraines und Fredas Überredungskünste versagten. Er blieb hart und ich musste zähneknirschend mit ansehen, wie die *Victoria* ohne mich ablegte.

Insgeheim hatte ich gehofft auf dieser Fahrt die Orcas vielleicht noch einmal zu sehen und mich von ihnen zu verabschieden. Es wäre die letzte Möglichkeit gewesen und mein Vater hatte sie mir mit einem einzigen sturen »Nein« zunichte gemacht. Zum ersten Mal dachte ich daran, einfach abzuhauen und mich irgendwo zu verstecken. Sollte er doch allein nach Deutschland zurückkehren und ausprobieren, wie es war, niemanden zu haben.

Gegen Mittag kehrte die *Victoria* in den Hafen zurück. Meine Enttäuschung war groß, als Javid mir erzählte, dass er die Wale nicht gesehen hatte. »Sie waren nicht da, Copper«, sagte er. »Ich habe mit dem Fernglas das ganze Meer abgesucht. Vielleicht haben sie die Gefahr erkannt und sind weitergezogen.«

Tyler und Javid machten sich gleich daran, den Motor zu reparieren, während ich in ihrer Nähe saß und versuchte die Orcas aus dem Gedächtnis zu malen. Ich lauschte den merkwürdigen Witzen der Jungs, die ich manchmal nicht verstand, weil ich keine Makah war. Trotzdem fühlte ich mich nicht ausgeschlossen. Manchmal zwinkerte Tyler mir mit ölverschmiertem Gesicht zu und ich zwinkerte zurück.

War ich eine andere geworden?

Am Abend erreichte die *Barbara Foss* mit dem chinesischen Tanker im Schlepp den Eingang der Seestraße von Juan de Fuca. Mit vielen anderen sahen wir zu, wie die beiden Schiffe sich langsam in Richtung Port Townsend bewegten, wo der Tanker wieder flottgemacht werden sollte. Die Katastrophe war noch einmal abgewendet worden, die unberührten Strände der Makah-Indianer blieben von einer Ölpest verschont. Das Fischfangverbot wurde aufgehoben, nachdem der Fish & Wildlifeservice Entwarnung gegeben hatte.

Die Makah-Fischer fuhren wieder hinaus aufs Meer und im Ort begannen die Vorbereitungen auf das Stammesfest. Freda putzte mit Alishas Hilfe das Motel, um auf die Gäste, die sie erwartete, gut vorbereitet zu sein. Lorraine arbeitete an ihrem Artikel über den Tankerunfall. Sie wollte den Gouverneur des Bundesstaates Washington dazu bewegen, den Schlepper *Barbara Foss* noch eine lange Zeit in Neah Bay zu stationieren, weil er dort offensichtlich dringend gebraucht wurde.

Mein Vater fotografierte, und wenn er keine Kamera in der Hand hatte, dann war er mit Lorraine beschäftigt. Die beiden waren wie Turteltauben und eigentlich hätte sich das positiv auf sein Verhalten mir gegenüber auswirken müssen. Aber da ich ihn weitgehend ignorierte und ihm aus dem Weg ging, besserte sich unser Verhältnis kein bisschen.

Er konnte mich nicht einsperren und mich auch nicht zwingen ihn ständig auf seinen Fototouren zu begleiten. Deshalb blieb Javid und mir genug Zeit, in der wir zusammen sein konnten. Wir küssten uns jetzt manchmal vor den Augen der anderen, auch das konnte Papa mir nicht verbieten.

Am Mittwoch vor dem Fest beendeten wir die Pinselarbeiten am Kanu. Der Donnervogel war fertig, das Kanu war fertig. Es sah wunderschön aus und wir fielen uns vor Freude darüber, dass wir es geschafft hatten, in die Arme.

Aber Javids Perfektionismus ließ ihn noch einige Zeit an den Paddeln herumschleifen, die Tyler geschnitzt hatte. Nach Javids Vorstellungen hatten sie immer noch nicht die richtige Form.

»Wenn ich damit draußen auf dem Meer bin«, sagte er, »habe ich sie ständig in der Hand. Ich verbringe viel Zeit mit ihnen und muss mich auf sie verlassen können.«

Ich bewunderte seine akribische Geduld, wo ich doch wusste, dass die Paddel auch noch mit Lack versiegelt werden mussten, und zwar mehrmals.

Als wir später unseren täglichen Spaziergang am Strand machten, befiel mich plötzlich dieses klägliche

Gefühl von nahendem Abschied. Unsere gemeinsamen Tage waren gezählt. Nur noch vier, das war nicht viel. Traurigkeit schnürte mir die Kehle zu und ich glaube, Javid fühlte dasselbe wie ich. Die Vorstellung, dass wir in Zukunft ohne den anderen auskommen mussten, war uns beiden unerträglich.

»Nur noch vier Tage«, sagte ich leise und drückte seine Hand fester.

Javid blieb stehen und küsste mich. »Ach, Copper«, sagte er seufzend, »ich könnte dich . . .«

»Was?«

Seine Augen funkelten sehnsüchtig. »Ich wünschte, ich könnte dich hier behalten«, sagte er schließlich und ich ahnte, dass es nicht das war, was er zuerst sagen wollte.

Wir umarmten uns, klammerten uns aneinander wie Ertrinkende. »Mein Vater benimmt sich schrecklich kindisch und ich habe nicht die geringste Lust, mit ihm zusammen zu sein. Was soll das bloß werden?«

»Das gibt sich, glaub mir«, sagte Javid. »Wenn ihr erst wieder in Deutschland seid und ich keine Gefahr mehr für dich bin.«

Nun musste ich doch lachen. »Ich wusste gar nicht, dass du mir gefährlich werden könntest.«

Er musterte mich eindringlich. »Du hast keine Angst mehr, oder?«

»Vor wem?«, fragte ich. »Vor dir?«

Er schüttelte nur den Kopf und nahm wieder meine

Hand, um mich weiterzuziehen. »Javid, Javid«, sagte ich keuchend, weil ich kaum noch mithalten konnte bei seinen schnellen, langen Schritten.

Plötzlich fiel mein Blick auf einen großen schwarzen Berg, der hinter der Flussmündung auf dem Strand lag. Wortlos zeigte ich darauf und mir blieb beinahe das Herz stehen. Drüben am Hobuck Beach lag ein Orca auf dem Sand. Er musste mit der Flut herangespült und bei Ebbe dann gestrandet sein. Warum war er so nah ans Ufer gekommen?

Schon wollte ich losrennen, aber Javid hielt mich zurück. »Die Flut steigt wieder und das Wasser ist viel zu tief, um durch die Flussmündung zu laufen. Von hier aus kommen wir nicht an ihn ran.«

»Das ist bestimmt einer von unseren«, flüsterte ich.

Javid nickte unheilvoll.

»Was machen wir jetzt?« Tief unten im Magen war mir mulmig. Ich ahnte das Schlimmste.

Statt einer Antwort packte Javid meine Hand und zerrte mich hinter sich her, zurück zum Schuppen. Wir fuhren mit dem Pick-up aus dem Ort, über die Holzbrücke und dann über die unbefestigte Straße bis zum Hobuck Beach. Mit klopfenden Herzen rannten wir zum Strand. Meine Hoffnung, dass der Wal vielleicht noch leben könnte und mit der Flut wieder freikam, hatte Javid schon im Auto zunichte gemacht. »Sie sterben an ihrem eigenen Gewicht, wenn sie nicht mehr im Wasser sind«, sagte er. Ich sah Gänsehaut über seine Arme kriechen, obwohl es warm war.

Javid sollte Recht behalten. Als wir bei dem gestrandeten Orca ankamen, sahen wir sofort, dass er tot war. Ein Mann und zwei Kinder standen um ihn herum, vermutlich waren sie Gäste vom Zeltplatz.

»Es ist Bob.« Ein heftiger Stich ging durch meinen Körper, als ich erkannte, dass dem Wal die Rückenflosse fehlte. Tränen liefen unaufhaltsam über meine Wangen. »Warum, Javid, warum?«

»Wahrscheinlich ist er zu nah ans Ufer geraten und konnte sich aus eigener Kraft nicht mehr befreien«, sagte der Mann. »Der Besitzer vom Zeltplatz hat den Fish & Wildlifeservice schon verständigt. Die werden bald hier sein.«

Ich ging ganz nahe an Bobs leblosen Körper heran, der, seinem natürlichen Element beraubt, jetzt eingefallen und unförmig wirkte. Vor meinen Augen sah ich den neugierigen Burschen aus dem Wasser tauchen und uns mit seinen lustigen Spielchen necken.

Vielleicht war es besser, sich nicht zu erinnern. Vielleicht war es besser, die Bilder aus meinem Kopf zu verbannen, weil es sonst noch mehr weh tat. Ich berührte die glatte Haut des Wals, dort, wo sie nicht von Narben entstellt war. Seltsam, kein Leben darunter zu spüren. Eine tiefe, namenlose Trauer befiel mich und ich wehrte mich nicht dagegen.

Ich ging in die Hocke und schlang die Arme um meine Knie. So kauerte ich eine endlose Weile vor dem toten Riesen und ließ meinen Tränen freien Lauf. Bis Javid mir von hinten auf die Schulter tippte und sagte, dass die Männer vom Fish & Wildlifeservice jetzt da seien.

Mit ihren dunkelgrünen Fahrzeugen fuhren sie bis auf den Strand, um Bobs sterbliche Überreste gleich vor Ort zu zerlegen. Sie trugen Gummianzüge und waren ausgerüstet mit den notwendigen Gerätschaften, um es schnell zu erledigen, bevor die Flut den Strand überspülte.

Die Männer, es waren drei, nahmen verschiedene Gewebeproben und verstauten sie in Schraubgläsern, die sie sorgfältig beschrifteten und in Kühlcontainer steckten. Ihre geschäftigen Stimmen wurden vom Rauschen des Meeres geschluckt. Der Mann war mit seinen Kindern gegangen, als das Schlachten begann. Javid und ich beobachteten aus einiger Entfernung, wie aus dem fröhlichen Bob ein blutiger, formloser Fleischklumpen wurde. Es war eine Qual, zuzusehen, und doch standen wir wie gelähmt dabei. Für Bob waren die Menschen ein willkommenes Objekt seiner Neugier gewesen und diese Neugier hatte ihm vielleicht das Leben gekostet.

»Das ist nicht fair«, flüsterte ich traurig.

Die Nachricht vom toten Wal am Hobuck Beach war schnell bis nach Neah Bay gedrungen und immer mehr Menschen kamen, um sich das blutige Schauspiel anzusehen. Ihre Fahrzeuge reihten sich am Rand der Strandstraße aneinander wie Perlen auf einer Schnur.

Auch mein Vater und Lorraine waren plötzlich da.

Papa sagte nichts dazu, dass ich hier am Strand und nicht im Schuppen war. Er fotografierte wie wild, ungeachtet der blutdunklen Lache im nassen Sand, die bald darauf von der einsetzenden Flut fortgespült wurde. Lorraine kam zu uns herüber und legte mütterlich einen Arm um meine Schultern. »Du hast ihn gekannt, nicht wahr?«

»Es ist Bob«, sagte ich. »Er war der Neugierigste von allen.«

»Das ist ihm vielleicht zum Verhängnis geworden«, erwiderte sie und ich sah, dass ihr Tränen in den Augen standen.

Als die Männer den Magen des Wals öffneten, ging ich näher heran. Schwarze Teerklumpen verklebten die Fischreste in Bobs Magen. Lorraine befragte die Männer und sie erklärten uns, dass die Todesursache nicht unbedingt das klumpige Altöl im Magen des Wals sein musste. Aber es sei auch nicht auszuschließen. Genaueres könnten sie erst sagen, wenn sie das Gewebe seiner Organe untersucht hatten und die Giftstoffkonzentration in seinem Körper genau bestimmen konnten.

Javid hatte sich von der Menschentraube zurückgezogen und ich sah, dass auch er mit den Tränen kämpfte. Seine Hände waren zu Fäusten geballt. Dass er so leiden würde, hätte ich nicht gedacht. War er doch ein Nachfahre von Walfängern und stolz darauf, dass sein Vater einen Wal mit der Harpune getötet hatte. Aber vielleicht war das etwas, was ich nicht verstehen konnte. Ich ging zu ihm, um ihn zu trösten, doch etwas in der Art, wie er mich ansah, ließ mich schweigen.

Javids Vorfahren waren Walfänger und er war stolz darauf. Das war die eine Sache. In diesem Augenblick ahnte ich jedoch, dass er die Tradition nicht fortführen würde, auch wenn das der Wunsch seines Vaters gewesen war. Als ich ihn so stehen sah, mit Tränen in den Augen, die er zu bekämpfen versuchte, weil Makah-Männer nicht weinen, da wusste ich, dass er aus Neah Bay fortgehen würde, um irgendwo zu studieren, genauso, wie er es sich erträumte. Und Freda würde ihn gehen lassen, weil sie ihn liebte und wusste, dass er es schaffen konnte.

Widerstandslos ließ sich Javid von mir umarmen. Alle konnten sehen, dass wir zusammengehörten.

»Ich hoffe, Granny hat die anderen drei in Sicherheit gebracht«, sagte er mit rauer Stimme.

»Bestimmt«, sagte ich, obwohl ich selbst große Zweifel hatte.

Die Flut überspülte jetzt mit kräftigen Wellen den Strand und nahm mit sich fort, was die Männer nicht in den Kühlwagen verladen hatten. Das Blut des Orcas mischte sich mit den Wassern des Ozeans und wurde hinausgespült ins offene Meer. Auf gewisse Weise war Bob so wieder vereint mit seiner Familie.

Spät am Abend klopfte es an meiner Zimmertür. »Wer ist da?«, fragte ich. Ich war schon im Bett, hatte aber noch nicht geschlafen.

»Ich bin's, Papa. Kann ich reinkommen?«

Diesen Augenblick, in dem er kommen würde, um zu reden, hatte ich herbeigesehnt und mich gleichzeitig davor gefürchtet. Wie gerne hätte ich diese unerträgliche Situation beendet, aber ich war auch nicht mehr bereit Kompromisse zu machen.

»Sofie?«

»Komm rein!«, sagte ich.

Mein Vater trat durch die Tür und schloss sie behutsam hinter sich. Er wies auf mein Bett und fragte: »Darf ich mich einen Augenblick zu dir setzen?«

Ich wollte ihn nicht so nah bei mir haben, trotzdem nickte ich. Als er sich setzte, rückte ich ein Stück von ihm ab.

»Ist alles in Ordnung mit dir?«, fragte er zaghaft, als betrete er dünnes Eis. Ich hatte noch Tränenspuren auf den Wangen. Er fragte nicht, warum ich geweint hatte, weil er es wusste.

»Nichts ist okay«, sagte ich. »Der arme Bob ist tot und du behandelst mich, als würde ich unter Arrest stehen.«

»Wenn du unter Arrest stehen würdest, wärst du heute wohl kaum am Strand gewesen.«

Ich drehte den Kopf zur Seite. War er deshalb gekommen? Um mit mir zu streiten? Danach war mir nun wirklich nicht zu Mute.

»Was willst du, Papa?«, fragte ich und sah ihn wieder an.

»Mit dir reden, Sofie.«

»Ich glaube, da gibt es nichts zu reden.«

»Vielleicht doch. Es ist nicht so, wie du denkst, glaub mir. Ich habe nichts gegen deine Freundschaft mit Javid.«

Lügner, dachte ich. »Und warum behandelst du ihn dann wie . . .?«

»Wie behandele ich ihn denn?«

»Wie . . . wie . . . wie einen Indianer eben«, fauchte ich.

Papa lachte kopfschüttelnd. »Er ist einer, oder?«

»Ja. Aber wenn er weiß wäre . . .«

»Wenn Javid Ahdunko weiß wäre, Sofie, wäre ich genauso wütend auf ihn gewesen. Ich hatte Angst um dich, begreifst du das nicht?«

»Ich hatte auch Angst um dich, als du am Cape Flattery auf den Klippen hingst und beinahe abgerutscht wärst«, sagte ich laut. »Aber im Gegensatz zu dir kann ich keine Strafen und keine Verbote über dich verhängen, wie du das mit mir machst. Traust du mir nicht zu, dass ich selbst aus meinen Fehlern lernen kann?«

»Du wärst nicht wieder mit dem Schlauchboot rausgefahren?«, fragte er mit gerunzelter Stirn.

»Das Schlauchboot ist kaputt.«

»Das ist keine Antwort.«

»Wenn das Meer ruhig ist, ist es vollkommen ungefährlich.«

»Es ist *ungefährlich*, sich mit einem Schlauchboot in die Nähe riesiger Raubtiere zu begeben?«

»Sie kannten uns und hätten uns niemals etwas getan«, antwortete ich trotzig.

»Sofie!«

»Der arme Bob ist tot.« Tränen liefen wieder über meine Wangen. »Mora erwartet ein Junges, und wenn sie auch Altöl geschluckt hat . . .«

»Bob, Mora?« Papa sah mich verständnislos an.

»Mora, Lopo, Bob, Conny und Granny«, sagte ich. »Bob war der Lustigste von allen und nun ist er tot.«

»Ihr habt ihnen Namen gegeben?«

»Ja. Sie sind unsere Freunde. Als der Sturm kam, waren wir nicht zum ersten Mal draußen auf dem Meer. Wir haben sie besucht, sooft es ging. Sie haben mit uns gespielt und sich über uns lustig gemacht.«

»Ihr habt mit *Killerwalen* gespielt?« Die Augen meines Vaters wurden immer größer.

»Sag einfach Orcas«, bat ich ihn. »Das klingt netter. Sie sind harmlos und freundlich. Sie hören gern klassische Musik und sie singen.«

»Orcas *singen?* Ich dachte immer, das würden nur Buckelwale tun.«

»Ich habe sie gehört, Papa«, sagte ich. »Sie haben wirklich gesungen, extra für uns. Es klang wie Jazz von Charlie Parker.«

»Charlie Parker?« Mein Vater betrachtete mich mit einem seltsamen Blick. »Du hast einige Abenteuer erlebt, nicht wahr?«

Ich nickte wieder. Mein größtes Abenteuer, dass ich in diesem Sommer erlebte, war die Liebe.

»Du hast die Augen deiner Mutter, Sofie«, sagte er und schluckte. Er nahm meine rechte Hand in seine beiden. »Du hast auch ihre Hände. Vieles an dir erinnert mich an sie, auch deine Dickköpfigkeit.« Ich wusste nicht, worauf er hinauswollte, deshalb schwieg ich vorsichtshalber. Nach einer langen Pause fuhr er fort: »Ich weiß noch genau, wie es war, als du geboren wurdest. Ich war dabei, und als ich dich das erste Mal in meinen Armen hielt, glaubte ich an ein kleines Wunder. Ich zählte deine Finger, deine Zehen. Alles war vollkommen an dir. Du warst mein vollkommenes kleines Mädchen.« Ein verträumtes Lächeln erschien auf seinem Gesicht.

Ich räusperte mich. »Aber ich bin jetzt fünfzehn, Papa«, sagte ich, »und bald werde ich sechzehn. Ich kann nicht mehr dein vollkommenes kleines Mädchen sein.«

Er seufzte. »Ich weiß. Mein Verstand weiß es schon eine ganze Weile, aber der Rest brauchte länger, um es zu begreifen. Ich wollte dich so sehr lieben, Sofie. Dabei hatte ich keine Ahnung, was dir wirklich fehlt: Ein Vater, der dir zuhören kann, ohne dir dauernd Vorhaltungen zu machen.« Papa lächelte kopfschüttelnd. »Du bist immer noch mein vollkommenes Mädchen, Sofie. Aus dem einfachen Grund, weil ich dich liebe. Es fällt deinem Vater nur nicht leicht, zu akzeptieren, dass auch andere Männer sehen, wie wunderbar du bist.«

Himmel, was war bloß los mit ihm? »Ist das ein Friedensangebot?«, fragte ich.

»Nimmst du es an?«

Statt einer Antwort sagte ich: »Ich habe Javid sehr gern.«

Er nickte. »Scheint so, als hätte er das auch verdient. Er ist ein prima Bursche.«

Hatte er das wirklich gesagt?

»Lorraine ist auch in Ordnung«, sagte ich. »Ich glaube, ich mag sie.«

»Du bist nicht sauer auf mich?«

»Oh, ich bin ständig sauer auf dich«, sagte ich. »Ich war auch wegen Lorraine sauer auf dich, genauso wie du wegen Javid. Aber nun nicht mehr. Ich weiß jetzt, dass das Leben weitergehen wird. Es muss. Ich habe gelernt wieder glücklich zu sein. Und dir wünsche ich, dass du es auch kannst. Mama ist bestimmt nicht böse wegen Lorraine.« Ich lächelte ein bisschen.

»Deine Mutter ist immer bei mir, Sofie. Sie ist hier«, sagte er und zeigte auf seine Brust. Er holte tief Luft und lächelte traurig. »Diesen Platz kann keine andere Frau ihr nehmen.«

»Ich weiß.«

»Wenn wir wieder zu Hause sind, möchte ich einiges anders machen«, sagte er. »Ich möchte mehr von dir wissen, Sofie, was du denkst und fühlst und dir wünschst. Ich möchte, dass wir eine Familie sind, wir zwei. Ich glaube, ich habe viel falsch gemacht.«

»Na ja«, räumte ich ein. »Du kannst ja auch versuchen aus deinen Fehlern zu lernen.«

Dazu sagte Papa nichts.

»Was hat dich am meisten gestört?«, fragte er einige Zeit später.

»Dass du immer versprochen hast mich auf deine Reisen mitzunehmen und es dann doch nie getan hast. Ich war jedes Mal furchtbar enttäuscht.«

Er nickte, als ob er es gewusst hätte. »Ja, du hast Recht. Wenn ich das zu dir sagte, war es auch mein Wunsch, Sofie. Du warst so neugierig und interessiert. Ich hätte dir so gerne meine Welt gezeigt. Aber es war nicht möglich. Du musstest zur Schule gehen und meine Aufträge waren oft recht abenteuerlich. Ich hätte immer nur eins machen können: eine ordentliche Arbeit oder auf dich Acht geben. Beides zusammen funktionierte nicht. Aber ich habe dich immer mit mir genommen, in meinem Herzen. Das musst du mir glauben.«

Ich schlang meine Arme um seinen Hals und er drückte mich ganz fest an sich. Ich konnte sein Herz schlagen hören und wusste, dass er mich liebte, so, wie ich ihn liebte.

27. Kapitel

Zwei Tage später war es dann so weit. Die letzten Vorbereitungen für das große Stammesfest liefen auf Hochtouren.

Die Frauen der Makah hatten in stundenlanger nächtlicher Arbeit dafür gesorgt, dass in den nächsten drei Tagen niemand hungern musste. Auch Freda und Alisha hatten gebacken, gekocht und verschiedene Speisen vorbereitet.

Sämtliche Zimmer des Motels waren belegt. Nur ein einziges der zwölf Zimmer war noch frei, doch das war vorbestellt.

Für Javid war der große Augenblick gekommen, dem er schon seit langer Zeit mit Unruhe entgegenfieberte. Es war an der Zeit, das Kanu zu Wasser zu lassen, um seine Seetüchtigkeit zu testen. Javid hatte sich vorgenommen zusammen mit seinem Freund Tyler von der Siedlung Waatch um das Kap bis an den Strand von Neah Bay zu paddeln, wo im Laufe des nächsten Tages die Kanus der benachbarten Stämme aus Kanada eintreffen würden.

Am frühen Nachmittag erschien Alisha im Motel und fragte Javid, ob sie mitkommen dürfe. Wir standen alle zusammen auf der Wiese: Lorraine, Papa, Freda, Javid, Tyler und ich.

Javid hatte nichts dagegen, seine Kusine mitzunehmen. »Aber nun fehlt uns noch ein vierter Mann«, sagte er.

»Kann es auch eine Frau sein?«, fragte Alisha. »Sofie
hat viele Tage mit an diesem Kanu gearbeitet. Eigentlich müsste sie auch dabei sein.«

Alle hörten auf zu reden und sahen Alisha an. Dann
sahen alle mich an. »Das wäre toll«, sagte ich herz-
klopfend und hoffte auf ein Wunder.

Nun wandten sich die Blicke meinem Vater zu.

»Ist das nicht ziemlich gefährlich?«, fragte er und
fühlte sich wohl ein wenig überrumpelt.

»Nicht gefährlicher als in Berlin eine Straße zu über-
queren«, sagte Javid, dem ich einiges über Berliner
Straßen erzählt hatte.

Alle mussten lachen.

Javid, der sich meinem Vater gegenüber immer noch
sehr reserviert verhielt, versicherte ihm, dass ich eine
Schwimmweste tragen würde. Freda versuchte Papa
davon zu überzeugen, dass an den Makah-Festtagen
noch nie ein Sturm aufgezogen war, dafür hätte der
Schamane des Stammes schon gesorgt.

Das Wunder geschah. »Also gut«, sagte mein Vater,
»aber seid bitte vorsichtig.« Schweren Herzens ließ er
mich ziehen und ich konnte mein unerwartetes Glück
kaum fassen.

»Na dann los!«, sagte Tyler grinsend. »Wollen wir
doch mal sehen, ob der Kahn was taugt.«

Papa klappte die Kinnlade nach unten, als ich vor seinen Augen in den Pickup stieg und mich hinter das Steuer setzte. Er war so verblüfft, dass ihm die Worte fehlten. Dass ich den Pickup fuhr, war mir schon ins Blut übergegangen und ich hatte überhaupt nicht mehr daran gedacht, es vor meinem Vater geheim zu halten.

»Kann ich wenigstens mitkommen und fotografieren?«, rief er.

»Wenn's sein muss«, brummelte Javid.

Wir fuhren in die Siedlung Waatch, gefolgt von Alisha und Tyler, Lorraine und meinem Vater.

Zum ersten Mal sah Papa, wo ich all die vielen Stunden gewesen war und womit ich dort meine Zeit verbracht hatte. Als er das Kanu erblickte, kam er aus dem Staunen nicht mehr heraus.

Javid war auffallend stumm geworden, das lag sicher an der Aufregung. Würde das Kanu auch seetüchtig sein oder war all die viele Arbeit umsonst gewesen? Das war die große Frage, die ihn seit Monaten bedrängte. Heute würde er eine Antwort darauf bekommen.

Tyler spürte, was in seinem Freund vorging. Er klopfe Javid auf die Schulter und sagte: »Nun mach dich mal nicht fertig, alter Junge, es wird schon gut gehen. Hab einfach ein bisschen Vertrauen.«

Natürlich war es uns zu sechst unmöglich, das Kanu aus dem Schuppen und über den Strand zu bringen, aber Tyler und Alisha hatten schnell ein paar willige

Helfer engagiert, die jetzt nach und nach am Schuppen eintrafen.

»Was wollen die denn hier?«, fragte Javid mit finsterer Miene, als er sich auf einmal von Menschen umringt sah.

»Hast du gedacht, wir schaffen das allein?« Tyler schüttelte den Kopf. »Du kannst nicht alles alleine machen, Kumpel. Sie wollen uns nur helfen das Kanu ins Wasser zu bringen.«

Die meisten Helfer waren junge Leute, einige Gesichter erkannte ich wieder. Aber auch ein paar ältere Männer und Frauen waren dabei. Vermutlich waren sie aus Neugier gekommen. Die meisten von ihnen zeigten sich erstaunt darüber, was da so ganz in ihrer Nähe in dem alten Schuppen entstanden war, während sie nichts davon geahnt hatten.

Javids Brust schwoll vor Freude. Zu Recht. Das Kanu sah stolz aus mit seinem hohen Bug und dem schlanken Körper. Die Bemalung machte es zu etwas Besonderem, etwas, wodurch es sich von allen anderen Kanus unterscheiden würde.

Eine Frau, die trotz ihres fortgeschrittenen Alters mit anfassen wollte, umarmte Javid und beglückwünschte ihn zu seinem Kanu. »Jetzt, mein Junge«, sagte sie, »jetzt bin ich sicher, dass die Kanus nach Neah Bay zurückkehren werden.«

Das Kanu wurde umgedreht und angehoben. Nun, da so viele starke Hände zupackten, schien es auf einmal kinderleicht. Am Ufer setzten die Träger es ab und die alte Frau holte eine Trommel hervor, um das Kanu mit einem alten Gesang zu segnen.

Mein Vater fragte höflich, ob er sie dabei fotografieren dürfe, und die Frau nickte.

Ehrfurchtsvoll lauschten alle dem Lied der alten Frau und dem dumpfen Klang der Trommel, der sich im Rauschen der Brandung verlor. Diesen Augenblick und Javids stolzes Gesicht würde ich nie vergessen. Ich wusste, was er jetzt dachte und sich wünschte.

Javid Ahdunko hoffte, sein Vater könne ihn sehen und auch stolz auf ihn sein. Ich wünschte ihm dasselbe. Und dass sein Vater ihm nicht mehr in seinen Träumen erscheinen und ihn um die Einlösung eines unmöglichen Versprechens bitten würde.

Nachdem die alte Frau ihr Lied beendet hatte, klatschten alle und klopften Javid auf die Schulter. Sie beglückwünschten ihn, denn mit seinem Kanu hatte er ihnen neuen Mut gemacht.

Javid stieg zuerst ins Kanu und Tyler reichte ihm die beiden selbst gebauten Paddel. Sie hatten jetzt die perfekte Form, waren orange eingefärbt und mit mehreren Lackschichten versiegelt worden. Tyler McCarthy hatte sich selbst darum gekümmert.

Er stieg zu Javid ins Kanu und Alisha reichte ihm die beiden Paddel, die sie von ihrem Vater für diesen Zweck bekommen hatte. Sie waren alt und das Holz fast schwarz, aber an ihrer Funktionstüchtigkeit gab es keine Zweifel.

Als Nächstes kletterte ich in das Kanu und zuletzt Alisha. Viele Hände hielten es fest und schoben es durch die Brandung. Dann ließen sie los.

Der große Moment war gekommen. Das Kanu lag sicher auf dem Wasser. Alle klatschten und schrien durcheinander und Javids Augen leuchteten vor Erleichterung.

Ein Mann war mit seinem Motorboot ans Ufer gekommen und nun half er uns das Kanu über die Brandung hinaus aufs offene Meer zu ziehen. Die Helfer am Ufer winkten und wir winkten zurück. Das Motorboot ließ uns von der Leine. Javid übernahm das Kommando und wir stachen unsere Paddel in den Ozean, der dunkel und friedlich war.

Vielleicht war es für Javids Vorfahren selbstverständlich gewesen, mit einem bemalten Einbaum von Küste zu Küste zu paddeln. Vielleicht war es auch für Javid, seinen Freund Tyler und Alisha nichts Weltbewegendes, aber für mich war es das schon. Ich hatte zwar ein wenig Rudererfahrung von ein paar Bootsausflügen auf den vielen Berliner Seen, aber ein Kanu war kein Ruderboot und der Pazifische Ozean nicht der Müggelsee. Ein paar Übungsstunden hätten mir vielleicht ganz gut getan, dachte ich, doch dafür war es nun zu spät.

Ich umklammerte das Paddel und wollte mich nicht blamieren. Irgendwie mussten wir uns um das Kap kämpfen, auch wenn mir das auf einmal unmöglich erschien. Worauf hatte ich mich da bloß eingelassen?

Bald war die Siedlung Waatch nicht mehr zu sehen und wir waren ganz auf uns allein gestellt. Tyler, Alisha und Javid waren gute Ruderer, und wenn ich mich an Javids Kommandos hielt, konnten wir das Kanu auf Kurs halten. Alisha fing auf einmal an etwas auf Makah zu singen und nach einigem Zögern fielen die beiden Jungs in den Gesang ein. Ich hatte nicht gedacht, dass Alisha die alte Sprache so gut beherrschte, und war tief beeindruckt vom Klang ihrer Stimme, die überraschend dunkel war, wenn sie sang.

Alisha hatte ich zu verdanken, dass ich nicht wie die anderen am Ufer zurückbleiben musste, sondern jetzt mit dabei war und in Javids Kanu saß. Keine Ahnung, warum sie sich für mich eingesetzt hatte, wo ich doch immer der Meinung gewesen war, dass sie mich nicht besonders leiden konnte.

Schon bald wurde mir klar, dass Alisha ebenso gut paddeln konnte wie Javid und Tyler. Ihre braunen Arme waren schlank, aber muskulös. Alisha Soones saß nicht zum ersten Mal in ihrem Leben in einem Kanu.

Ich dagegen schon. Und das bekam ich auch bald zu spüren. Natürlich wollte ich mit den anderen mithalten, das war auch notwendig, um auf dem eingeschlagenen Kurs zu bleiben. Javids schlanker Einbaum erwies sich als äußerst seetüchtig. Er hatte sich umsonst Sorgen gemacht, die Krümmung des Rumpfes könne vielleicht nicht gleichmäßig sein. Das Kanu lag sicher auf dem Wasser und schwankte nicht. Der vorspringende Bug durchschnitt die Wasseroberfläche. Die Krümmung der Seitenwände trug dazu bei, die Wellen abzulenken.

Wir kamen schnell voran, so lange, bis meine Kräfte unweigerlich nachließen. Javid merkte es, und ohne etwas zu sagen, stellten sich die anderen auf den neuen, langsameren Rhythmus ein.

Vom Meer aus betrachtet, sah die Küste von Cape Flattery schroff und abweisend aus. Auf einmal konnte ich mir vorstellen, wie es den ersten Weißen ergangen war, als sie dieses Land aus dem Nebel auftauchen sahen. Es hatte sie nicht willkommen geheißen.

Die Sonne brannte jetzt unbarmherzig vom Himmel. Nur der kühle Luftzug über dem Meer machte das Paddeln einigermaßen erträglich. Zum Glück trug ich meinen Strohhut und hatte mir Arme und Beine mit Sonnenschutzmittel eingerieben. Javid, Tyler und Alisha waren so braun, dass ihnen die Sonne nichts anhaben konnte. Aber auch sie trugen Kopfbedeckungen. Javid seine rote Baseballkappe, Tyler sein Kopftuch und Alisha eine bunte Mütze aus Baumwollgarn.

Bald hatten wir alle Durst und machten eine Pause, um etwas zu trinken. Bis zum Kap war es nicht mehr weit. Waren wir erst dort, dann hatten wir die Hälfte der Strecke geschafft. Ich fühlte mich jetzt schon so erledigt, dass ich nicht wusste, ob ich das auch durchhalten würde. Meine Oberarme und die Schultern schmerzten und meine Hand zitterte, als ich die Wasserflasche zum Mund führte.

Javid war das natürlich nicht entgangen. »Tyler und ich, wir können eine Weile allein weiterpaddeln«, sagte er. »Dann könnt ihr Mädchen euch ausruhen.«

»Ich kann aber noch«, protestierte Alisha. Fragend wandte sie sich zu mir um und sah mich an.

Ein wenig kläglich hob ich die Schultern. »Ich bin es einfach nicht gewöhnt«, sagte ich. »Eine kleine Pause wäre nicht schlecht.«

Javid und Tyler ruderten nun zu zweit weiter, während Alisha und ich ausruhen konnten. Langsam glitt die Küste vorüber und das Kap kam immer näher.

Ich ließ meinen Blick sehnsüchtig über das offene Meer streifen und plötzlich durchzuckte mich ein freudiger Schreck. Was war das? War ich einer Sinnestäuschung erlegen oder hatte ich gerade zwei schwarze Flossen entdeckt?

So angestrengt starrte ich auf das Meer hinaus, dass alles vor meinen Augen verschwamm. Ich zwinkerte, und als ich wieder klar sehen konnte, sah ich nichts weiter als ruhiges Wasser bis zum Horizont. Ich musste mich doch getäuscht haben.

Aber auf einmal waren sie wieder da. Viel näher als noch vor wenigen Augenblicken. Eins, zwei, drei, vier Rückenflossen. Eine davon mannshoch. »Javid!«, jauchzte ich aufgeregt. »Sieh doch nur!«

Ich war aufgesprungen und das Kanu schwankte bedrohlich. Schnell setzte ich mich wieder. Javid und Tyler hatten aufgehört zu paddeln und nun blickten wir alle gespannt in eine Richtung.

»Ich werd verrückt«, murmelte Tyler mit aufgerissenen Augen.

Alisha blieb ganz ruhig.

»Sie kommen direkt auf uns zu.« Tyler war jetzt sichtlich nervös und umklammerte sein Paddel, als wolle er es als Lanze einsetzen.

»Willst du dich als Walfänger beweisen?«, spottete Javid.

»Wohl kaum«, knurrte Tyler. »Aber die Viecher sind verdammt groß und haben irre scharfe Zähne.«

»Sie wollen nur spielen«, sagte ich und lachte.

Die Wale waren jetzt auf knapp dreißig Meter herangekommen. »Granny, Conny, Lopo, Mora«, zählte Javid auf.

Und plötzlich war da noch eine fünfte Rückenflosse, viel kleiner als die anderen. Furchtlos schwamm der kleine Orca auf unser Kanu zu, während die anderen auf Abstand blieben.

»Moras Baby«, flüsterte ich und wischte mir ein paar Freudentränen aus den Augen.

»He«, schimpfte Tyler. »Kann mir mal einer erklären, was hier eigentlich los ist?«

Ich lachte. Javid hatte seinem besten Freund nichts von unseren Walen erzählt. Er hatte unser Geheimnis bewahrt.

»Sie kennen uns«, sagte ich. »Wir haben sie oft mit dem Schlauchboot besucht.«

»Und der tote Wal am Strand vom Hobuck Beach?«, fragte Alisha.

»Das war Bob«, sagte Javid. »Er gehörte auch dazu.« Der kleine Wal kam dicht an das Kanu heran und umschwamm es neugierig. Ich schätzte seine Länge auf ungefähr zwei Meter. Als er seinen Kopf aus dem Wasser steckte, versuchte ich ihn zu berühren.

»Vorsicht!«, rief Tyler und schnappte nach meinem Hosenbund. Das Kanu schaukelte. »Bist du verrückt?«

Aus der Walgruppe kam ein aufgeregtes Quietschen.

»Mora ruft ihr Baby«, sagte Javid.

Der kleine Orca tauchte ab und kehrte zu seiner Familie zurück.

»Weißt du, ob es ein Junge oder ein Mädchen ist?«, fragte ich Javid.

Er hob die Schultern. »Genau weiß ich es nicht, aber ich glaube, es ist ein Junge. Seine Rückenflosse ist ziemlich gerade.«

»Ich würde ihn gerne Bobby nennen.«

»Okay.« Javid lächelte. »Aber jetzt müssen wir weiter, sonst wird es noch dunkel, bevor wir im Hafen sind.«

Ich griff wieder nach meinem Paddeln und wie durch ein Wunder schienen die Kräfte in meine Arme zurückzukehren. So kamen wir erneut ein gutes Stück voran, bis das Orcababy wieder neben dem Kanu auftauchte und Späße machte.

Seine Mutter ließ es eine Weile gewähren, dann rief sie ihren Sprössling zurück. Er gehorchte zwar, kam aber nach einiger Zeit wieder. So ging es weiter, bis wir das Kap erreicht hatten. Bobby neben uns und hinter uns und manchmal schwamm er auch voraus. Die anderen vier Orcas folgten dem Kanu in einiger Entfernung.

Auf einmal hörte ich aufgeregte Rufe. Suchend blickte ich um mich, um herauszufinden, woher die Stimmen kamen. Javid zeigte nach oben ans Kap. An der Holzbrüstung standen mein Vater und Lorraine. Sie winkten. Was Papa wohl gefühlt haben mochte, bei diesem Anblick: Seine Tochter mit drei Indianern in einem bemalten Zedernkanu auf dem Ozean, umringt von fünf Killerwalen!

Wir winkten den beiden zurück, mussten dann aber wieder straff paddeln, weil die Strömung zwischen der Insel Tatoosh und dem Festland das Kanu sonst auf die Klippen zog.

Als wir das Kap passiert hatten, hörten wir, wie Granny und Mora den kleinen Orca zurückriefen. Aber Bobby war neugierig und verspielt und diesmal gehorchte er nicht. Immer wieder steckte er seinen Kopf aus dem Wasser und stieß Laute aus, die wie Orcalachen klangen. Dann stieß er seinen Blas in die Luft und tauchte unter.

Schließlich wurde Mora ungeduldig und kam heran, um den kleinen Witzbold zurückzuholen. Bobby musste noch eine Menge lernen, bevor aus ihm ein richtiger Orcamann wurde. Er würde zuerst lernen müssen auf seine Mutter zu hören, weil sie mehr Erfahrung hatte als er. Sie und die anderen würden ihm das Jagen beibringen, die Orcasprache und den Gesang. Er würde lernen, dass große Boote Schiffsschrauben hatten, die ihm gefährlich werden konnten. Dass in diesen Schiffen manchmal der schwarze Tod lauerte, für den es noch kein Wort in der Orcasprache gab. Und der kleine Wal würde auch lernen müssen, dass ihm nicht alle Menschen freundlich gesinnt waren.

Mit einem strengen Ruf holte Granny ihre Familie zusammen und die Wale sammelten sich um die alte Orcadame. Dann verließen sie den Eingang der Seestraße und schwammen in parallelen Zügen aufs offene Meer hinaus.

Ich wusste, ich würde sie nie wieder sehen. Verstohlen drehte ich mich noch einmal nach ihnen um und sah, wie Mora und ihr Baby aus dem Wasser sprangen und sich in der Luft drehten, bevor sie wieder in die Tiefen des Ozeans tauchten.

Bobby war erst ein paar Tage alt, aber das *Breaching* hatte er schon gelernt. Lächelnd, aber mit Tränen in den Augen sah ich den davonschwimmenden Orcas nach.

28. Kapitel

Eine kleine Gruppe von Leuten erwartete uns im Hafen von Neah Bay, als wir am Abend völlig erschöpft dort eintrafen. Alishas Eltern waren darunter, Freda, mein Vater und Lorraine und Tylers Großvater William McCarthy. Ich hatte den alten Mann bisher nicht persönlich kennen gelernt und war tief gerührt, als er uns alle umarmte, nachdem wir aus dem Kanu gestiegen waren.

»Ich bin sehr stolz auf dich, mein Junge«, sagte er zu Javid. »Dein Kanu erinnert mich an eines, das dein Urgroßvater besessen hatte, als er noch Wale fing. Eines Tages war es einfach vom Strand verschwunden. Jetzt ist es zurückgekehrt.«

Der alte Mann begutachtete die Paddel, die Tyler aus dem Eibenholz geschnitzt hatte, und sprach auch seinem Enkelsohn Anerkennung aus. Alisha und mich lobte er, dass wir es auf uns genommen haben, mit den Jungs um das Kap zu paddeln.

Javid und Tyler sicherten das Kanu, dann gingen wir alle zusammen zurück zum Motel, wo Freda und Lorraine etwas zu essen vorbereitet hatten.

Tyler lief neben seinem Großvater, der sich mit seinen Krücken nur langsam fortbewegen konnte. Javid ging auf der anderen Seite des alten Mannes und ich hörte, wie William McCarthy den beiden Jungen etwas über Traditionen erzählte. Ich hätte auch gern zugehört, aber mein Vater löcherte mich mit Fragen.

»Wie ließ sich das Kanu paddeln?«

»Sehr gut.«

»Hattest du keine Angst?«

»Nein, warum sollte ich?«

»Auch nicht, als die Wale kamen?«

»Nein, Papa«, sagte ich. »Ich hatte wirklich keine Angst. Sie kannten uns doch. Mora wollte uns bloß ihr Baby zeigen.«

Mein Vater blieb stehen und umarmte mich heftig. »Aber ich hatte Angst«, sagte er. »Ich hatte Angst um dich, Sofie. Natürlich bin ich auch mächtig stolz auf dich. Dass du einfach so . . .«, er hob seine Kamera an, »ich habe alles aufgenommen. Vielleicht freust du dich ja später darüber.«

»Danke, Papa«, sagte ich. »Danke, dass du mich mit nach Amerika genommen hast und danke dafür, dass du mir diese Kanufahrt erlaubt hast. Ich bin froh, dass du mein Vater bist.«

»Bist du glücklich?«, fragte er leise.

»Ja, Papa, das bin ich.«

Ich war glücklich. Wir saßen alle zusammen auf der Wiese neben dem Motel, aßen und erzählten. Javid hatte seinen Arm um meine Schulter gelegt und flüsterte mir hin und wieder etwas ins Ohr. Meistens hatte es etwas mit dem zu tun, worüber die anderen redeten, aber mir war in diesem Moment vollkommen egal, was Javid erzählte. Ich genoss es einfach, seinen warmen Atem an meinem Gesicht zu spüren und ihn so nah bei mir zu haben.

Die Zeit der Kindheit war vorbei. Irgendwann in den vergangenen drei Wochen hatte ich mich von ihr verabschiedet, keine Ahnung, wann genau es passiert war.

Obwohl Freda das Schild »Motel belegt« nach draußen gehängt hatte, tauchte am späten Abend noch ein indianisches Pärchen aus Seattle auf und fragte nach einer Bleibe.

Bedauernd schüttelte Freda den Kopf. »Es tut mir Leid«, sagte sie, »aber es sind wirklich alle Zimmer belegt. Ich kann Ihnen nicht helfen, so gerne ich es täte.«

Auf einmal sah ich Lorraine mit meinem Vater flüstern, und als er nickte, stand sie auf, ging zu Freda und redete mit ihr.

»Sie haben Glück«, sagt Javids Mutter mit einem Lächeln zu dem verzweifelten Pärchen. »Ein Zimmer ist gerade frei geworden. Ich brauche nur ein bisschen Zeit, um sauber zu machen und die Betten frisch zu beziehen.«

Obwohl ich das, was zwischen Lorraine und meinem Vater lief, längst akzeptiert hatte, war ich doch überrascht. So war das also. Papa sah mich an und zuckte die Achseln, als bliebe ihm gar keine andere

Wahl. Dann ging er nach oben, um seine Sachen zusammenzupacken und in das Zimmer von Lorraine Cook zu ziehen.

Freda tat mir ein wenig Leid, dass sie so spät am Abend noch räumen und putzen musste. Und obwohl ich mich vollkommen zerschlagen fühlte, half ich ihr das Zimmer sauber zu machen und die Betten zu beziehen.

Als alles fertig war, drückte sie mich. »Bessere Gäste als euch kann man sich nicht wünschen«, sagte sie. »Ihr werdet mir fehlen.«

Ich setzte mich auf das frisch gemachte Bett und sagte: »Ich weiß nicht, wie ich ohne Javid weiterleben soll.«

Javids Mutter setzte sich neben mich und strich mir übers Haar. »Das verlangt ja überhaupt niemand von dir, dass du ohne ihn weiterleben sollst. Lass ihn in dein Herz und er wird immer bei dir sein.«

»Da ist er doch schon«, murmelte ich. »Schon vom ersten Tag an.«

»Na, dann ist doch alles gut«, meinte Freda lächelnd.

 ## 29. Kapitel

Der Ruf eines Raben weckte mich aus meinem Waltraum. *Krrra, krrra, krrra* – schnarrte es mit der Hartnäckigkeit eines Weckers. Ich glitt aus dem Bett und sah aus dem Fenster. Der schwarze Vogel saß auf einem Ast in der Tanne. *Krrra*, rief er wieder.

»Ich bin ja schon wach«, murmelte ich verschlafen.

Javid hatte mir erzählt, dass der Rabe seinem Volk die Sonne gebracht hatte. Deshalb wurde er von den Makah mit Respekt behandelt. Noch während ich den Raben betrachtete, schien mir die Sonne plötzlich ins Gesicht und ich musste blinzeln.

Wenn das kein gutes Zeichen für diesen wichtigen Tag ist, dachte ich gut gelaunt, dann fress ich einen Besen.

Nach einem ausgiebigen Frühstück, zu dem es diesmal heißen Kakao und frischen Beerenkuchen gab, gingen Javid und ich zum Hafen, um dort Tyler und Alisha zu treffen.

Die beiden warteten am Kanu und sie waren nicht allein. Alte und Junge drängelten sich am Anlegesteg und bewunderten Javids Werk. Als wir dazukamen, ging ein anerkennendes Raunen durch die Menge. Javid kam nicht drum herum, die Geschichte des Kanus zu erzählen. Wie sein Vater begonnen hatte es zu bauen und er es für ihn vollendet hatte. Er verschwieg auch nicht, dass ich ihm bei der Bemalung geholfen und Tyler die Paddel geschnitzt hatte.

Die allgemeine Bewunderung war groß und wurde erst unterbrochen, als von der Hauptstraße her Musik aus Lautsprechern erscholl. Trommelklänge und Makah-Gesänge, abwechselnd mit Live-Rockmusik und Jesusliedern.

Die Parade hatte begonnen.

Mit traditionellen Motiven geschmückte Wagen fuhren die Hauptstraße entlang. Zunächst ein Fahrzeug der Stammespolizei mit der Indianerfahne darauf. Dann kamen die Vietnamveteranen, Männer in Tarnuniformen unter dem Sternenbanner der Vereinigten Staaten von Amerika. Ein Wagen der Feuerwehr transportierte einen riesigen Grauwal aus Pappe, gefolgt von Walfängern in ihrem Kanu. Bemalte Pferde liefen hinterher, auf dem buntesten saß die Makah Day Queen vom vergangenen Jahr in prächtiger Montur. Kinder auf ihren Fahrrädern fuhren Slalom um die Wagen und die Pferde. Alte Männer und Frauen in traditioneller Kleidung und mit den typischen Makah-Kopfhauben schritten würdig hinterdrein.

Das Ganze kam mir vor wie eine Mischung aus Tradition und buntem Jahrmarkttreiben. Vielleicht konnte man über den kulturellen Wert geteilter Meinung sein – die meisten Anwesenden hatten jedenfalls ihren Spaß.

Auf beiden Seiten der Hauptstraße waren Stände errichtet und Zelte aufgebaut worden, die je nachdem die Sonne oder den Regen abhalten sollten. Im Augenblick war es die Sonne, die heiß vom wolkenlosen Himmel brannte.

Überall wurde gespielt, gelacht, Wettkämpfe wurden ausgetragen. Der Duft verschiedener Speisen mischte sich mit der Salzluft des Ozeans. Es gab geräucherten Kerzenfisch, Muscheln in Knoblauchsoße, Heringsrogen mit Farnstängeln, gegrillten Lachs oder Hähnchenbrust mit Reis und verschiedenen Gemüsesorten.

Ich staunte über die Vielfalt des Angebotes und bewunderte die Mühe, mit der alles vorbereitet worden war. Da waren riesige Schüsseln mit Kartoffelsalat und Nudelgerichten, die auf Eis kühl gehalten wurden. Verschiedene Kuchensorten ließen mir das Wasser im Mund zusammenlaufen.

Javid merkte, dass ich mich vom Kuchenstand nicht lösen konnte, und kaufte einen Pappteller mit acht verschiedenen Sorten.

»Hier«, sagte er und reichte mir den Teller. »Das ist zwar kein vernünftiges Mittagessen, sieht aber wirklich lecker aus.«

Wir teilten uns den Kuchen und tranken süße Zitronenlimonade dazu. Mein Vater und Lorraine kamen vorbei und Papa konnte es sich nicht verkneifen, ein paar Fotos von uns zu schießen.

Die Stimmung schien ausgelassen und auch die vielen Fremden, die zum Stammesfest nach Neah Bay gekommen waren, amüsierten sich prächtig. Keiner von ihnen merkte, dass auf den feiernden Makah eine seltsame Anspannung lag. Immer wieder wanderten die Blicke der Indianer auf das dunkle Wasser der Seestraße, wo schon seit einiger Zeit die fremden Kanus erwartet wurden.

Auch Javid wurde immer nervöser, je weiter der Nachmittag voranschritt. »Sie müssten längst hier sein«, sagte er.

»Es dauert nicht mehr lange«, erwiderte ich. »Da bin ich mir sicher.«

Höhepunkt der Parade war die Wahl der neuen Makah Day Queen. Zehn Mädchen zwischen 16 und 20 hatten sich zur Wahl gestellt. Zu meinem Erstaunen fand ich auch Alisha darunter. Das war ihr Geheimnis gewesen. An Tyler McCarthys Gesicht konnte ich erkennen, dass auch er nichts davon gewusst hatte.

Ich fand, Alisha war die Hübscheste von allen, in ihrem weißen Umhang, der mit Perlmuttknöpfen und silbernen Schellen verziert war. Sie trug ein enges Kleid aus rotem Stoff und auf dem Kopf eine weiße Stoffhaube, auf die ein Donnervogel in Rot und Schwarz gestickt war.

Alisha Soones war einfach die Schönste und großer Jubel brach aus, als sie tatsächlich zur neuen Makah Day Queen gewählt wurde. Ich sah, wie Tylers Brust schwoll vor Stolz.

Kurze Zeit später ging ein Raunen durch die Menge. Die Menschen ließen alles stehen und liegen und eilten zum Hafen. Mein Vater, der vermutlich schon eine ganze Weile dort gelauert hatte, war plötzlich umringt von Menschenmassen und ich sah sein besorgtes Gesicht. Lorraine erkämpfte ihm schließlich ein ruhiges Plätzchen auf einer Bootsrampe, von wo aus er ungestört seine Fotos machen konnte.

Javid und Tyler stiegen in ihr Kanu und gefolgt von zwei weiteren, größeren Makah-Kanus, paddelten sie den Ankömmlingen entgegen, wie es der Brauch vorschrieb. Als sie die Fremden erreichten, begrüßten sie sie und luden sie ein an ihrem Fest teilzunehmen.

Es waren sieben fremde Kanus, jedes von einem anderen Stamm. Als sie, begleitet von den drei Kanus der Makah, am Strand eintrafen, begann ein lautes Trommeln, Hupen und Rufen. Freudengeschrei übertönte die Musik aus den Lautsprechern, bis sich jemand erbarmte und sie abstellte.

Plötzlich war es unheimlich still. Vertreter der Stämme der Bella Coola, der Küsten-Salish, der Snohomish, Nootka und Nisqualli warteten in stolzer Haltung und mit aufgestellten Rudern in ihren Kanus. Einer ihrer Sprecher sagte: »Wir reichen allen Brüdern, die an den Wassern leben, die Hand. Wir sind mit unseren Kanus gekommen, um die Einigkeit der Stämme zu demonstrieren und das alte Band wieder zu knüpfen, das unsere Vorfahren zusammengehalten hat. Wir kommen in Frieden und bitten um die Erlaubnis, ans Ufer kommen zu können.«

Die Männer klopften mit den Ruderstangen auf den

Kanuboden und stießen dunkle »Ho ho ho«-Gesänge in die Luft.

Das weißhaarige Stammesoberhaupt der Makah, gekleidet in einen roten Umhang, antwortete ihnen feierlich. »Wir Makah freuen uns, dass ihr gekommen seid, und heißen euch herzlich willkommen auf unserem Land. Wir laden euch ein mit uns zu singen, zu tanzen und zu feiern. Seid willkommen, Freunde, seid willkommen!«

Und wieder erklang das laute »Ho ho ho«.

Nach altem Brauch trugen Helfer die fremden Kanus mitsamt der Paddler an den Strand, damit die Gäste sich die Füße nicht nass machten. Dabei wurde getrommelt und Begrüßungslieder wurden gesungen. Als alle auf dem Trockenen waren, begannen die Männer und Frauen mit einem schwermütigen Gesang, der mich seltsam traurig stimmte.

Freda beugte sich zu mir herüber. »Das sind Trauerlieder«, sagte sie. »Sie werden gesungen für diejenigen, die in eine andere Welt gezogen sind. Auf diese Weise denken wir an sie und sorgen dafür, dass sie nicht in Vergessenheit geraten.«

Das ist ein schöner Brauch, dachte ich.

Nach den Trauerliedern erfolgte eine Zeremonie, die das Potlatch eröffnete. Javid kam wieder zu mir. »Komm«, sagte er, »gleich beginnen die Tänze. Wir sollten uns einen besseren Platz suchen.«

Er nahm mich fest an der Hand, als fürchte er, ich könne unter den vielen Menschen verloren gehen.

Tatsächlich tummelten sich hunderte Leute am Strand. Ganz Neah Bay war auf den Beinen und feierte. Viele indianische Gäste von anderen Stämmen entlang der Nordwestküste waren mit ihren Autos gekommen, um an den Makah-Festtagen teilzunehmen. Und da standen auch unzählige weiße Touristen. Ganze Familien – Großeltern, Mutter, Vater, Kinder. Videokameras surrten ohne Unterlass.

In der Dämmerung begannen die Maskentänze, von denen mir Javid schon so viel erzählt hatte. Überall am Strand waren Feuer entfacht worden, die jetzt lustig flackerten. Um das größte Feuer sammelten sich die Tänzer in ihren roten, schwarzen oder weißen Umhängen, die mit stilisierten Tiermotiven bedruckt oder bestickt waren. Einige trugen ihre schweren Masken noch unter dem Arm, andere hatten sie sich bereits auf den Kopf gesetzt und glichen nun Furcht erregenden Ungeheuern aus einer anderen Welt.

Bevor die Tänze begannen, sagten die Ältesten des Stammes ein paar feierliche Worte. Der Sprecherstab wurde dabei von einer Hand zur anderen weitergegeben. Es waren drei Männer und fünf Frauen und ich erkannte Tylers Großvater William McCarthy darunter.

Als er als Letzter seine Ansprache beendet hatte, begann er die Handtrommel anzuschlagen. Dumpf und schwer zogen die Töne über den Strand, bis eine weitere Trommel einsetzte und der Rhythmus schneller wurde. Die Tänzer trugen nun alle ihre Masken und begannen sich im Takt zu bewegen. Ihre roten und weißen Tanzdecken zeichneten sich scharf gegen den Kiesstrand ab, während die schwarzen den Körper verschluckten und es so wirkte, als würden nur noch wild aussehende Köpfe um das Feuer herumwirbeln.

Zu Beginn erhellte das Blitzlichtgewitter der vielen Hobbyfotografen die Szenerie. Aber je später es wurde, umso weniger Touristen waren noch am Strand zu finden. Feuchter Nachtnebel hatte sie in die Flucht geschlagen.

Wenn jetzt ein Blitz aufleuchtete, wusste ich, dass es mein Vater war, der die Tänzer fotografierte. Später würde er aus hunderten Aufnahmen einige wenige heraussuchen und sie an seinen Verlag schicken. Wenn er sich früher zwischen zwei ähnlichen Aufnahmen nicht entscheiden konnte, hatte er immer meine Mutter gefragt.

Ob er nun mich fragen würde?

Tyler und Alisha tanzten mit den anderen um das Feuer. Alisha sah wunderschön aus in ihrem Kostüm und die Muscheln und Glöckchen klirrten, wenn sie herumwirbelte.

Schließlich zog Javid das Band, das seine Haare zusammengehalten hatte, heraus und mischte sich ebenfalls unter die Tänzer. Die Perlmuttplättchen auf seinem roten Hemd funkelten im Schein des riesigen Feuers. Als er sich mit ausgebreiteten Armen im Kreis drehte und die langen Haare um seinen Kopf flogen wie Nachtflügel, erinnerte er mich an einen Adler, der sich in die Lüfte schwang.

Ich liebte Javid und der Gedanke, ihn morgen mit den anderen ziehen lassen zu müssen, tat mir plötzlich so weh, dass ich schwankend nach einem Halt suchte.

»Ist dir nicht gut?«, hörte ich Freda hinter mir fragen. Besorgt legte sie mir eine Hand auf die Schulter und drehte mich zu sich herum. Ich schüttelte den Kopf, aber sie entdeckte die Tränenspuren auf meinen Wangen. Liebevoll zog sie mich in ihre Arme und es tat gut, ihren Duft einzuatmen, die Wärme ihres Körpers zu spüren.

»Sofie«, sagte sie, »jetzt bist du traurig, weil du ihn nicht haben kannst. Aber später, wenn du wieder in Deutschland bist und über vieles nachgedacht hast, wirst du froh sein, dass du ihn kennen gelernt hast.«

»Werde ich ihn nie wieder sehen?«, fragte ich leise, sodass sie mich kaum verstand.

»Oh, das liegt doch ganz allein in deiner Hand. Du bist bald erwachsen und kannst dein Leben selbst gestalten. Hier bei mir wirst du immer willkommen sein. Am Anfang warst du nur ein Gast in meinem Motel, Sofie, jetzt bist du für uns eine gute Freundin.«

Fredas Worte wärmten mein Herz und machten mir Mut. Vielleicht war meine Furcht, dass Javid mich schnell vergessen könnte, ja unbegründet. Er hatte versprochen mir zu schreiben und Freda hatte mir versichert, dass er seine Versprechen halten würde.

Der Tanz war zu Ende und Javid drängte sich durch die am Rand stehenden Zuschauer zu uns zurück. Feuchtes Haar klebte an seiner Stirn und sein rotes Hemd hatte dunkle Schweißflecken unter den Achseln und auf der Brust. Mit dem Handrücken fuhr er sich über die Stirn und sah uns ganz seltsam an, als kämen wir aus einer anderen Welt. Dabei war er derjenige, der gerade für einige Zeit in einer anderen Welt verschwunden war.

Wir sahen den Tänzern noch eine ganze Weile zu. Später beugte sich Javid zu mir herüber und sagte: »Ich muss schlafen, Copper. Morgen früh geht die Reise los und ich will ausgeruht sein.« Er musterte mich mit schwarzen Augen, in denen kleine Flammen tanzten. »Wenn du noch bleiben willst . . .«

»Nein«, sagte ich schnell. »Ich bin auch müde. Ich komme mit.«

Wir sagten Freda und meinem Vater Bescheid und machten uns auf den Weg zum Motel.

Unsere Gedanken waren so durchdrungen vom Gefühl des Abschieds, dass wir kein Wort sprachen. Javid umklammerte meine Hand, als wolle er mir die Fingerknochen brechen.

»Kommst du noch mit rein?«, fragte er, als wir vor seiner Zimmertür standen. Ich nickte.

Auf Javids Bett lagen die Sachen, die er am nächsten

Tag anziehen würde. Daneben sein Rucksack. Er war nicht sonderlich groß.

»Ist das alles, was du mitnehmen willst?«, fragte ich ihn.

»Wer mit einem Kanu unterwegs ist, muss mit wenigem auskommen«, antwortete er. »Das wussten schon unsere Vorfahren.«

Ich nickte und setzte mich aufs Bett, die Arme um meine angezogenen Knie geschlungen, als wollte ich mich selbst festhalten. Vielleicht war ich müde, aber wenn es so war, dann spürte ich es nicht. Die Gedanken kreisten in meinem Kopf und das Blut in meinen Adern. Alles vibrierte und klopfte und hämmerte in mir, als wäre ich ein Musikinstrument, das von jemandem angeschlagen wurde, der damit nicht umgehen konnte.

Javid setzte sich neben mich. »Morgen ist es nun endlich so weit«, sagte er. Und obwohl er es eigentlich hätte sein müssen, hörte er sich nicht besonders glücklich an.

»Ja«, sagte ich. »Ich freue mich für dich, dass du mit dem Kanu dabei sein wirst. Aber du wirst mir fehlen, Javid. Ich spüre jetzt schon, dass du mir fehlen wirst.«

Er griff nach meiner Hand und knetete sie nervös. »Du wirst mal jemanden glücklich machen, Sofie«, sagte er mit rauer Stimme. »Ich wünschte, ich wäre derjenige.« Javid küsste mich rasch auf den Mund und mein Herz hämmerte wild gegen meine Brust.

»Geh jetzt«, sagte er und es klang beinahe flehend.

Ich dachte daran, dass das Kanu nun fertig auf dem Strand lag und Javid nicht mehr an die merkwürdigen Regeln seiner Vorfahren gebunden war. Ich wünschte mir mit ihm zusammen zu sein, richtig, wie Mann und Frau, und dieser Wunsch nahm in mir gewaltige Ausmaße an.

»Warum?«, fragte ich. Warum hatte er mich erst mit in sein Zimmer genommen, wenn er mich nun wieder fortschickte.

»Weil es das erste Mal meistens nicht so berauschend ist für ein Mädchen. Wenn wir Zeit hätten . . . wenn wir mehr Zeit hätten . . . ach verdammt, ich will nicht, dass . . .« Er holte tief Luft. »Es ist auch so schon schwer genug.«

»Ich liebe dich, Javid.«

Ich hatte ihn noch nie so durcheinander, so verwirrt gesehen. So unglücklich. Unsanft schob er mich zur Tür und riss sie auf. Als ich schon draußen war, küsste er mich noch einmal, dann fiel seine Zimmertür donnernd ins Schloss.

Wie vor den Kopf geschlagen stand ich da. Voller Sehnsucht nach Javid, die langsam in mir versteinerte, als ich merkte, dass sich seine Tür nicht wieder öffnete.

Mit Beinen schwer wie Blei stieg ich die Stufen zu meinem Zimmer hinauf. Ich machte alles mechanisch: ausziehen, duschen, Zähne putzen.

Im Bett rollte ich mich zusammen wie ein Embryo

und hoffte auf Schlaf. Aber er kam nicht. Pausenlos musste ich daran denken, dass Javid dort unten war. Dass er mich weggeschickt hatte, obwohl ich ihm gesagt hatte, dass ich ihn liebe.

Ich hatte es tatsächlich gesagt: »Ich liebe dich.«

Und er hatte gar nichts gesagt. Er hatte mir die Tür vor der Nase zugeschlagen.

Die Zeit tropfte dahin wie das Wasser aus einem lecken Hahn. Ich hörte, wie die anderen Motelgäste nach und nach zurückkehrten. Wasser rauschte in der Nachbardusche. Eine Toilettenspülung ging. Ein Fernseher wurde eingeschaltet und wieder ausgemacht.

Dann war es still.

Es war still, bis ich Schritte hörte. Nackte Füße, die die Stufen heraufkamen. Jemand, der vor meinem Fenster stehen blieb und lauschte. Ich hörte seinen Atem und rief flüsternd: »Javid?«

Leise ging meine Tür auf und schloss sich wieder. Ein schwarzer Schatten stand vor meinem Bett. Es hatte funktioniert. Ich hatte ihn zu mir gewünscht, mit aller Magie, die ich aufbringen konnte. Und es war mir gelungen.

»Copper?«, sagte er leise.

»Ich bin hier«, antwortete ich ihm.

Er setzte sich auf die Bettkante und ich spürte, wie die Matratze unter seinem Gewicht einsank.

»Das ist für dich.« Er reichte mir etwas, das er in der Hand hielt.

Weil ich so lange wach gelegen hatte, waren meine Augen an die Dunkelheit gewöhnt. Ich erkannte den hölzernen Orca, den er geschnitzt hatte. Ich nahm ihn an mich, strich über seine verzierte Oberfläche und stellte ihn behutsam auf den Nachtschrank.

»Danke«, sagte ich schlicht.

»Ich konnte nicht schlafen«, sagte Javid.

»Ich auch nicht«, flüsterte ich.

Ich hockte mich hinter ihn und schlang meine Arme um seine Brust. Sein Haar lag feucht und schwer auf seinen Schultern und duftete nach Apfelshampoo. Er ist gekommen, dachte ich. Er ist zu mir gekommen.

 ## 30. Kapitel

Der Morgen dämmerte schon, als Javid ging. Wie ein Dieb schlich er sich aus meinem Zimmer. Mit leeren Händen zwar, und doch nahm er etwas mit. Er hatte es nicht gestohlen, ich hatte es ihm geschenkt.

Ich knipste die Lampe auf dem Schreibtisch an und besah meinen nackten Körper im Spiegel. Meine Brüste schienen gewachsen zu sein unter Javids Händen und auch meine Schultern waren runder geworden. Die Hüftknochen spießten nicht mehr so hervor und meine Beine erschienen mir zwar schlank, aber wohlgeformt.

Sogar im Gesicht hatte ich mich verändert. Es war voller geworden und wirkte dadurch fraulicher. Meine Wangen glühten, wenn ich daran dachte, wo Javid mich überall berührt und wie er mich dabei geküsst hatte.

Endlich wusste ich, wie sich der Körper eines anderen Menschen anfühlt. Wenn man diesen anderen Menschen so sehr mochte, wie ich Javid mochte, war es einfach wunderbar.

In den vergangenen drei Wochen hatte Javid mir viele Türen geöffnet. Es waren Türen, die aus einem dunklen Raum führten, in den ich mich selbst eingeschlossen hatte. Er war einfach zu mir hereingekommen, ohne Klopfen, ohne Fragen und hatte Licht in den Raum gelassen. Jedes Mal, wenn ich durch eine der Türen sah, hatte sich mein Blick auf die Welt verändert. Auch ich hatte mich verändert.

Die letzte Tür aber, die mich endgültig aus diesem Raum herausführte, musste ich allein durchschreiten. Ich musste lernen Abschied zu nehmen, ohne daran zu zerbrechen. Denn Abschied war nur eine Art Veränderung, die unzählige neue Möglichkeiten in sich barg.

Ich nahm eine heiße Dusche und zog mich an. Dann setzte ich mich auf mein Bett zurück, um mich auf den Abschied von Javid vorzubereiten.

Zu den sieben kanadischen Kanus waren nun drei dazugekommen. Tatkräftig wurden sie am Morgen von den vielen freiwilligen Helfern ins Wasser getragen. Javids Kanu war das kleinste, dafür aber unbestritten das Schönste. Stolz strahlte der Donnervogel in Schwarz und Rot vom Bug. Die Zeit, in der Javid und ich am Kanu gemalt hatten, strich noch einmal an mir vorüber. Ein Teil von mir würde ihn auf seiner Reise begleiten.

Ganz Neah Bay hatte sich am Strand versammelt, um die Gäste und die eigenen Leute zu verabschieden. Die Luft schwirrte vom Summen munterer Gespräche an diesem sonnigen Morgen, obwohl die meisten Makah gestern noch lange getanzt und gefeiert hatten. Kichernde Kinder jagten barfuß durch die Beine der Erwachsenen und rollten sich im Sand.

Dann begannen ein paar alte Männer und Frauen in traditioneller Kleidung die Handtrommeln zu schlagen. Dumpf hallte ihr Klang über den Strand und brach sich an den Wellen. Die Paddler der anderen Stämme stiegen in ihre Kanus und die Männer der Makah, die die Fahrt mit ihnen fortsetzen würden, verabschiedeten sich von ihren Familien und Freunden. Nun hieß es auch für Javid und mich endgültig Abschied nehmen. Aber eigentlich hatten wir das schon vor wenigen Stunden getan. Wir umarmten uns nur kurz, damit es nicht zu sehr weh tat.

»Danke für alles«, sagte er.

»Für was?«, fragte ich staunend.

»Für dich, Copper. Und lass von dir hören, ja?«

»Du aber auch«, erwiderte ich.

»Na klar.« Noch ein schneller Kuss und Javid war verschwunden.

Tyler kam zu mir herüber und reichte mir die Hand. Er war kein Freund großer Worte, deshalb erwartete ich auch keine. Schließlich umarmte er mich und der Kloß in meiner Kehle wuchs.

»Pass gut auf ihn auf!«, bat ich ihn und versuchte ein schiefes Lächeln.

»Mach ich, kannst dich auf mich verlassen.« Dann war auch Tyler verschwunden.

Die Trommeln schwiegen. Alle Aufmerksamkeit richtete sich auf das Stammesoberhaupt, einen alten Mann mit einem langen Stab in der Hand. »Liebe Einwohner von Neah Bay, liebe Gäste«, begann er seine feierlichen Worte. »Wir haben uns an diesem sonnigen Morgen hier am Strand versammelt, um diese tapferen Männer zu verabschieden. Sie werden auf eine Reise gehen, die unsere Völker wieder vereinen soll.

Die Zeder ist ein heiliger Baum, und aus diesem heiligen Baum haben geschickte Handwerker Kanus gebaut. Auch junge Männer aus Neah Bay haben Kanus gebaut und ich habe das gute Gefühl, dass unsere Vorfahren uns mit Stolz betrachten. Das Kanu ist ein Sinnbild für unsere Gemeinde«, sagte der Mann mit dem Sprecherstab. »In ihm muss jeder im Einklang mit dem anderen rudern oder es funktioniert nicht.«

Ein zustimmendes Raunen ging durch die Menge. Es verstummte jedoch gleich wieder, als ein eindringliches Pfeifen die Menschen in den Himmel blicken ließ. Über uns allen zog ein Weißkopfseeadler seine Kreise. Der alte Mann mit dem Sprecherstab nickte und lächelte, bevor er in seiner Rede fortfuhr: »Die Bäume für diese Kanus sind gewachsen, noch bevor die ersten Pelzhändler in unser Land kamen. Vor nicht allzu langer Zeit säumten hunderte Kanus die Ufer unserer Küste. Sie sind nicht mehr da. Sie sind verschwunden oder zerschellt, weil wir sie nicht mehr brauchten, weil wir auf Autos und Motorboote umgestiegen sind. Jetzt sind die Kanus an unsere Küste zurückgekehrt.« Ich sah, wie Javid seine Brust reckte. »Sie werden die anderen Kanus unserer Brüder ein

Stück die Küste hinunterbegleiten. Mögen unsere Männer gesund und mit reichen Erfahrungen zu uns zurückkehren.«

Wilder Applaus hallte über den Strand. Die Indianer in den Booten hoben die Paddelspitzen zum Salut, dann wurden die Trommeln erneut angeschlagen und ein munteres Gejohle begleitete die Männer auf ihrer Fahrt hinaus aus dem Hafen.

Mein Vater fotografierte, als ginge es um sein Leben. Javid drehte sich noch einmal um und winkte mir zu, bevor sein Kanu mit den anderen hinter Waadah Island verschwand.

Ich lächelte. Tränen liefen unaufhörlich über meine Wangen.

31. Kapitel

Neah Bay, Ende September 2002

Hi Copper!

Deinen Brief habe ich bekommen. Das Foto von dir im Orca-kostüm ist wirklich süß. Hab vielen Dank. Ich bin froh, dass du mit den Leuten aus deiner Klasse jetzt besser zurechtkommst. Inzwischen hat auch bei uns die Schule wieder begonnen und die Tage, an denen mal die Sonne scheint, werden immer seltener. Es regnet nun schon seit fünf Tagen ununterbrochen und mir kommt es so vor, als wolle es nie wieder aufhören.

Unsere Kanufahrt war ein richtiges Abenteuer. Stell dir vor, die Orcas haben unsere Kanus eine Weile begleitet. Es schien, als wären die alten Zeiten zu uns zurückgekehrt. Mit dem Kanu unterwegs zu sein ist eine völlig andere Art, die Küste zu erkunden. Aber was schreibe ich dir da, du weißt das schließlich alles selbst.

Trotz des schlechten Wetters haben wir ab und zu Gäste im Motel und meine Mutter ist zuversichtlich, dass wir den Winter gut überstehen werden. Ich soll dich übrigens ganz herzlich von ihr grüßen. Auch von Tyler und Alisha soll ich dich grüßen.

Meine Kusine ist schwanger. Sie freut sich auf das Kind. Ty-

ler ist sich noch nicht sicher, ob er sich freuen soll oder nicht. Er braucht immer ein bisschen länger.

Ich bin noch einige Male mit dem Schlauchboot draußen gewesen, aber die Orcas habe ich nicht mehr gesehen. Inzwischen ist das Meer zu unruhig, um sich rauszuwagen. Vielleicht gibt es ein Wiedersehen im nächsten Sommer.

Das Kanu liegt jetzt wieder im Schuppen. Manchmal sitze ich dort und dann wünschte ich, du wärest auch da.

Habe ich dir schon gesagt, dass ich dich liebe? Ich wollte es dir sagen, in unserer Nacht, aber ich war viel zu aufgeregt.

Jetzt weißt du es.

Schreib bald wieder,

dein Javid

Antje Babendererde

Libellensommer

An einer Tankstelle am Highway begegnet Jodie dem jungen Indianer Jay zum ersten Mal. Ein paar Tage später ist sie mit ihm auf einer Reise, die ihr Leben verändern wird. Die beiden erleben einen Sommer voller Liebe und Magie fernab von jeder Zivilisation inmitten der kanadischen Wildnis – und bald steht Jodie vor der schwersten Entscheidung ihres Lebens.

Arena

Auch als E-Book erhältlich

272 Seiten • Klappenbroschur
ISBN 978-3-401-50910-5
www.arena-verlag.de

Antje Babendererde

Talitha Running Horse

Die 14-jährige Talitha Running Horse ist nicht wie die anderen Lakota-Indianer, die im Reservat leben – denn Talithas Mutter ist eine Weiße. Sie hat ihre Familie und das Reservat verlassen, als Talitha noch klein war. Der Vater ist arbeitslos. Als dann auch noch der Trailer abbrennt, in dem Talitha mit ihrem Vater lebt, und der Vater unschuldig ins Gefängnis muss, gerät Talithas Welt vollends aus den Fugen. Kraft gibt ihr nur die Zuneigung zu der schönen Stute Stormy. Und dann ist da auch noch der junge Neil Thunderhawk ...

Arena

Auch als E-Book erhältlich

304 Seiten • Arena Taschenbuch
ISBN 978-3-401-51207-5
www.arena-verlag.de

Antje Babendererde

Findet mich die Liebe?

Leonie verbringt die Ferien zusammen mit ihrem Vater in einem ärmlichen Holzhaus am Fuße der Rocky Mountains, wo es nichts gibt als Berge und unendliche Grasmeere. Und Indianer natürlich. Darauf hat sie absolut keine Lust! Bis sie auf den geheimnisvollen Chas trifft - Chas, der so ganz anders ist als die Jungs, die Leonie kennt. Doch es scheint, als wolle der stolze Indianer absolut nichts von ihr wissen.

Arena

112 Seiten • E-Book
ISBN 978-3-401-84068-0
www.arena-verlag.de